In literarischen Features für den Rundfunk würdigte Arno Schmidt in den fünfziger Jahren eine Reihe von wenig bekannten oder in Vergessenheit geratenen Autoren des 18. Jahrhunderts. Darunter waren die frühen deutschen Aufklärer Wieland und Herder, Barthold Heinrich Brockes als erster deutscher Realist, aber auch von Klopstock erfährt man, daß er Bedeutenderes verfaßt hat als den heute kaum mehr lesbaren ‹Messias›. So entsteht eine Galerie neu zu entdeckender Köpfe deutschen Geistes, porträtiert von einem ihrer Bewunderer.

ARNO SCHMIDT, geboren am 18. Januar 1914 in Hamburg, starb am 3. Juni 1979 in Celle. Vor dem Krieg war er Graphischer Lagerbuchhalter in Greiffenberg / Schlesien. Nach Kriegsende und Gefangenschaft arbeitete er als Übersetzer und Schriftsteller. Seit 1949 veröffentlichte Schmidt zahlreiche Erzählungen, literarische Radio-Essays und eine umfangreiche Fouqué-Biographie (1958). Seit ‹Zettels Traum› (1970) erschienen seine Prosawerke in großformatigen Typoskriptbänden. Arno Schmidt erhielt den Goethe-Preis der Stadt Frankfurt am Main.

Im Fischer Taschenbuch Verlag sind zur Zeit lieferbar: Alexander oder Was ist Wahrheit (Bd. 9111), Aus dem Leben eines Fauns (Bd. 9112), Aus julianischen Tagen (Bd. 9114), Brand's Haide (Bd. 9113), Die Gelehrtenrepublik (Bd. 9126), KAFF auch Mare Crisium (Bd. 9117), Kosmas Tina Goethe (Bd. 9123), Leviathan und Schwarze Spiegel (Bd. 9110), Massenbach (Bd. 13495), Nachrichten aus dem Leben eines Lords (Bd. 9116), Orpheus (Bd. 9120), Schwänze (Bd. 9115), Seelandschaft mit Pocahontas / Die Umsiedler (Bd. 9118), Sitara und der Weg dorthin (Bd. 13797), Sommermeteor (Bd. 9121), Das steinerne Herz (Bd. 8122) sowie der Band »Wu Hi?«. Arno Schmidt in Görlitz Lauban Greiffenberg. Hg. von Jan Philipp Reemtsma und Bernd Rauschenbach (Bd. 12453).

ARNO SCHMIDT

NICHTS IST MIR ZU KLEIN

FUNK=ESSAYS

Band 1

FISCHER TASCHENBUCH VERLAG

Die Texte dieses Bandes lagen im Fischer Taschenbuch Verlag bis 1986 als Teil des Bandes ‹Nachrichten von Büchern und Menschen 1 – Zur Literatur des 18. Jahrhunderts› vor.

Durchgesehene Ausgabe
28.–30. Tausend: August 1998

Veröffentlicht im Fischer Taschenbuch Verlag GmbH
Frankfurt am Main, August 1998

Ausgabe der S. Fischer Verlag GmbH
Frankfurt am Main
im Fischer Taschenbuch Verlag

Gesamtherstellung: Clausen & Bosse, Leck
Printed in Germany
ISBN 3-596-14050-1

VORSPIEL

Sprecher:

A.: }
B.: } Männerstimmen
C.: Frauenstimme

B. *(parodistisch; in gelehrtem Falsett):* »Auf ewigen Sitzen, erhaben über das Getriebe der Nachwelt, thronen, Göttern gleich, die Großen unserer klassischen Zeit. Noch immer wenden wir, dankbar bewundernd, Hilfe und Erhebung suchend, unsere Blicke zu ihnen; aber wollen wir ihnen nahen, so müssen wir uns aus der ruhelosen Gegenwart in ihre stille, hohe Welt der Ideale hinaufschwingen!« –

A. *(sachlich):* Also sprach Georg Witkowski; noch 1933 Professor für deutsche Literatur an der Universität Leipzig, und auch ansonsten im Umgang mit Klassikern wohlbewandert – – *(mit grimmigem Humor):* Wenn *Dem* sein dergestalt angehimmelter Lessing in natura entgegengetreten wäre: Hei hätte der Germanist da Augen über den Germanen gemacht! – *(energisch):* Und nun aber sofort als Gegengift die redliche Christiane .....

C. *(in betrübt=fraulichem Kaffeesächsisch; aber ja nicht übertreibend!):* »Seit'ch den Härrn Geheem' Rat geheirat' hab, hab'ch keene ruhje Schtunde mehr gehabt.«

A. *(mit höhnischer Wucht):* »Auf ewigen Sitzen?«: »Erhaben über das Getriebe der Nachwelt?!« – das wäre freilich die leichteste Methode, um unangenehm=Lebendiges in die beliebte »stille hohe Welt der Ideale« abzuschieben! Nicht nur durch Lachen kann man töten; sondern, ebenso wirkungsvoll und vor allem weit ehrbarer, durch ‹auf gelehrt› appretierte Fußnoten zu sinnig ‹Ausgewählten Werken› – daran erkennt man unfehlbar, wie's bei Einem in secunda Petri steht, wenn er sich vom ETA Hoffmann die ‹Meisternovellen› ‹Doge & Dogaressa› erkiest, und ‹Meister Martin der Küfner›: Gehrock & ‹Vatermörder›, seltsamliche Tracht bei Kanonisierungsversuchen – aber die Herren *sind* ja eben der Ansicht, daß Apollon sehr wohl dergleichen tragen könne, *und* noch 'ne Perücke, *und* falsche Zähne.

B.: Sie »thronen? Göttern gleich?«, die »Großen unserer klassischen Zeit«?: welch widerliche Vereinfachung und Verniedlichung von ‹Künstlers Erdenwallen›! –
Dabei ist es unsäglich wichtig; und belehrend für jeden Nachstrebenden; und *gar* keine ‹Klatschsucht›; wenn man düster verfolgt: wie Der sich auf Schulen herumhungern mußte, und anschließend zeitlebens in der Lotterie spielte, um vielleicht *doch* einmal die tausend Thaler zu gewinnen, die er brauchte, um während der Niederschrift seines nächsten Buches die Drei Notwendigen, Kaffee Schnaps Papier, kaufen zu können – heute kommen noch Schreibmaschine Aspirin und Schlaftabletten dazu.

A.: Oder wie Jene, Klopstock und Herder hießen sie, sich kalt und selbstbewußt dem Wehrdienst entzogen, um nicht unersetzliche Jahre sinnlos zu verlieren: gegen die laufend geübte Unterschlagung bedeutender, notfalls vorbildlicher, Menschlichkeiten ist schärfstens zu protestieren!

B.: Zu beseitigen sind Fiktionen, wie etwa die uns noch immer krampfhaft suggerierte, allenfalls den unteren Volksschulklassen anständige: daß ‹Unsre Unsterblichen› dort in Weimar ein Leben wie in Elysium geführt hätten – elegant; geistreich; in ‹vornehmer Geselligkeit›; im ‹anregendsten Gedankenaustausch›. Die Wahrheit klingt schrillend anders: *es muß über alle Maaßen entsetzlich gewesen sein, in Weimar zu leben*!!

A.: Ein Goethe, der sich sykofantisch vor der Herzogin=Mutter im Zimmer auf dem Fußboden umherwälzte, »und durch Verdrehung der Hände und Füße ihr Lachen zu erregen versuchte«, wird schon ein nachdenkliches Schauspiel gewesen sein – umsonst war es gewiß nicht, daß der Gothaer Astronom von Zach, und absolut unabhängig, schreiben durfte: »Wahr ist, daß es keine größeren Antagonisten als mich und Goethe geben könne: hic niger est! Ich kenne Goethe sehr genau und intime: von ganzer Seele verachte ich diesen schlechten Kerl!«. – Und Frau Herder drückte sich noch *ganz* anders aus.

B.: Schiller?: Wie fürstlich die Generosität war, mit der man den Armen – der sich ja buchstäblich zu Tode arbeiten mußte! – traktiert hat, ergibt sich aus dem infamen, von Goethe eigenhändig geschriebenen Conseilbericht der Berufung; und man beachte die unwiderstehlichen Formulierungen – – *(sich gravitätisch=kühl räuspernd):* »Ä=hemm. – Ein Herr Friedrich Schiller, welcher sich durch eine Geschichte des Abfalls der Niederlande bekannt gemacht hat, soll geneigt sein, sich an der Universität Jena zu etablieren: die Möglichkeit dieser acquisition dürfte umsomehr zu beachten sein, *als man sie gratis haben könnte« !*: Unsern Eingang segne Gott!

A. (verbindlich): Unsern Ausgang gleichermaßen: wie auch später der vorsichtig=allmächtige Premier für den ‹Freund› sorgte, wurde bei Schillers Beerdigung offenbar: »Als er starb, war alles Geld aufgezehrt. Sein Sarg kostete etwas über 3 Thaler. 1 Kerze beleuchtete die im Haus aufgebahrte Leiche. Bei der Beisetzung spendeten 2 Fackeln dem Leichenzuge das Licht.«

B.: Woran sich, unverbesserlich und zwanglos, Tatsachen wie diese reihen: als dem großen Bonner Komponisten vom Mann der ‹Königin Luise› die Wahl gelassen wurde, zwischen seinem Preußischen Rothen Adlerorden und 30 Thalern in baar – nahm der Prolet nicht, ohne 1 Sekunde zu zögern, *das Geld* ?! Was mag seine Majestät, Fühl' in des Thrones Glanz / die hohe Wonne ganz, / Liebling des Volks zu seyn, für Augen gemacht haben, daß Beethoven derart ‹ehrlos› handeln konnte – oder, richtiger: nicht läppisch genug war, ein Stückchen gezackten Blechs zu wählen, damit künftig schon von außen Jedermann erkennen könne, wessen Narr er einmal gewesen sei!

A.: Und auch in bezug auf unserer Dichter Werke – wir sollten den schlichteren Ausdruck ‹Arbeiten› vorziehen – ist es in vieler Hinsicht mehr denn mißlich, eine sogenannte ‹objektive Betrachtungsweise› anzustreben. Denn das unleugbar brennend vorhandene Problem: die lebendige Verbindung zu unseren, praktisch sämtlich verschollenen, Großen fruchtbar wieder herzustellen, ist mit nichten identisch mit solcher, in Germanistenkreisen beliebter, Arbeitshypothese. Nicht die Wirkung Lessings auf *seine* Zeit ist uns hier entscheidend: sondern die auf *unsere* ! – Da fällt denn freilich allerlei dem Filologen Lieb= und Wertes fort.

B.: 1 Beispiel:

‹Objektiv gesehen› war Gottsched, mit all seinem mühseligen Ungeschick, ein hochwichtiger Mann; im Verhältnis zu Zeit & Zeitgenossen nie zu übersehen; immer ein Mitwanderer – und sei es ein noch so plumper – auf unserer büchererzeugenden Erde. Dennoch wäre es unsinnig, wenn ich ihn einem *heutigen* Leserkreis rühmen wollte: Jeder der, durch so prominenten Hinweis* neugierig gemacht, nach seinen Werken griffe, würde diese kopfschüttelnd – und mit Recht, mein Fürst, mit Recht! – 2 Stunden später seinem Bibliothekar als ungenießbar zurücktragen.

A.: Nein; Nicht an ‹Nicolai› denken; *der* Fall liegt doch etwas anders.

B.: Oder falls ich Narrs genug wäre, Klopstock ‹objektiv› zu betrachten: dann müßte ich der aufbrechenden Wirkung des ‹Messias› ausführlich nachgehen – mit *dem* Erfolg, daß jeder fleißige, bildungswillige Hörer=Leser, der daraufhin das Ge-

* sic! – Chr. M. Stadion.

mächt zur Hand nähme, mich in Grund und Boden verfluchte; und, was wichtiger und bedauerlicher wäre: mir, als einem Urteilsunfähigen, künftighin kein Wort mehr glaubte.

A.: Rühme ich aber, wie sich's vom *höheren* Standpunkt aus geziemt, desselben Klopstock ‹Gelehrtenrepublik›: dann bleibt derselbe Leser, fasziniert auch heute noch von der unsäglichen Sprachgewalt und ‹Modernität› des Stückes, unweigerlich dabei sitzen. Und erhebt sich erst nach Stunden, herrlich luftschnappend, und – hoffentlich – mit dem Gemurmel: »*Der* Tip war Gold wert!«

B.: Das ist nichts weniger, als eine Konzession an den Geschmack einer Zeit, oder auch nur eines exklusiven Forums: Im Gegenteil! Aber wer von Unbekanntem, dabei jahrhundertelang Verschüttetem redet, setzt sich ja zunächst erst einmal unweigerlich dem Verdacht aus, ein schrullenhafter Sondergeschmäckler zu sein: deshalb wird im Folgenden, grundsätzlich und bewußt, nur je eine Fackelbeleuchtung gegeben, von möglichst neuen Standpunkten aus.

A. (laut und wuchtig; wenn's not tut, klotzig): Dies also mein Credo gegen alle Buchstabenmänner und greisen Variantensucher, mit ihren Büscheln von Stinkmorcheln in den verkrüppelten Händen:

A., B. und C. (schwören es zusammen): Müde vom Durchwandern öder Letternwüsten, voll leerer Hirngeburten, in anmaaßendsten Wortnebeln; überdrüssig ästhetischer Süßler wie grammatischer Wässerer; entschloß ich mich: *Alles, was je schrieb, in Liebe und Haß, als immerfort mitlebend zu behandeln!* – – –

20. 9. 1958 / Darmstadt i. d. Barbarei
Arno Schmidt

NICHTS IST MIR ZU KLEIN . . .

»Führe mich, Alter, nur immer in Deinen geschnörkelten Frühlings=Garten ! – Noch duftet & taut frisch & gewürzig sein Flor.«

(EDUARD MÖRIKE, ‹An Brockes›)

1. Sprecher: Nicht dies ist das Kennzeichen des literarischen Realisten, daß er – oft in betonter, provozierender Rücksichtslosigkeit – Vorgänge und Dinge beschreibt, die dem Bürger unangenehm oder, um es mit einem rechten Philisterwort herauszusagen: »peinlich« sind: dies Verfahren, bosheitsfroh geübt, führt letzten Endes nur gefährlich in die Nähe einer, aus dem Naturalismus bekannten »Apotheose des Misthaufens«. Nein: das Verfahren des echten Realisten ergibt sich ihm aus der Erkenntnis, daß »In Wirklichkeit« viel weniger »geschieht« als die katastrophenfreundlichen Dramatiker uns weismachen wollen. Das Leben besteht, was »Handlung« anbelangt, aus den bekannten kleinen Einförmigkeiten: also verweigert man sich als Realist »um der Wahrheit willen« der Fiktion pausenlos=aufgeregter Ereignisse (wobei die radikalste Kühnheit in Denkweise, Sprache, Architektonik, sehr wohl mit solcher, nur dem oberflächlichen Beurteiler befremdlichen, Handlungsleere gepaart sein kann).

2. Sprecher: Am berühmtesten ist in der Literaturgeschichte jener »klassische« Zusammenstoß von 1850 geworden, als der Dramatiker Hebbel, angriffslustig wie nur je ein literarischer Highwayman, die Messerbüschel seiner Distichen in Richtung Adalbert Stifter warf; während der Oberplaner gelassen hinter dem undurchdringlichen Lederschild seines »sanften Gesetzes« weiter wandelte.

1. Sprecher: Das nämlich besagt diese berühmte, und mit Recht zum literarischen Markstein gewordene, Formulierung, daß die »Fabel« einer Dichtung nur dem landläufigen Begriff nach aus Aktion bestehen müsse, aus blitzartig hochgerissener Gebärdung (wobei man als Dichter viel Anatomie erspart) – daß es aber eben durchaus auch eine zweite, andere Richtung gibt, bei der die Fabel nicht aus Taten und Handlungen, sondern aus *Zuständen und Denkweisen besteht.*

2. *Sprecher:* Um kurz die Heulbojen literarischer Namen zu setzen: von Virgils »Georgica« an bis zum »Hochwald«. Man erinnere sich an den viel verkannten »Schmidt von Werneuchen«. An Jean Pauls »Campanertal« (Wo man bei völlig unzureichender Handlung zwischen den umgrünten Marmorwänden des Pyrenäentales von Unsterblichkeit flüstert); oder Coopers »Pioneers«, wo man über die läppische Fabel nur lachen kann, während unvergänglich Standort und Sitten sich einprägen. Wozu noch auf den unsterblichen »Robinson Crusoe« verweisen?: Das Faszinierende ist hier doch lediglich der »Zustand«: wie da Züge der äußersten Einsamkeit versammelt werden. Alle Ereignisse hören auf; nur die Denkweise und die Befindlichkeit erzwingen das unvergeßlich glühende Bild.

1. *Sprecher:* Und hier werden nun die Liebhaber der Handlung befriedigt in die Hände klatschen und sagen: »Schön; sei dem also: aber hier ist doch wenigstens die Grenze erreicht, die Reduktion des Personals auf 1 Menschen.« –

2. *Sprecher:* Pardon!: sie ist natürlich nicht erreicht!

1. *Sprecher:* Denn schon hundert Jahre *vor* Adalbert Stifter – der eben nur durch den erwähnten Großzusammenstoß mit Hebbel zum geläufigen Schutzheiligen der ganzen Richtung wurde – tat, in theoretischen Überlegungen und praktischer Ausführung, *der* Mann die letzten Folgerungen des angedeuteten Verfahrens, dem diese Sendung gewidmet ist:

2. *Sprecher:* Am 22. September, vor 275 Jahren, wurde zu Hamburg

geboren, der erste wirkliche Realist und Kirchenvater deutscher Naturbeschreibung.

1. Sprecher: »Lesen Sie, wenn Sie den Reichtum und das melodiöse unserer Sprache, in Rücksicht auf Wohlklang und Singbarkeit, in seinem vollen Glanze sehen wollen, eben diesen – weit mehr als anerkannt wird! – um unsere Sprache und Dichtkunst verdienten Mann.«

2. Sprecher: rät Wieland in seinem programmatischen »Sendschreiben« einem jungen Dichter; und empfiehlt:

1. Sprecher: »besonders seine ehemals so berühmten Beschreibungen des Nachtigallengesanges, denen schwerlich irgend eine Sprache etwas Reicheres und Vollkommeneres in ihrer Art entgegen zu setzen hat.«

ZITAT *(helle gesanghafte Frauenstimme spricht schwung = und arienhaft):*

Sie füllet die Lüffte mit schmetterndem Schallen;
sie lässet, mit Flöten und Glucken gemischt,
worunter sie, lockend, bald gurgelt, bald zischt,
die reinen Gesänge bald steigen, bald fallen.
Jetzt ächzet, jetzt jauchzt sie, jetzt wirbelt sie strenge
der klingenden Töne nicht zählbare Menge;
es quillet und sprudelt auf einmal ein Chor
aus ihrem harmonischen Schnabel hervor.
Man hört sie bald pfeifen, bald Fröschen gleich quarren;
bald klingt sie wie Glocken, bald mischt sich ein Schnarren,
in einer sanfft winselnden Flöthe, mit ein;
bald scheint sie zu trauren, bald frölich zu seyn.
Unzählbar verändert sie Stimmen und Klang.
Es bleibet ihr Singen ein Wunder = Gesang.

1. Sprecher: Obwohl Wieland –

2. Sprecher: selbst einer der größten, und, wie leider Alle, gänzlich unbeachteten Formtheoretiker aller Zeiten –

1. Sprecher: Obwohl also Wieland fast nicht Unrecht haben *kann,* wenn er dergestalt ex cathedra spricht; so irrt er in diesem Falle: die eigentliche Bedeutung Brockes' liegt zum geringsten Teile darin, daß er den Deutschen nachwies, was in der geschmähten »Pferdesprache« an Vokalharmonie möglich sei. Gewiß schrieb er die »Auf ein starkes Ungewitter erfolgte Stille«, wo der Sturm selbst mit unverächtlich rauschendem und krachendem Konsonantengeprassel einherzieht – und dann 70 Alexandriner lang,

in denen nicht ein einziges »R« vorkommt!

die anschließende Erschöpfung und Stille der Natur kunstvollst musikalisch eintritt: dergleichen hat, wie gesagt, nur die zeitgebundene Berechtigung, die Konkurrenzfähigkeit unserer Sprache aber auch in *jeder* Hinsicht aktenmäßig belegt zu haben.

2. Sprecher: Sein eigentliches Verdienst ist, daß er am frühesten und konsequentesten, unbeirrbar und zähe, bis an die eine Grenze des Realismus vorschritt: in einer Zeit, die als Poesie nur das blutig=steife Heldengedicht, die »Haupt= und Staatsaktion«, oder bestenfalls noch das Kirchenlied gelten ließ, *ist sein Werk völlig menschenleer.*

1. Sprecher: Die Voraussetzungen, die er zu solch gefährlichstem Großexperiment mitbringt, sind allerdings denkbar günstig: 1680 von wohlhabenden Bürgern zu Hamburg geboren, studiert er zunächst die Rechte, und bereist, nach längerem Praktikum am Reichskammergericht zu Wetzlar – ich spreche nicht von Goethe! – ganz West- und Südeuropa; und kehrt dann zurück, durch Geburt und Erziehung unausweichlich zum Patrizier, zum »Oberalten«, vorausbestimmt, (und wie die brokatenen Bezeichnungen für einen führenden Hanseaten alle heißen mögen). Vorschriftsmäßig avanciert er im Laufe der Jahre im Verwaltungsdienst seiner Vaterstadt; und sein Leben ist ja auch von vorbildlicher Bürgerkorrektheit:

jeden Sonntag schreitet er an der Spitze einer regelmäßig anwachsenden Familie in die zuständige Kirche, das letzteingeführte Gesangbuch unterm Arm.

2. *Sprecher:* Aber sein Christentum wirkt, zumindest ‹oberschichtig›, von der plattesten Sorte der Zeit. Man verehrt Gott mit hausbesitzerhafter Sicherheit, gleichsam wie den absolut verläßlichen Vorsitzenden seines Vermieterverbandes – wenn einmal der Ätna ausbricht, und 20 000 Menschen binnen Stundenfrist qualvoll verrecken: ER wird schon seine Gründe dafür haben; und Hamburg ist, gottlob, solider fundiert. Deshalb ist auch der physikotheologischen Mißverständnisse kein Ende; ja, manches wirkt wie die reinste Bockssatyre voltairischer Prägung und ist doch so niederschmetternd redlich gemeint, daß man leicht begreift, wie raschere Geister sich über die ungeheuerlichen Schlußfolgerungen belustigten:

ZITAT *(lehrhaft dozierend, professoral=grämlich):*

Hüben sich die Augen=Lider
durch die Muskeln selbst nicht auf,
sondern süncken immer wieder,
(Ach, man achte doch darauf!):
wie erbärmlich würd es lassen,
wenn man sie mit Händen fassen,
und erst aufwärts schieben müßt!:
Mercks, verstockter Atheist!

2. *Sprecher:* Oder diese, nicht minder tiefsinnige, Spekulation über die gewaltige Natur der Schweizeralpen

ZITAT *(wie oben):*

Welcher Mensch kann wohl begreiffen,
wie sich wohl an *einem* Ort
so verschiedne Felsen häuffen;
und woher bald hier, bald dort,
solche Häuffen Stein entstehn?:

nicht gebracht – weil sie zu groß;
nicht gewachsen – weil sie los!

2. *Sprecher:* Solche Gewaltsamkeit, mit der er, auch hinter dem hinreißendsten Snapshot einen Übergang zum Lobe Gottes und dessen technischer Geschicklichkeit bei Herstellung der Welt, zu finden weiß –

1. *Sprecher:* eines *verspielten* Gottes, der in seinem Winkel sitzt, und immer neue Schmetterlinge bunt antuscht, damit des Ergetzens auf Erden kein Ende sein möge –

2. *Sprecher: das* wirkt heute allzu naiv und grotesk, und ließe manchmal direkt Zweifel an seiner Ehrlichkeit aufkommen – wie denn David Friedr. Strauss angedeutet hat, daß Brockes einer der *ganz* klugen Atheisten, (bzw. wenn man so will ‹Deisten›; der Unterschied ist nur mit bewaffnetem Auge wahrnehmbar), gewesen sei, dem Reimarus als 1 der Ersten die ‹Wolfenbütteler Fragmente› im MS zur heimlich=beifälligen Lektüre auslieh – wüßte man nicht, daß *alle* seine Zeitgenossen dasselbe behagliche Zutrauen zu ihrem Baukastengott gehabt hätten – eine Geisteshaltung die nur dadurch historisch gerechtfertigt ist, daß sie Anlaß zu Voltaires unsterblichem »Candide« gab.

1. *Sprecher:* Aber das ist fast immer so gewesen: die ‹Realisten› sind, getreu dem Gesetz nach dem sie angetreten, keine großen Denker oder Psychologen:

2. *Sprecher:* – und man vergleiche immer wieder mit Stifter! –

1. *Sprecher:* das Mikroklima der *Seelen* interessiert sie nicht. *Sichtbarkeit* ist Voraussetzung, um zu ihrer Gunst zu gelangen; Erfaßbarkeit in Tabellenform gar, erwirbt unfehlbar ihre Liebe. Grübeln ist letzten Endes unfruchtbar; und verfälscht das (ohnehin durch unseren mangelhaften, biologisch eben noch ausreichenden, Sinnenapparat schon genugsam fragwürdige) Detail, zum zweiten, unheilbarsten, Male. Also beginnt man am besten, redlich, korrekt, und, gottlob, rüstig, schon beim

Aufstehen die dichterische Arbeit: den grandiosen, nüchtern=phantastischen Versuch einer Bewältigung der Welt vermittelst Beschreibung:

ZITAT *(feste männliche Stimme, prüfend und zögernd erstaunt):*

Weit minder aufgeräumt, als ich sonst pflag,
begab ich mich im Herbst, an einem trüben Tag,
ans Fenster; um durch dessen Scheiben
in der Veränderung der Vorwürff, die Beschwerde,
die meine Sinne drückt', ein wenig zu vertreiben:
allein, Verwundrungs=voll, fand ich nicht Lufft, nicht Erde!
Des Himmels sonst so heitres Blau
verhüllt' ein kaltes feucht= und trübes Grau.
Ein Etwas, das man sehn, und doch nicht sehen konnt,
hatt' Alles gleichsam eingeschluckt.
Mein, sonder Gegenstand, verwirretes Gesicht
ward durch den falben Dufft,
der weder schwartz noch weiß, und durch die schwere Lufft,
worin fast gar kein Licht, so wie die Erd und Fluth gedruckt.
Die Cörper schienen recht ein Blendwerck und ein Schein,
ja, gantz uncörperlich zu sein:
Gebäude sahen aus, wie ein verdickter Dufft,
ja recht wie Schlösser in der Lufft;
die Wagen konnte man nicht sehen, bloß nur hören .....

2. Sprecher: An Sommermorgen begibt er sich mit dem Frühesten in den riesigen, eigenen Ziergarten: er winkt: der Gärtner bringt ihm dienstfertig die neueste Blüte – und Brockes beginnt zu beschreiben:

ZITAT *(langsam, nüchtern, aber nicht ohne eindringliche Wucht):*

Ein Birnbaum von sehr früher Art
zeigt' allbereits im März die Knospen seiner Blüthe.
Dies trächtige Gewächs, das noch so zart,
beschaut ich mit betrachtendem Gemüthe
und ward mit reiner Lust erfüllt,

als ich nicht nur die zarte Zierlichkeit
der Knospen selbst, die Vollenkommenheit
der Blätter, die sie eingehüllt,
die kleinen Knoten mit fünf Spitzen,
worin die zarten Blumen sitzen,
sammt ihren schlancken Stielen sahe.
Nein gar, wie jeden Theil ein zartes Peltzwerck schmückte
von weißen Zäserchen, vor Lust erstaunt, erblickte;
so daß mir dies mit Weiß gemischte Grün
durch einen geistigen Verstand
und mehr von unsichtbarer Hand
gebildet, als gewachsen, schien:

wodurch ich denn, gerührt von Gottes Macht und Liebe,
zu seiner Ehr und meinem Troste schriebe:
Du allmachts=voller GOTT, der Du so wunderbar
in jeder Creatur, in allen Deinen Wercken,
Macht, Lieb und Weisheit lässest mercken;
der Du sogar
in weißem Sammt, in reicher Seiden
die frühe Blüth des Birn=Baums pflegst zu kleiden,
um vor ihm drohenden Gefahren
des späten Frosts sie zu bewahren:
Ach, warum soll denn ich mit kindlichem Vertrauen
auf Deine Lieb und Vatertreu nicht bauen;
in fester Zuversicht, Du werdest hier im Leben
den Meinigen und mir leicht Kost und Kleider geben.

1. *Sprecher:* Er beginnt zu beschreiben: das heißt: die Augen aufzumachen! Es ist die Zeit des überhaupt erst erwachenden Naturgefühls; geradezu schicksalshaft mit einem entscheidenden Fortschritt der »Optik« gepaart: nicht umsonst werden eben Mikroskop und Fernrohr populär; nicht von ungefähr entzücken Leuwenhoek und Rösel von Rosenhofs »Insektenbelustigungen«.

2. Sprecher: Das hat nichts mit »Genauigkeitszwang« zu tun: wenn man schon angriffslustig »Phobien« aller Art ins Treffen zu führen gewohnt ist, kann der anderen Schule ja sogleich mit einer »Angst vor der Vielfalt« gedient werden.

1. Sprecher: Für den Realisten liegt das Irrationale dieser Welt nicht in der tödlich=mythischen Wesensart der Dinge; sondern in ihrer großen (obwohl nicht unendlichen!: das gibt es gar nicht!) Anzahl: also wendet er sich *dieser* besorgt, aber entschlossen zu; zu jeder Art von Beschreibung und Bewältigung bereit. Die Summe der Phantasie, die sich hinter den Seiten eines Kataloges befinden kann; die Lust an Aufzählung von Namen in Sechserreihen, erschöpfen die Bildkraft der Seele schneller=schmerzvoller, als das Nachfühlen der Hymnischsten Schilderung. Nur die niederländisch=widerstandsfähige, »pomadige«, Konstitution eines äußerlich schwerfälligen Gemäßigtzonalen kann dergleichen Bilderflucht auf die Dauer ertragen.

2. Sprecher: typisch: ob Jean Paul oder Stifter: sie sahen alle wie »fette Pächter« aus; für ihre, Bilderböen ausgesetzten, Seelen die einzige Schutzwehr vor Tempter and Tempest, vor Orkus und Orkan. Wären nicht die wohlgeharkten Gartenwege gewesen, die rastrierten Grenzen um zehrend Buntes, das beschrieben werden wollte (und *mußte:* jedes Kelchblatt, jede kurzgeschorene Behaarung, jeder Gallapfel!) – man hätte entweder bestürzt verstummen müssen, oder Beschwichtigend=Choralisches summen. So aber, ausgerüstet mit phlegmatischer Physis, und gesunder finanzieller Rücklage; nicht nur des theaterhaften Spanischen, sondern in erster Linie des Plattdeutschen mächtig, konnte man rüstig ans Werk gehen.

1. Sprecher: Uhrenhaft gleichmäßig erscheinen so von 1721 bis 48 die zahlreichen Bände des »Irdischen Vergnügens in Gott«.

2. Sprecher: Mit dem bezeichnenden Zusatz: »Physikalisch=

Moralische Gesänge«: *also genau nach unserer vorher entwickelten Definition: Zustand und Denkweise!*

1\. *Sprecher:* Neun starke Bände an der Zahl. Und die gerühmte »Flora und Pomona« der Colette wirkt ärmlich gegen solch präzise Überfülle von zehntausend Seiten: wir haben ja *alles* in Deutschland.

2\. *Sprecher:* Womit nicht die Bundesrepublik gemeint ist, sondern das Integral des *gesamten* Sprachraumes seit tausend Jahren (etwa wie sich Altgriechenland zu dem geographisch nicht mehr fixierbaren »Hellas« kristallisiert hat). *Wir* brauchen uns selbst um botanische Merkwürdigkeiten nicht in fremde Literaturen zu bemühen!

1\. *Sprecher:* Hier gibt es keine »Gesänge der Irren«, »Astrale Lyrik«, oder ähnliche thematische Sackgäßchen; wohl aber »die Heerde Kühe«

ZITAT *(niederländisch behagliche, fast schläfrige Stimme):*

Auf bunt beblümt und dick begraster Erde
erblickt ich jüngst in der gehörnten Heerde
ein Bild des Friedens und der Ruh.
Ich sah dem sanfften Wieder=Käuen,
ich höret ihm zugleich mit Anmuth zu,
und mußte mich recht hertzlich drüber freuen.
Wie lieblich läßt es nicht,
wenn sie mit halben theils, theils gantz geschlossnen Augen
den ausgedruckten Safft voll sanffter Wollust saugen;
mit den beweglichen behaarten Ohren spielen,
und mit dem schlancken Schweif, sobald sie Fliegen fühlen,
um sie, zusammt dem Schwarm der Mücken zu verjagen,
mit regen Kreisen stets die glatten Seiten schlagen.
Der Farben Unterschied vergnüget das Gesicht:
wie angenehm, wie lieblich, läßt es nicht,
wenn man an dieser hier
ein glattes Schwartz, an der ein glühend Roth erblicket;

wenn eine bläulich=graue Haut
dort eine Kuh, und sie die Wiese, schmücket.
Absonderlich wird nicht ohn Anmuth angeschaut,
wenn schwartze bald, bald rothe Flecken
von mancher weißen Kuh die hell=bestrahlten Seiten
mit mancherley Figuren decken.
Recht herrlich gläntzen die, so scheckigt sind, von weiten.
Die schön gehörnte Stirn ist an den Meisten weiß,
wobey das schwartze Maul in seiner feuchten Glätte
gar offt, als ob man es mit Fleiß
mit Leib=Farb nett umstrichen hätte,
recht artig anzusehn.
Wenn sie das frische Gras
mit scharffen Zungen mähn,
erreget jeder Biß ein rauschendes Getön,
womit sich wechselsweis ein starckes Schnauffen mengt,
das Dem, der sich dabey ins kühle Gras gestreckt,
ein nicht unangenehm Getös erweckt .....

2. *Sprecher:* Hier ist der diametrale Gegensatz zur handlungsgeladenen Ballade! Wenn wirklich einmal Menschen auftauchen, so doch nur ganz am Rande der Fabel; dazu räumlich weit entfernt vom Beschauer; und möglichst noch in einen abstrakten Begriff überführt, wie etwa in das geisterhaftleise Gegleite der »Pflüger«:

ZITAT *(distanzierte behutsame Stimme, eben wie die eines fernen Beobachters):*

Ich sah darauf mit Lust und mit Vergnügen
das gantze Feld, so weit man sehen konnt,
mit mehr als zwantzig Pflügen pflügen.
Es schien, da Alles hin und her,
bald Einer in die Läng', ein Andrer in die Queer,
mit sanfften Schritten trieb, daß alles gleichsam schwebte,
und recht, als wenn der Acker lebte.

Es mehrte sich der dunckle braune Grund,
und er vergrößerte sich sichtbarlich,
indem bey aller Pflüger Schritten
vom grünen Gras ein breiter Strich,
durch den geschärfften Pflug getrennet, abgeschnitten,
und umgestürzet ward. Ein jeder Pflug von weiten
schien einem Wagen gleich;
das Feld ein allgemein
und nur ein eintzger Weg zu sein.
Die Treiber sahe man
mit weißen Kitteln angethan,
auf schwartzen Pferden meistens reiten;
das Pflug=Werck schien sanfft hinterher zu gleiten;
und Der, so es regiert, gieng immer Schritt vor Schritt,
in immer gleichem Abstand, mit ....

1. *Sprecher:* Bezeichnend für alle diese Realisten ist ihre »Langsamkeit«: genaue Beobachtung erfordert viel, viel Zeit; und logischerweise resultiert hieraus sogleich das Primat der Pflanzen in ihren Dichtungen: die Wälder Stifters (Hochwald; Hagestolz; Mappe); die Gärten Brockes'. Sogar die raschen, allzuviel »handelnden« Tiere werden vermieden; und es ist geradezu erstaunlich, mit welcher Beharrlichkeit und List Brockes eine seinem Wesen unangemessene gliedertierige Regsamkeit durch Übersetzung ins Botanische wieder zum Stillstand zu bringen weiß – selbst die scheinbar unaufhaltsame »Potsdamer Wachtparade« des »Soldatenkönigs«!

ZITAT *(zu lesen von 2* Stimmen*: die erste herrisch bewegsam; die zweite, von Beginn des retardierenden Gleichnisses ab, bürgerlich=bedächtig):*

Erinnerst Du Dich wohl, wie wir Desselben Schaaren,
die nicht zu übersehn, und Riesen ähnlich waren,
stumm für Verwunderung, mit offnem Munde sahn?

Offt sahen wir sie sich so sehr einander nahn,
daß sie ein eintziger gewaltger Cörper schienen,
bald wie sie, wie der Blitz, sich von einander theilten;
bald wieder, wie der Blitz, zusammen eilten.
Wie (wo es mir erlaubt, mit kleinen Dingen
was Großes in Vergleich zu bringen),
wann wir im Herbst an Äpffel=Bäume rütteln,
und die gebognen Äste schütteln,
die schweren Äpffel ohne Zahl
mit starckem Prasseln auf einmahl
den Boden stürmen und erschüttern:
so fühlt= und hörten wir, bey einem jeden Tritt
(der von viel Tausenden nur ein vereinter Schritt)
den Boden schüttern, beben, zittern ....

2. Sprecher: Auch für die Behandlung des »niederen«, der Dichtkunst angeblich unanständigen Details, findet man bei ihm die ersten unverächtlichen Beispiele: vor einem Gang zum Zahnarzt zweifellos *nicht* mit Nutzen zu lesen, ist »Der Zahn«

ZITAT *(normale Stimme, nicht ohne einen gewissen Humor):*
Um größre Schmertzen zu vermeiden,
entschloß ich mich, daß mir ein Zahn,
der mir bishero weh gethan,
würd ausgebrochen, zu erleiden.
Weil aber die Natur bey starcken Gliedern
(so ich dem Schöpffer nie durch Danck kann gnug erwidern!)
auch starcke Zähne mir verliehn,
so schien es erst, als ob, ihn auszuziehn,
der kluge Carpser selbst, der an Geschicklichkeit
kaum Seinesgleichen kennt, sich etwas scheut; allein
weil ich darauf bestund, war er dazu bereit.
Ich nahm mir vor, die strenge Pein
ohn alles Zucken, sonder Schreyn,

behertzt und standhafft auszustehen.
Er setzte drauf den Pelican,
den ich vorhero wohl besehen,
mit Krafft und Vorsicht an. –:
Wir hielten uns im Anfang Beyde gut;
er brach; ich hielte fest; noch fester doch der Zahn.
Er knackt; ich wiche nicht. Doch endlich war meyn Muth
noch eher als der Zahn gebrochen.
Es riß ein gräßliches Gekrach,
wodurch des gantzen Hauptes Knochen
zu spalten schien, ein kurtz doch kläglich »Ach!«
mir aus der Brust. Die feurig wilde Peyn,
der bittre Schmertz durchdrang so Fleisch als Bein:
dies splittert, jenes riß. Jedoch zu meinem Leide,
keyn eintzges gantz entzwei!
Der Sehnen Zähigkeit band sie noch alle beyde.
Den meist gelösten Zahn ergriff der Artzt aufs neu,
und ich vor Unmuth Muth. Er wählt aus Zweyen Bösen
das kleinest, und fieng an, das Zahn=Fleisch abzulösen.
Ob ich nun gleich die scharfen Schmertzen fühlte,
wie er mir dazumal in frischer Wunde wühlte,
wie er das Fleisch zerschnitt; so würckete jedoch
der noch weit größre Schmertz, den, wie es so gekracht,
der Bruch mir kurtz vorher gemacht,
zusammt der Furcht, es würd annoch
dergleichen gräßliches Geknirrsch von neuem kommen,
daß ich die Peyn des Schnitts, wie herbe sie auch war,
doch nicht so gar
empfindlich aufgenommen.
Allein mit welcher Lust nahm ich bey aller Pein
den Ursprung meyner Quaal, den nunmehr losen Zahn,
aus Carpsers blutgen Händen an!
Kaum konnte mir ihn hin und her zu kehren,

die Zacken anzusehn, ein kalter Schauer wehren,
der plötzlich mich befiel. Ich leget ihn denn nieder ....

1. Sprecher: Solchen Experimenten mit sich selbst ist er gar nicht abhold: einmal steht er am Fenster, und hält sie vor sein Auge, die »Rothe Glas= Scheibe«: da

ZITAT *(betroffen=erstaunte Stimme):*

... Sah ich dieser Landschafft Pracht, durch ein rothes Scheibgen Glass
mit Erstaunen, mit Vergnügen, aber halb mit Schrecken an:
alles Grüne war dahin, roth war alles, Laub und Gras;
Hügel, Thäler, Wasser, Wälder,
Äcker, Häuser, Gärten, Felder,
Himmel, Wolcken, Thier und Menschen,
alle Vorwürf, die ich sah,
fern und nah,
waren alle wie Rubinen feurig, doch nicht minder schön
als vorhero anzusehn ....

1. Sprecher (fortfahrend):

Und wer dächte da nicht sogleich an Scheffels Meistererzählung: vom »Juniperus«; und den von Unkundigen vielleicht noch heute viel bewunderten »Einfall«: wie da die schön=spinose Rothraut kalt den Griff nach dem roten Glasstück tut, um den beiden Rivalen auf ihrer Todesfahrt über den Rheinfall zuzuschauen.

2. Sprecher: Denn auch das ist ganz charakteristisch für Brockes' unbestreitbaren Wert: wie da durch die Jahrhunderte immer wieder aufs schamlos= verschämteste »Felddiebstähle« an ihm begangen worden sind; und bezeichnenderweise von durchaus wohlhabenden Leuten, die selbst die artigsten Anwesen in Dschinnistan besaßen, und wirklich nicht durch den Zaun hätten zu langen brauchen: aber sie wußten eben zu genau, was gut ist! – Wieland, Stifter, Keller: sie alle haben bei ihm –

(nachdrücklichst): das heißt bei der Natur!! –
Anleihen gemacht. Oder erinnert Sie dieses etwa nicht an den berühmten »Eisbruch« in der »Mappe meines Urgroßvaters«?

ZITAT *(normale Stimme):*

Wie jüngst ein tieffer Schnee gefallen,
und gleich ein Regen drauf; bald aber wiederum
eyn schneller Frost entstand; erstarrt vor dessen Grimm
der Schnee, der eben schmoltz. Da schien nun wie Crystallen
der Bäume glatte Schaar,
die fast im Augenblick als wie beharnischt war.
Es wurden wunder=schnell so groß= als kleine Sprossen,
von einem halb bereits erstarrten Naß beflossen,
und ringsum eingefaßt und eingeschlossen.
Sie waren gantz mit klarem Eis bedecket:
das allerkleinste Zweyglein stecket
in einer Eis=Crystallnen Stangen,
die siebenmahl so dick als wie es selbst. Daher
die Äste denn, dieweil das Eis so schwer,
gebogen all herunter hangen.
Wodurch der Bäume Heer
den Palmen an Figur, an Glantz den Leuchter=Kronen
von reinem Berg=Crystall, die hell polirt sind, gleich.
Die gantze Landschaft sah daher verwunderlich,
hell, prächtig, herrlich, aus. Zumahl,
wie bey dem Untergang der niedre Sonnen=Strahl
in, durch und an die klare Glätte fiel:
es ist fast auf der Welt keyn schöner Augen=Ziel!
Der Glantz, den König oder Kayser
an Kostbarkeiten zeigen können,
sind nichts bey diesem Glantz zu rechnen, nichts zu nennen.
Ein Wald von Berg=Crystall, voll diamantner Reiser,
sind überall zur Schau gestellt;
ein Dresdnisch Grün Gewölb war jetzt die gantze Welt ...

Da ich zur selben Zeit im Garten die Allee
auf gleiche Weise
durch den so schnell geschmoltznen Schnee
in einem hell bestrahlten Eise
nicht schimmern: feurig funckeln seh!
Sie war nicht anders anzuschauen,
als wie ein Weg, den man im Bergwerck aus Juwelen
und Diamanten ausgehauen.
Wenn man durch fließenden geschmoltzenen Crystall
die Bäume gantz gezogen hätte,
so könnten sie in einer hellern Glätte
unmöglich funckeln, blitzen, gläntzen ...
Mein Leser, glaube nicht, daß mein Erzählen
zu weit sey ausgedehnt: es ist wahrhafftig wahr!
Doch hab auch ich den Frost so gar ausnehmend schön
nur bloß ein eintzigs Mahl gesehn.
Jedoch muß ich dabey gestehn,
daß alle Schönheit doch eyn Etwas, welches wild,
und rauh und fürchterlich zugleich sich zeigte.
Denn da ein jeder Baum sich gantz herabwärts beugte,
war Weg und Steg versperrt. Hierüber fiel mir ein:
Wie muß doch Dem zu Muthe seyn,
der jetzt durch Wälder reisen muß?

2. *Sprecher:* Bezeichnend sofort für sein ganzes Verfahren, daß er nichts beschönigt oder verschweigt: auch er hat den Rauhreif bisher nur *1 Mal* so haarsträubend=prächtig gesehen; und, wie schon in der »Rothen Glas=Scheibe« wird auch hier zögernd eine gewisse »Fürchterlichkeit« der transformierten Natur zugegeben.

1. *Sprecher:* Einmal auch, während eines Seesturms, als er nachts in der Koje liegt, muß er sich doch vorstellen, wie da draußen, nur einen Fuß Eichenholz weit entfernt, Mäuler gaffen, Eiswasser wellt; Schwanzflossen, zu groß für Marinaden, sich

dampfschraubenhaft drehen – jedoch das ist an sich selten bei ihm; denn im allgemeinen wird zu Ende jedes Wind= und Grasgesanges korrekt die Theodizee angefügt. Aber zu Grunde liegt eben doch ein unverwüstlicher pantheistischer Fond an Naturgefühl.

2. *Sprecher:* Über der Landschaft erhebt sich, nicht nur das Untere färbend, sondern durchaus würdiges Objekt für sich, die Luftschaft: also werden auch unparteiisch Finsternisse besungen, Gewitter, Wolkenzüge und Mondschein.

ZITAT *(helle, geisterhaft=erfreute Stimme):*

... Indem ich nun von einer Höhe
die durch den Mond geschmückte Welt,
und ihr nicht grünes Grün besehe,
ward mir gantz unverhofft ein Schnee=Feld vorgestellt:
da nehmlich aus der kühlen Lufft
ein Silber=weißer Nebel=Dufft,
wie offt in Marsch und feuchten Feldern fällt,
und den man Fuchs=Bad nennt,
sich hatt herab gesencket,
der recht wie eine weiße Fluth
auf dem dadurch erquickten Grase ruht.
Es schien das flache Feld mit Wasser überflossen,
und recht als hätte sich,
ein starcker Fluß ergossen,
der Alles eingeschluckt.
Es war der feuchte Dunst so dicht,
daß gar des Mondes gläntzend Licht,
als wie im Spiegel sich in diesen Nebel drückte.
Es waren Gräben, Bäum und Weiden
gar nicht zu sehn, gar nicht zu unterscheiden.
Hingegen war auf den bebuschten Höhen
von diesem Dufft=Fluß nichts zu sehen;
wohl aber glimmte dort zu meiner Augen Freude

so vieler zierlichen Gebäude
hell angestrahltes Fenster = Glass,
das des Gebüsches Dunckelheit
noch desto mehr erhöht und zieret.

1. Sprecher: Dennoch: die große Liebe bleiben die Pflanzen des Wassers und des Landes; und es kommt ihm gar nicht darauf an, seitenlang Namen von Blumen zu zitieren. Das ist *seine* Klippe: die »malende« Poesie, ja, bloße Aufzählung – überhaupt der Magnetberg der Realisten, an dem sie begierig scheitern. – Aber wenn es dann gar kein Ende nimmt: das Gedicht heißt natürlich nicht: »Der Garten«, (das wäre moderne, gesucht = zeichenhafte Kürze, die ihre Sache aufs Stenografenhafte gestellt hat), sondern

(die einzelnen Bestimmungen deutlich abgesetzt sprechen):

»Beschreybung /
meines /
nach beglückter Zurückkunft aus Ritzebüttel /
in völlig gutem Stande /
wieder vorgefundenen Gartens«

2. Sprecher: Nicht auf Berauschung ist es also offiziell abgesehen, sondern auf Inspektion! Auf händereibend = sammlerhafte, gewiß; und die geradlinigen Alleen sind in ausgesprochen französischem Stil angelegt, mit huldvoll = starren Baumschnörkeln – aber die vielen hinterhältig = kleinen Injektionen, die mit mynheerhafter Bedächtigkeit der Phantasie des Lesers gegeben werden, bewirken am Ende eben doch mit noch weit unvermeidlicherer Sicherheit, daß einem der Kopf schwindelt, vor so viel Namen von Sonne, Pflanzen und Sand – und wenns hinterhältig = korrekt geharkter ist: die Menge bringt es! – So steht er im Tulpenmeer:

ZITAT *(die Blumennamen von vielen Stimmen rasch durcheinander rufen lassen: singende, bärenhafte, gespreizte, schnurrende: je nach Klangbild):*

t' vergult Juweel.
Der Pfalzgraf.
Den bonten Held.
De goude Scepter.
De Liefde boven all.
Paragon Royal.
Caffrin un Gellia.
De Neger Konigin.
De Bruyd van Haarlem.
Sansje Pansje.
Mirtillo.
Conquett van Lew.
Charmante Brune.
Madame Merian.
Den blauen Reyer.
Het gülden Vlies.
Le turban d'or.
De roode Draack.
Hyppomenes.
Manteau d' Evecque.
Solphorino.
Mignardise.
Bassa Bonneval.
Notus.
La Moresse.
La Syrone ....

1. *Sprecher:* Er, der acht Sprachen mühelos Kundige, übersetzt auch in seiner Freizeit: und, da er nicht ums liebe Brot zu fronen braucht, grundsätzlich Bücher von Geistesverwandten, wie Thomsons »Seasons«; oder die religiös = vernünftelnden »Principes de la Philosophie« des Abbé Genest; Popes »Essay on Man«. Und endlich des Ritters Giovanni Battista Marini seinerzeit höchstberühmte »Strage degli Innocenti«, den be-

rufenen »Bethlehemischen Kindermord« behandelnd. Von einem mächtigen Kupfer ist das Spektakelstück begleitet, auf dem in kunstvoll komponierten Gruppen fleißig gemordet wird: viertausend Zeilen breit rinnen Gehirn und feistes Blut; und die Wunden der Bambini werden mit homerischer Akkuratesse und ausgesprochen romanischer Freude am grausamen Gegenstande beschrieben. – Zur Rektifizierung des gern strapazierten Faktums, sei's hier einmal ausgesprochen, daß – da Bethlehem samt Umgebung & großzügig gerechnet damals 1000 Bewohner vermochte – es sich, aufgrund der bekannten statistischen Altersschichtung einer Bevölkerung, um allenfalls 10 Kinder gehandelt haben wird. – Aber wieder zu Brockes' Versuchen:

2. *Sprecher:* Dennoch sind alle seine Übersetzungen unverächtliche Versuche der Transponierung fremder Meisterstücke in einen heterogenen Klang= und Syntax=Körper; und Stellen, wie die »Hofhaltung des Schlafes«, bezaubernd in ihrer mohnigen Allegoriererei noch immer:

ZITAT *(eine verschlafene üppige Altstimme):*

Es heget einen Thal das schwartze Mohren=Land,
den als mit einer Cron erhabne Berg umringen,
durch deren dickes Laub der Sonnen Strahl und Brand,
auch gar zur Mittags=Zeit, nicht einst weiß zu durchdringen:
hier liegt der Träume Fürst von Schatten eingeschlossen,
sammt seinen schläffrigen und faulen Haus=Genossen;
in dieses stillen Thals einsiedlerischen Gründen
pflegt auch die braune Nacht den Aufenthalt zu finden.

Nebst der Vergessenheit stund an den beyden Thüren
(wovon die eine Horn, die ander Elfenbein)
der träge Müssiggang. Die Schildwacht schien zu seyn
das Schweigen, welches horcht, den Finger an dem Mund,
und machte Wild und Wind aus Vorsicht gleichsam kund,

sie möchten ja kein Laub noch schwancke Zweige rühren.
Man sah in diesem Ort (von andern nichts zu sagen)
wie Blumen, Kraut und Gras mit weichen Stengeln lagen.

Die Lüfte lispeln nicht in diesem finstern Wald;
kein Vogel singet hier, der Himmel donnert nicht;
nie hört man, daß ein Hirt hie schwätzet, pfeifft und spricht,
auch niemahl, daß allhier ein Echo wiederschallt;
nie blöcket hier ein Schaf, nie hat ein Hund gebellet;
ein murmelnd Bach, der sanfft von Stein auf Steine fället,
netzt bloß die stille Klufft: sein heisers Rauschen macht,
daß, der hier liegt und schläfft, nur mit Verdruß erwacht.

Im weich=bemoossten Schoß der dick=verwachsnen Hölen,
auf einem schwartzen Bett mit Ebenholtz bedecket,
liegt in gelinder Ruh der Schlaff=Gott ausgestrecket,
der bei der bräunlichen geheimen Schatten=Schaar
in steter Einsamkeit ein stiller Herrscher war:
ein Mon=Crantz, den er sich zum Haupt=Schmuck pflegt zu wählen,
beschattet ihm die Stirn; die linke Hand belaubt
der Zweig, so eingetunkt in Lethens Feuchtigkeit;
die Rechte stützt und trägt mit Müh seyn schweres Haupt;
das Fell von einem Dachs dient ihm zu seinem Kleid.

Er hält mit großer Müh die schweren Augen=Lider,
kaum trägt er seine Stirn vor großer Müdigkeit,
es bebt sein schlaffer Hals und schwanket hin und wieder;
die Schläff' erhebt er bald, bald sincket er sie nieder.
Nah bey dem trägen Gott ist stets ein Tisch bereit,
worauf ein steter Rauch der fremden Specereyen
aus tausend Schüsseln dampft, der nebst dem sanfften Dufft
von manchem seltnen Wein benebelt Höl und Lufft,
und seine Nas' erfüllt mit süssen Schmeicheleyen.

1. Sprecher: Um kein Mißverständnis aufkommen zu lassen: er kann nicht nur ein nach Außen, in die Natur gewandter Wagner (des Goetheschen Faust) gewesen sein – obwohl ja auch schon Nietzsche diesen als den eigentlichen Märtyrer philologischer Arbeitsmethoden bezeichnete. Wohl gehen aus allen Enden des Heiligen Römischen Reichs Deutscher Nation professorale Ehrungen ein

2. Sprecher: – »Solch einen Lohn verdient ein solches Streben: Gold, Ehre, Ruhm, gesundes langes Leben« –

1. Sprecher: Mit dem Landgrafen von Hessen=Homburg wechselt er poetische Episteln. Selbst der andersgläubige Kurfürst von Köln schickt ihm sein goldgefaßtes Porträt. Der Fürst von Schwarzburg=Rudolstadt bittet ihn, seine Harzlandschaften offiziell zu besingen. Der Kaiser macht ihn zum »Pfalzgrafen«.

2. Sprecher (erklärend):
– was nebenbei nichts mit Nobilitierung zu tun hat; sondern, lediglich das »kleine Comitiv« mit sich brachte: Notare zu ernennen, bürgerliche Wappen zu verleihen, oder uneheliche Kinder zu legitimieren.

1. Sprecher: Bemerkenswerter Weise wird er ein Mittelding zwischen Gesandtem und Außenminister der Hansestadt, und reichlich mit offiziellen Sendungen beauftragt: nach Berlin; nach Hannover, zum dänischen König nach Kopenhagen; und endlich auch an den Kaiserhof zu Wien. Folglich wird, wenn sich einmal hoher fürstlicher Besuch in Hamburg aufhält, gewöhnlich er, – *also nichts weniger als nur naiver Naturdichter; sondern ein sprach= und formgewandter Diplomat!* – zu deren persönlichem Dienst abkommandiert. Für die höchsten städtischen Ämter und Würden, selbst zum Bürgermeister, wird er mehrfach in Erwägung gezogen; und 1735 tritt er *die* Stellung an, in der sein Name dem Kenner besonders zum Begriff wurde: die Amtmannschaft in Ritzebüttel.

2. Sprecher (flink erläuternd):
– dem heute noch hamburgischen Gebiet um Cuxhaven.

1. Sprecher: 6 Jahre lang bekleidet er diesen Posten, und gut!: wie hätte eine solche Topographennatur auch *keinen* guten Amtmann abgeben sollen!?

2. Sprecher: Ein Auge wie ein alter Landgensdarm, dem nichts entgeht; ein Frühaufsteher, wie jeder Blumist zwangsläufig sein muß; voll der Geduld des Pflanzenzüchters, der um die Langsamkeit aller Veränderungen, das säkular=sanfte Gesetz selbst von Gebirgsbildungen, weiß. Er legt einen schönen öffentlichen Park an; richtet neue Märkte ein; beklagt Stürme, Großfeuer, und andere Schäden. Die aus der zeitgenössischen Kleinstaaterei erwachsenden Stänkereien mit den mächtigen Nachbarn Dänemark, und dem (zumal seit dem Anfall der Großbritannischen Krone) besonders zu poussierenden Hannover, erledigt er geschickt, und als würdiger Vertreter seines Stadtstaates.

1. Sprecher: Aber, so menschlich begrüßenswert solche Leistung auch immer sein mag: das für alle Zeiten Entscheidende ist, daß hier das erste dichterische Handbuch einer niedersächsischen Landschaft entsteht, der ganze Kranz der Jahreszeiten, das unnachahmliche

(mit Nachdruck): »Landleben in Ritzebüttel«

2. Sprecher: ein Verwaltungsbeamter hatte zu zaubern begonnen; und vermittels der aktenmäßigen Technik entstand das unvergleichliche Kompendium eines Streifens Nordseeküste:

»Nichts ist mir zu klein,
und ich lieb es trotzdem«. –

Hier traf alles zusammen, alle Vorbedingungen waren erfüllt, um ein in seiner Art einzigartiges Gebilde entstehen zu lassen: er selbst, finanziell gesichert, auf dem Höhepunkt seiner Kraft und Kunst; als Gegenstand eine Ge=orgisch in sich geschlossene »Kleine Welt«. Um sie, als mythisch=grauer

Außenrand, das Meer, geziehmend gebändigt durch Hamburgs Deiche; innen die rüstige Vielfalt handfester Menschlichkeiten, ebenso wie unheimlichere Phänomene: Triebsand und Wanderdünen, meerlungenhafte Nebel, und die riesigen Glasleiber der Stürme. Die getreuliche Monographie einer Kreiswelt. Genial überzeugend: nicht durch dithyrambischen Schwung; sondern – genau entsprechend dem, obschon minderen »Witiko« Stifters! – durch die Kombination von Chronik *und* allumfassendem Naturgefühl. Das Integral einer Landschaft und erhaben=kleinlicher Alltäglichkeiten, unter dem Glassturz jenes graufleckigen Himmels.

1. *Sprecher:* Da fällt etwa in seine Amtszeit einer der großen Zyklenwinter, der von 1739/40.

ZITAT *(Stimme fröstelnd; das Ungeheuerliche betonend):*
Die Lufft schien selbst erstarret, dick, gedrungen, schwehr, und gleichsam fest:
der rothe Safft im Wetterglase ward dergestalt durch sie gepreßt,
daß er, weit über alle Grade, noch zwey Queer=Finger tief, gesenkt,
gantz in der untern kleinen Kugel verschlossen und darin verschrenckt,
so man sonst nie bemercket, lag. Die Zimmer waren dergestalt
mit kalten Theilen angefüllt, daß auch die hefftigste Gewalt
des Feuers sie nicht mildern konnte. Wer dichte bey dem Ofen saß,
empfand kaum eine laue Wärme. Wenn man den innern Theil der Hand,
durch die zu nahe Nachbarschaft des Ofens, manchmal fast verbrannt,
drückt ihren äußern Theil der Frost. Ja, ob man auch nicht gleich vergaß,

in Peltzwerck sich noch einzuhüllen, mit rauhen Mützen sich zu decken,
die Füß in einen guten Fuß=Sack von einer Bären=Haut zu stecken,
konnt Einer dennoch kaum sich bergen. Es mußte denken, lesen, schreiben,
weil man sich recht beklemmet fühlte, zween gantze Tage unterbleiben.
Man konnt und wollte fast nichts sagen; man saß, und dacht', und dachte nicht;
sprach Einer noch ein Wort, geschah es mit einem störrischen Gesicht.
Es drenget Alles sich zum Ofen, um ihn zur Lindrung anzufassen;
es konnte fast und wollte Keiner, den gantzen Tag, den Stand verlassen.
Der Wein zu dem geweihten Kelch war in der Kirche so gefroren,
daß man, denselben aufzuthauen, ihn zu dem Feuer bringen mußt'.
Viel Hühner, Enten, ja das Vieh, wovon sonst Keiner was gewußt,
hat hie und dort, selbst in den Ställen, das Leben durch den Frost verlohren.
Die Bäume borsten von einander. Nicht nur das Bier, so gar der Wein,
fror, selber in gewölbten Kellern. Tief ausgegrabne Brunnen deckte
ein starr, fast undurchdringlichs, Eis. Wir haben aus der Luft die Krähen,
nebst andern Vögeln, selbst im Flug erstarrt, herunterfallen sehen.
Kein Brod war eßbar, und kein Stein

konnt ehe man es aufgethauet, an Kält' und Härte fester seyn.
Es war in keinem Haus im Flecken ein Fenster=Schlag herabgelassen;
daher schien alles öd und leer,
und recht, als ob in allen Gassen
fast Alles ausgestorben wär.
Vom Bremer Postknecht lief bey uns, nach kurtzer Zeit, die Nachricht eyn:
er sollte, nebst zwo alten Leuten in Bremen, ebenfalls nicht minder
im Lande Wursten zwo Personen, in Steinau auch zwey kleine Kinder,
und noch vier Menschen, auf der Post erstarret und erfroren seyn .....

2. Sprecher: Auch die zahlreichen Kinder wachsen hier heran: aus den regelmäßig am Ende eines jeden Jahres gesungenen »Neujahrsgedichten« erfahren wir viel Persönliches: ein Sohn wird Prediger; ein anderer steigt langsam zum Kapitän in Hamburgs Flotte; ein Dritter setzt die Botschaftertradition des Vaters bis an den Zarenhof fort; die Töchter heiraten in angemessen=erlesene Patrizierkreise.

1. Sprecher: Ein eigenes Kapitel ist die Frau – wenn man dichtet, mit dem klangvollen Schäfernamen »Belise« getarnt: die Arme hatte nach der barbarischen, die Frauen rücksichtslos als Gebärmaschinen ausnützenden, Sitte jener Zeit

achtzehn Wochenbetten!

durchmachen müssen. Und obwohl die Ehe im allgemeinen vorschriftsmäßig=glücklich gewesen zu sein scheint, weiß doch Brockes, ein stark Verheirateter, auch Verslein und Sinngedichte auf die Frauen, nicht ohne Salz, wie etwa dieses:

ZITAT *(eine helle spöttische Stimme)*:

»Ein Mann, den seine Frau des Tags nur einmal kränkt,
der also jeden Tag nicht mehr als einmal denkt:
daß der recht glücklich sey, der keine Frau genommen:
der hat die beste Frau, so auf der Welt, bekommen.«

1. Sprecher: Natürlich weiß er, als reifer, einsichtsvoller Mann, um die Zweiseitigkeit aller menschlichen Beziehungen – ‹Ambivalenz› nannte's Freud später –:

ZITAT *(dem reizvollen Rhythmus entsprechend eine tänzerisch leichte Stimme):*

In einer Oper sah ich einst
ein Paar Schnee = weißer Masquen kommen
mit leichtem Schritt; sie hatten sich
einander bey der Hand genommen:
sie tanzeten mit leichtem Fuß,
sie schienen ungemein vergnügt,
und recht, als hätte Fried und Eintracht
sie sich einander zugefügt.

Inzwischen drehete sich eine,
als wie von ungefehr, herum:
da war sie schwartz wie Pech und Kohlen!
Die andre hatt es kaum gesehn,
so schiene sie darob erstaunet
und in Verwunderung zu stehn:
allein, kaum wendete sie sich,
so war sie ja so schwartz, so schlimm,
so daß die erste durch den Anblick
denselben Schrecken jetzt verspürte ....

1. Sprecher: Und dann wird in der Nutzanwendung zur ehelichen Toleranz und allgemeinen Nachsicht der Menschenkinder untereinander ermahnt.

2. Sprecher: Aber Belisen selbst half nichts mehr: durch einen besonders geschickten Prediger mit Bildern der Hölle »entsetzlich verschreckt« wurde sie am Ende schwermütig – und:

ZITAT *(ärgerlich = ächzende Stimme):*

... um aus den vorgestellten Ketten,
nahm sie sich endlich ernstlich vor,
durch vieles Beten sich zu retten.

An allen Orten, wo sie war,
war sie auf Beten nur bedacht;
sie betet früh, sie betet spät,
sie betete die gantze Nacht;
bis daß sie endlich dergestalt
den abgezehrten Körper schwächte,
daß sie ins Sterbebette fiel.

1. Sprecher: Am 15. November 1736 muß er sie am Nordseestrande begraben.

2. Sprecher: – und verbindet, pflichtgetreu bis zum Letzten, damit die exakte Beschreibung eines, das Leichenbegängnis untermalenden, entsetzlichen Sturmes. –

1. Sprecher: Nach seiner Rückkehr übernimmt er den Befehl des Bürgermilitärs; wird wohl auch »Protoscholarch« (also Kriegs = und Kultusminister) der guten Stadt Hamburg. Als er sein Ende nahen fühlt, greift er – nunmehr allerdings nicht, um ein letztes, wichtiges »Experiment des Erkennenden« aufmerksam zu notieren – zum Rabenkiel, und verfertigt mühsam, den »Schwanengesang«, eine ängstlich = trockene Anleitung zum gottseligen Sterben.

2. Sprecher (einfallend): aber es wäre ja eine ausgesprochene Erschleichung, wollte man mit einer, höchstens dem Priester anständigen, Technik die letzten in Schweiß und Todesangst hingezitterten Worte eines Sterbenden triumphierend zur Widerlegung seines ganzen früheren Lebens erklären:

Wir wollen mit dem Namen »Brockes« stets den »Ersten Realisten« verbinden, und die nach der Lektüre zurückbleibenden gemessen = glühenden Bilder:

ein einsamer heißer Garten zur Mittagsstunde; –
der Feinbau einer Birnenblüte; –
das Maßwerk einer Wolke um den Mond.

HERRN SCHNABELS SPUR

Vom Gesetz der Tristaniten

Personal:

1. Sprecher:	Referent; ruhig.
2. Sprecher:	Skeptiker; Fragen & Einwände.
Zitate:	Männerstimme.

1. Sprecher: Finde ich Sie wieder über Ihrem Liebling, Edgar Poe? Und was ist *heut* der Vorwand?: etwa das wilde und schwermütige Wetter?

2. Sprecher (auf den Scherz eingehend): Schon möglich. – Aber ich habe es Ihnen ja schon sattsam zugegeben: ich komme über den »Gordon Pym« nicht hinweg! Zu *solcher* Sprache *solche* magischen Erfindungen!: Immer fliegen dann die riesigen Scharen schreiender Vögel über mich hinweg; ich bestaune die marderflachen weißen Tiere; Schriftzeichen wie Hexenschlingen, Fantasieknoten, werden im Schwarzinselland gefunden; und der naiv=kunstvolle autobiographische Ton fasziniert mich nicht weniger, als schon die gewichtige, sechzehn Zeilen lange, Ouvertüre des Titels.

1. Sprecher: Glaubs gern. – Aber wie nachdenklich, daß – ja –: eigentlich *alle!* von Ihnen aufgeführten Einzelheiten der *alten Vorlage* angehören?

2. Sprecher (unwillig): Der »alten Vorlage«?!: Poe *ist* kein Plagiator!

1. Sprecher (berichtigend): Das habe ich damit auch nicht behauptet. – Wissen Sie übrigens, daß der »Gordon Pym« schon *einmal* Jemanden dergestalt berückt hat, daß er sogar eine *Fortsetzung* dazu schrieb?: Jules *Verne*, mit seiner ‹Sphinx de Glace›!

2. Sprecher (ablehnend): Nein. Auch *das* habe ich nicht gewußt. – Ich finde es überhaupt *widerlich*, vor einem Kunstwerk so viel zu *wissen!*: diese Sucht hat zu allen Zeiten die Freude an den großen Erscheinungen der Dichtung im Herzen von Millionen und Abermillionen zerstört. – Und versuchen Sie jetzt *ja* nicht, mich abzulenken: *was* haben Sie vorhin mit Ihrer verruchten ‹alten Vorlage› gemeint!?

1. Sprecher (ausweichend): Wie aber, wenn man, literarischen Stammbäumen nachgehend, *leichter* zu unbekannten großen Kunstwerken fände? – verschollenen und vergessenen – die man ansonsten schwerlich, vielleicht *nie* aufspürte? Verstehen Sie mich recht: ich sage mir – völlig ehrerbietig, wohlgemerkt –: *wenn* ich ein Buch weiß, welches des sehr großen Edgar Poe Phantasie so entscheidend entzündet hat: *dann muß doch schon etwas an diesem Buche sein!* Oder anders ausgedrückt: *wenn* ein bedeutender Dichter Ihnen ein Werk *empfiehlt* – sei es nun durch offene Nennung des Titels; oder durch schamhaft=verschwiegene Benützung – was vielleicht das noch *größere* Lob ist – dann *folgen* Sie getrost diesem gewichtigen Hinweis! Es hat Ihnen ja dann ein Mann von Kenntnissen und Geschmack verläßlich *vor*gearbeitet, ‹*vor*=gelesen›: *für Sie* 1000 ältliche Bände Spreu ausgeschieden. Es hieße doch kostbarste, unersetzlich=aufgewendete Lesestunden eines ehrwürdigen Vorgängers gedankenlos=hochmütig beiseite schieben, wenn ich solche seiner Hinweise nicht dankbar *benützte.*

2. Sprecher: Ich weiß, Sie sind geschmeidig, wie die Schlange im Paradies – aber jetzt endlich *her* mit dem Apfel der Erkenntnis: was also *war* die Quelle Poe's?!

1. Sprecher: Damals – so um 1830 – hätte das Lesepublikum eigentlich erstaunt feststellen müssen – was es natürlich *nicht* getan hat! – daß auf einmal mehrfach Dichtwerke von ausgesprochen hohem Range auftauchten, die sich *alle irgendwie* mit ‹Inseln im Südmeer› befaßten: etwa Ihr ‹Gordon Pym› hier. Kurz zuvor die ‹Monikins› James Fenimore Coopers: eine *auch* noch viel zu wenig gewürdigte politische Satyre von glänzenden Einzelzügen; später hat er das Thema sogar ein verräterisch = zweites Mal in ‹Marks Reef› variiert. – Und die eigentümlich = epidemische Erscheinung blieb nicht etwa auf die *west*liche Hemisphäre beschränkt: bereits 1829 hatten prachtvoll gehärtete Terzinen es in Deutschland verkündet – ein Siegeszug, nebenbei bemerkt, wie ihn selten ein Gedicht antrat! ....

ZITAT *(hart und hallend):*

Salas y Gomez raget aus den Fluthen
des stillen Meers; ein Felsen kahl und bloß,
verbrannt von scheitelrechter Sonne Gluten.

2. *Sprecher (seufzend und angewidert):* Ts = Ts: Chamisso *auch* noch?

1. *Sprecher (ungerührt):* Warum sind Sie so empfindlich!? Anstatt sich der großen ‹Goldenen Kette› zu *freuen*, und immer be*gie*riger auf den Boden zu werden, dem *solche Pflanzen* entwachsen konnten!: Was seid Ihr Leser doch für seltsame Menschen.

2. *Sprecher:* Das nennen Sie *seltsam*, wenn man enttäuscht entdecken muß, daß die Schönheiten der oder des Geliebten *erborgt* sind?!

1. *Sprecher:* Nicht ‹erborgt›! Das werden Sie auch in *diesem* Falle wieder sehen: ich zeige Ihnen lediglich *die* Punkte, wo die Pfeiler, die den Wunderbau späterer Wortschlösser tragen, die alte Erde berühren. Was tut es da, daß auch in der alten Vorlage der hundertjährige Dämogorgon vorkommt; und die Tafeln,

‹die rein in span'scher Zunge sind geschrieben›? –

Wenn *das* Sie übrigens beruhigen kann: abgesehen davon, daß auch *diese* ‹alte Vorlage› wieder ihre Vorlage hat – sie ist *sprachlich so belanglos*, daß sie in dieser Hinsicht tatsächlich nur noch kulturgeschichtlichen Wert besitzt.

2. *Sprecher (beklommen):* es ist zwar ein *schwächlicher* Trost; aber – *(seufzend):* – na ja. – Hätte ich mich nur nicht mit Ihnen ein-

gelassen: ein begeisterter *Leser* ist in den unerbittlichen Händen von Kennern *Ihres* Schlages stets wehrlos = verloren.

1. *Sprecher (heiter):* Seien Sie mir lieber *dank*bar: zeige ich Ihnen doch eine neue Quelle phantastischer *Anregung!* –
Es gibt ja *zwei* Klassen von Büchern, die uns umwerfen: die *eine,* weil sie so *vollkommen* ist in Sprache, Landschaft, wildem Ereignis, daß wir uns in ihnen *auflösen:* zu unserer eigenen bisherigen Existenz wird eine *neue* addiert!
Die *zweite* Klasse: die *so* geschrieben ist, daß wir unwiderstehlich zur Lieferung unserer eigenen *Substanz* gezwungen werden, die uns zur *Illustration* herausfordert; zur Neuordnung und = Gruppierung unseres *eigenen* Bildervorrats.

2. *Sprecher:* Seien Sie barmherzig! Ich gebe Ihnen ja *alles* zu; aber wenn Sie so gescheit sind, fängt mir der Kopf an zu rotieren: ich bitte jetzt endlich um Verfasser und Titel!

1. *Sprecher (scheinbar willig):* In den zwanziger Jahren des vergangenen Jahrhunderts waren nämlich zwei wichtige Neubearbeitungen des großen Buches erschienen. – Die Anregung dazu ging eigentlich von Heinrich Voss aus .....

2. *Sprecher:* Also dem Homer = Übersetzer.

1. *Sprecher (bedauernd):* nicht *ganz:* sein Sohn!

2. *Sprecher (grunzt nur): Was* man sagt, ist falsch!

1. *Sprecher (amüsiert): der* hatte nämlich 1808 geschrieben: »Welch eine Wahrheit, Gemütlichkeit und treue Herzlichkeit in diesem Buche! Der Verfasser ist ein echtes Genie gewesen!« –
*(in tiefem Ernst): Gleich*zeitig aber hatte er hinzufügen müssen: »Und *der Mann,* der uns ein solches *Nationalwerk* geschrieben, wird nun unter die *unbekannten* Schriftsteller gezählt, oder ist vielmehr *verschollen*«! Daraufhin erfolgte – *end*lich 1812! – eine öffentliche Anfrage im ‹Allgemeinen Anzeiger der Teutschen›; und auf diese hin ergab sich zögernd, daß der Verfasser angeblich ein ‹Hofbalbier Schnabel› in Stollberg am Harz

gewesen sein könnte. Hierdurch angeregt erfolgten ein paar zaghafte Besprechungen und auszugsweise Drucke – etwa in Achim von Arnim's ‹Wintergarten›; oder durch den unverächtlichen Karl Lappe –: Sie werden beides nicht kennen? .....

2. *Sprecher (verstockt):* Worauf Sie sich verlassen können! .....

1. *Sprecher (fortfahrend):* Das Endergebnis aber waren *zwei* wichtige – weil, wie schon angedeutet, für die *Stamm*reihe bedeutsame – Neuausgaben: die *eine* von Adam Öhlenschläger, dem Dänendichter – und sie ist unter dem Titel ‹Öyene i Sydhavet› für Cooper und Poe Anregerin gewesen. Die *zweite* – für uns hier wichtigste, weil *Umfangreichste*; und die alle zwanzig Jahre noch einmal im Antiquariatsbuchhandel auftaucht – von Ludwig *Tieck* elegant=salopp eingeleitet: *der* war es auch, der dem Werke *den* Titel gab, unter dem es mit Recht in unser Bewußtsein eingehen sollte: *(mit Nachdruck):*

‹Die Insel Felsenburg›.

2. *Sprecher (erschöpft):* Ein dreifach Heil der Gelehrsamkeit! – Das Original heißt also schließlich und endlich? .....

ZITAT: Wunderliche / Fata / einiger / See=Fahrer, / absonderlich / Alberti Julii, / eines gebohrnen Sachsens, / Welcher in seinem 18den Jahre zu Schiffe gegangen, durch Schiff=Bruch selb 4te an eine grausame Klippe geworffen worden, nach deren Übersteigung das schönste Land entdeckt, sich daselbst mit seiner Gefährtin verheyrathet, aus solcher Ehe eine Familie von mehr als 300 Seelen erzeuget, das Land vortrefflich angebauet, durch besondere Zufälle erstaunenswürdige Schätze gesammlet, seine in Teutschland ausgekundschafftete Freunde glücklich gemacht, am Ende des 1728sten Jahres, als in seinem Hunderten Jahre, annoch frisch und gesund gelebt, und vermutlich noch zu dato lebt, / entworffen / von dessen Bruders=Sohnes=Sohnes=Sohne, / Mons. Eberhard Julio, / Curieusen Lesern aber zum vermuthlichen / Gemühts=Vergnügen ausgefertiget, auch par / Commission dem Drucke übergeben / von / Gisandern.

1. Sprecher: Und es beginnt mit solcher kaptiosen Frage:

ZITAT: Ob denenjenigen Kindern, welche um die Zeit gebohren werden, da sich Sonnen= oder Mondfinsternissen am Firmamente präsentiren, mit Recht besondere Fatalitäten zu prognosticiren seyn?

2. Sprecher (abwehrend): Da müssen Sie schon einen eingefleischten Astrologen fragen. *Ich* meine, mit Schopenhauer, daß es eine typisch=menschliche Unverfrorenheit ist, unsere irdischen Lumpenhändel mit den großen Gestirnen kuppeln zu wollen.

1. Sprecher: Deswegen fährt ja auch mein Gewährsmann also fort: ....

ZITAT: Diese Frage will ich den gelehrten Natur=Kündigern zur Erörterung überlassen, und den Anfang meiner vorgenommenen Geschichts=Beschreibung damit machen: wenn ich dem Geneigten Leser als etwas merckliches vermelde: daß ich, Eberhard Julius, den 12. May 1706 eben in der Stunde das Licht dieser Welt erblickt, da die bekandte große Sonnen=Finsternis ihren höchsten und fürchterlichsten grad erreichet hatte.

2. Sprecher: Das Faktum ist natürlich artig genug; zumal dadurch gleich die *Zeit* Ihrer Geschichte fixiert wird – *(nachdenklich wiederholend):* – Siebzehnhundertundsechs? – Da regiert also noch Ludwig der 14.; in Preußen der Soldatenkönig; im Osten raufen sich Peter der Große und Karl der 12. sportlichen Angedenkens – das heißt leider nicht *sich*; sondern ihre armen *Völker* müssen sich massakrieren. Es tobt also einmal der *Nordische* Krieg; aber auch der um die *Spanische* Erbfolge:

»Marlborough s'en va-t-en guerre, / ne sait, quand reviendra«. – August der Starke zerbricht Hufeisen und Herzen; und der Boden Alt=Europas dröhnt, wie immer, von fallenden Festungen und Jungfrauen.

1. Sprecher: Lassen Sie uns aber auch nicht die versöhnenderen Seiten vergessen!: Soeben ist in England der ‹Robinson› erschienen; Swift's ‹Gulliver›; und Thomson's ‹Seasons›. Ein gleich meteorisch=unvergeßliches Werk hat Frankreich hervorgebracht: der Orientreisende Antoine Galland, hat Europas Phantasie unsterblich befruchtet durch Übertragung einer Arabischen Märchensammlung: ‹Les Milles et une Nuit› – es wetterleuchtet an allen literarischen Horizonten!

2. Sprecher: Und wo bleibt Deutschland?

1. Sprecher: Deutschland?: Das liegt weit *vor* aller populären Kenntnis! *Goethe:* ist noch längst nicht geboren. Weder Herder, Wieland, noch Schiller; Klopstock skandiert vielleicht eben aus den Windeln »Pá: Pá«. Selbst Haller und Hagedorn – bis zur Unkenntlichkeit verrunzelte Namen –, gehen erst in die Schule. Es dichtet, hinterhältig=fleißig, in seinem Garten zu Hamburg der sehr große Barthold Heinrich Brockes. Und Günther singt, gequält von steifhosigen Gläubigern, den Kopf gegen die Wände der Ehrsamkeit gerannt: ....

2. Sprecher: »Brüder, laßt uns fröhlich seyn, / weil der Frühling währet!« – Schön: wir sind im Bilde; the stage is set. –

1. Sprecher: Das oben zitierte Kind der Sonnenfinsternis also, Eberhard Julius, wächst auf in einer wohlhabenden danziger Kaufmannsfamilie; bezieht zu gegebener Zeit die Universitäten: zunächst Kiel, anschließend Leipzig. Aber dann stirbt unerwartet die Mutter; der Vater macht Bankerott; teilt noch die letzten paar Florins mit den zwei Kindern; und zieht, Gläubigern und Vorwürfen zu entrinnen, in die Welt.

Da *steht* nun der junge Studiosus, kränklich und unentschlossen; vor lauter Misere erwägt er schon, zur Theologie umzusatteln? – Da; plötzlich; eines schönen Maientages; erhält er folgenden Brief:

ZITAT: Monsieur, / Ihnen werden diese Zeilen, so von einer Ihrer Familie gantz unbekannten Hand geschrieben sind, ohnfehlbar viele Verwunderung verursachen. Allein als ein Studierender, werden Sie vielleicht besser, als andere Ungelehrte, zu begreiffen wissen, wie unbegreiflich zuweylen der Himmel das Schicksal der sterblichen Menschen disponiret. Ich bin vor wenig Tagen allhier in Ihrer Geburths = Stadt angelanget, in Meynung, dero Herrn Vater anzutreffen, dem ich eine der allerprofitablesten Zeitungen von der Welt persönlich überbringen wollte; allein ich habe zu meinem allergrößten Mißvergnügen sein gehabtes Unglück vernehmen müssen. Diesen ohngeachtet, verbindet mich ein geleisteter cörperlicher Eid: Ihnen, Mons. Eberhard Julius, als dessen eintzigen Sohne, ein solches Geheimnis anzuvertrauen, krafft dessen Sie nicht allein ihres Herrn Vaters erlittenen Schaden mehr als gedoppelt ersetzen und vielleicht sich und Ihre Nachkommen, bis auf späte Jahre hinaus, glücklich machen können. Ich bitte Sie inständig, alle Hindernisse aus dem Wege zu räumen, und sich in möglichster Geschwindigkeit auf die Reise nach Amsterdam zu machen, damit Sie längstens gegen St. Johannis = Tag daselbst eintreffen. Der 27. Juni, wo GOtt will, ist zu meiner Abfahrt nach Ost = Indien angesetzt. Finden Sie mich nicht mehr, so haben Sie eine versiegelte Schrifft bey dem Banquier, Herrn G. v. B, abzufodern, wonach Sie Ihre Messures nehmen können. Doch ich befürchte, daß Ihre importanten Affairen weitläufftiger werden, und wohl gar nicht glücklich lauffen möchten, woferne Sie verabsäumeten, mich in Amsterdam auf dem Ost = Indischen Hause, allwo ich täglich anzutreffen und bekannt genug bin, persönlich zu sprechen. / Monsieur, votre valet, / Leonhard Wolffgang. / P. S.: Damit Mons. Julius in meine Citation kein Mißtrauen zu setzen Ursach habe, folget hierbey ein Wechselbrief a 150 spec. Ducaten an den Herrn S. in Leipzig gestellet, welche zu Reisekosten aufzunehmen sind.

2. Sprecher: Je nun: Ein finanzielles Risiko ist also *nicht* dabei – zumal die erwähnte Summe etwa zweitausend Mark in heutiger Währung betragen dürfte. – Also .....?

1. Sprecher: Also reisen wir nach Amsterdam: In der Wermuthstraße, im ‹Wappen von Ober=Yssel› wird Logis genommen; und zuerst – in rühmenswerter Vorsicht! – Erkundigungen nach diesem mysteriösen ‹Kapitän Wolffgang› eingezogen. Da hört Eberhard Julius denn, daß jener ein sicherer, wohlbekannter Mann sei; ursprünglich *arm*, gewiß; aber seit einigen Jahren scheinbar zu *Wohlstand* gelangt. Man lernt einander also kennen; Wolfgang entpuppt sich als verläßlicher Herr, von mittlerem Alter; und, nachdem Eberhard Julius sich ausreichend ausgewiesen hat, übergibt der Seemann ihm *dieses* Dokument.

ZITAT: Dieser im Nahmen der heiligen Dreyfaltigkeit versiegelte Brief soll von niemand anders gebrochen werden, als einem, der den Geschlechts=Nahmen Julius führet, von dem anno 1633 unschuldig enthaupteten Stephano Julius erweißlich abstammet, und aus keuschem Ehe=Bette gezeuget worden.
N. B.: Der Fluch sehr alter Leute, die da GOtt fürchten, thut gottlosen und betrügerischen Leuten Schaden! –
Mein Enckel. / Anders kan und will ich euch nicht nennen, und wenn ihr gleich der mächtigste Fürst in Europa wäret, denn es fragte sich, ob mein glückseliger Character dem eurigen nicht vorzuziehen sey, indem ich ein solcher Souverain bin, dessen Unterthanen so viel Liebe als Furcht, und so viel Furcht als Liebe hegen, über dieses an baaren Gelde und Juvelen einen solchen Schatz aufzuweisen habe, als ein großer Fürst seinen Etaat zu formiren von nöthen hat. Doch was nützet mir das Prahlen, ich lebe vergnügt, und will vergnügt

sterben, wenn nur erst das Glück erlebt, einen von denenjenigen, welche meinen Geschlechts = Nahmen führen, gesehen zu haben. Machet euch auf, und kommet zu mir, ihr möget arm oder reich, krumm oder lahm, alt oder jung seyn, es gilt mir gleich viel, nur einen Julius von Geschlechte, der Gottesfürchtig und ohne Betrug ist, verlange ich zu umarmen, und ihm den grösten Theil der mir und den Meinigen unnützlichen Schätze zuzuwenden. Dem Herrn Leonhard Wolffgang könnet ihr sicher trauen, weil er seine lincke Hand auf meine alte Brust gelegt, die rechte aber gegen Gott dem Allmächtigen in die Höhe gereckt, und mir also einen cörperlichen Eyd geschworen, diejenigen Forderungen, so ich an ihn gethan, nach Möglichkeit zu erfüllen. Er wird alles, was ich an euch zu schreiben Bedencken trage, besser mündlich ausrichten, und eine ziemliche Beschreibung von meinem Zustande machen. Folget ihm in allen, was er euch befiehlet, seyd gesund, und kommet mit ihm bald zu mir. Dat. Felsenburg, den 29. Sept. Anno Christi 1724. Meiner Regierung im 78. und meines Alters im 97. Jahre. / Albertus Julius.

2. *Sprecher:* Also wenn das beigefügte *Geld* nicht wäre – worauf es den Geheimnisvollen ja allerdings *nicht* anzukommen scheint – *ich* wüßte nicht, was ich aus der Sache machen soll!

1. *Sprecher:* Das weiß auch Eberhard Julius nicht; aber er entschließt sich kurz – jugendlich: ist es nicht Juni, die Luft blau?: And what is as rare as a day in June!; Was Wunder, wenn auch *ihn* die Lust zu reisen überkommt?! – er folgt dem souverän = unbekannten Führer. –
Am 27. Junius 1725 gleitet das Schiff, mit Namen ‹Der neue Paris›, aus dem Hafen von Amsterdam; vierzehn Tage wartet man auf dem Texel, bis eine ausreichende Anzahl von Orlogschiffen beisammen ist; und steuert dann *süd*wärts, in den großen Atlantik.

2. Sprecher: Also durch den Kanal. Portugals Küsten entlang. Den Kanaren und Kapverden vorbei ...?

1. Sprecher (bestätigend): bis zum Zentrum jener Sailor=Welt: Sankt Helena.

Eine reiche und üppige Insel ist das! Ursprünglich holländisch, ist sie gegen Kapstadt vertauscht worden, an die Großbritannisch=ostindische Handels=Compagnie. Täglich liegen *20 Schiffe* auf ihrer Reede: zehn leere *nach* Indien: zehn *volle*, mit Gold und Juwelen, *zurück:* The white man's burden!

Ein »üppiges Frauenzimmer« ist dort gefällig anzutreffen – während *wir* den Namen ‹Longwood› murmeln! – ‹Kanariensekt› fließt in Strömen; und die Seeleute können sich kaum trennen: Denn entweder gehts jetzt endlos *rechts* ab, um *Feuer*land herum, Bohea aus Kanton zu holen; oder nach *links:* nach Ostindien.

2. Sprecher: Ich aber – mit den Tricks der Herren Autoren *auch* nicht ganz unbekannt – möchte vermuten, es gehe *gänzlich* anderswohin?

1. Sprecher (lachend): Alter Vokativus!: – Ja, natürlich. – Zwar, man *stellt* sich, als schlage man die gewohnte Route ein; aber sobald Sankt Helena außer Sicht ist, befiehlt Kapitän Wolffgang, Kurs nach *Süden* zu nehmen! Man fährt dahin, tagelang, – as idle, as a painted ship upon a painted ocean –; sobald man den Wendekreis des Steinbocks überschritten hat ....

2. Sprecher (murmelnd): und jetzt einmal *nicht* an Henry Miller denken ....

1. Sprecher: Da wird das *Wetter* schlecht: man ist ja im *Winter* der Südhalbkugel. Mühsam durchbricht der Dreimaster *einen* Vorhang aus Stürmen nach dem anderen: nicht nach den Hyper*boräern* geht es; sondern nach den Hyper=*Noten.* Schon wird die analphabetische Mannschaft unruhig –: *dreißig* Grad; *fünf*unddreißig Grad Süd. – Endlich, eines Tages, zeigt Kapitän Wolffgang dem jungen Studiosus im unvollkommenen Fernrohr einen *Nebelfleck*:

ZITAT: »Sehet, mein Sohn, dort von fern *den* Felsen, worauf nächst Gott Eure zeitliche Wohlfahrt gegründet ist.« Ich wußte mich vor Freude kaum zu fassen, als ich diesen, vor mich so glücklichen Ort von fern erblickte; obwohl ich nichts weiter wahrnehmen konnte, als ungeheure, aufgethürmte Steinklumpen, die, je näher wir kamen, desto fürchterlicher erschienen. Doch, da mir der Kapitän bereits eine sehr anziehende Beschreybung davon gemacht hatte, so wurden mir die Stunden fast zu Jahren, ehe wir diesem Trotzer der Winde und stürmenden Meereswellen gegenüber Ancker geworffen hatten.«

1. Sprecher: Landen kann man nicht; man muß auf offener Reede liegen bleiben. Denn die Küste ist, wie der Engländer sagt, – und man ist *sehr* englisch hier! – ‹ironbound›. Nach einer kurzen Ansprache wird das Schiff an den ersten Lieutenant übergeben; dann läßt man sich, Selbfünfzehn, in Booten an den unwirtlichen Strandfleck unterhalb der Klippen übersetzen.

2. Sprecher: Aber die zurückbleibende Mannschaft?: schöpft denn *die* keinen Verdacht?

1. Sprecher: Ach, das sind ja alles Analphabeten; ohne Ahnung von geographischer Länge und Breite! – Natürlich: *wundern* thun sie sich ausgiebig, daß so viele Leute hier, am gänzlich unbekannten Ort, das Schiff verlassen – aber das ist quantité négligeable. / Fünfzehn Europäer also sind es; nämlich:

ZITAT: Kapitän Leonhard Wolffgang, 45 Jahre / Herr Magister Gottlieb Schmeltzer, 33 / Friedrich Litzberg, ein Literatus, der sich meist auf die Mathematik legte, 30 / Johann Ferdinand Kramer, ein erfahrener Chirurgus, 33 / Jeremias Heinrich Plager, ein Uhrmacher und auch sonst sehr künstlicher Arbeiter in Metall= und anderer Arbeit, 34 / Philipp Harkert, ein Posamentier, 23 / Andreas Kleemann, ein Papiermacher,

36 / Wilhelm Herrlich, ein Drechsler, 32 / Peter Morgenthal, ein Kleinschmied und zugleich sehr kunstreicher Eisenarbeiter, 31 / Lorenz Wetterling, ein Tuchmacher, 34 / Philipp Andreas Krätzer, ein Müller, 36 / Jacob Bernhard Lademann, ein Tischler, 35 / Johann Melchior Grabe, ein Büttner, 28 / Nicolaus Schreiner, ein Töpfergeselle, 32 / sodann ich, Eberhard Julius, 20 Jahr alt.

2. Sprecher: Müssen denn alle diese Namen sein?

1. Sprecher: Oh *ja* ! Denn der Leser wird allmählich=ausführlich mit jedem Einzelnen davon bekannt gemacht! –
Man landet also auf einer der Steilküste nordwestlich vorgelagerten Sandbank; zündet ein Feuer an; trinkt bei hellem Mondschein ‹ein paar Schaalen Coffee›; und schlendert einstweilen am Fuße der Felsen spazieren, wo sich ein brausender Wasserfall ergießt. – Gegen Mitternacht jedoch beginnt auf einmal die tosende Flut spärlicher zu rinnen; hört *ganz* auf?: mit fragend gespreizten Fingerbüscheln wendet man sich an Wolffgang, den Kapitän? –: aber schon kommen in rotem Fackelgewölk drei *Fremde* herunter, durch das nunmehr trokkene Felsenmaul, stoßen die Leuchten weitgebärdig in den Sandboden, und umarmen entzückt den Führer.

2. Sprecher (widerstrebend): Also ein Wasserfall, der *abzustellen* geht? – Das ist nichts Neues. Ich sah einmal in der ‹Sächsischen Schweiz› einen, da mußte man 30 Pfennig bezahlen, worauf der Führer an einer Art Klosettstrippe zog – und der Fels entsprechend den Schnupfen bekam. – Aber hier ist ja wohl an einen *größ*eren Maßstab gedacht?

1. Sprecher: Sie haben, wie Prince Henry, immer die abgeschmacktesten Gleichnisse bei der Hand! –
Durch den nunmehr trockenen Tunnel also, steigt man längere Zeit aufwärts, vorsichtig mit Händen & Füßen stoßend=tastend; bis man endlich auf der *Innen*seite der Felswand wieder ans Tageslicht tritt.

2. *Sprecher (unterbrechend=neugierig):* ... und *was sieht* ? ......

1. *Sprecher:* ‹das *schönste Lustrevier* von der Welt›. – Nämlich: Felsenzacken ringsum, als Schwert und Schild! Im Innern eine fruchtbare Ebene: zwei kleine Seen, aus denen sich hurtige Flüsse und Bächlein ergießen, lockere Waldungen und Haine. Felder und Wälder; an 9 verschiedenen Stellen kräuselt sich Rauch aus ländlichen Gehöften. Auf einer geregelt=langen Baumallee pilgert man zu dem Hügelschlößchen inmitten der Insel: ein uralter Mann erhebt sich mühsam=rüstig, und schließt entzückt seinen ‹Bruders=Sohnes=Sohnes=Sohn› in die Arme.

2. *Sprecher:* Moment! – ‹Bruders=Sohnes=Sohnes=Sohn›?: Meingott; *muß* denn das sein?

1. *Sprecher:* Oh ja. Denn es ist *typisch* für die Einstellung des Verfassers! – *Einhundert* Jahre lang hat *ein* Zweig der Familie des im dreißigjährigen Kriege enthaupteten Stefan Julius auf *Felsen*burg geblüht: *über dreihundert wohlgeratene Nachkommen* umgeben da den ‹Altvater›! – Vom *europäischen* Zweig der Familie – kümmern noch *DREI*!

2. *Sprecher:* Hm. Also *doch* nicht ganz ohne Bosheit. – Aber, bitte, erst einmal noch weiter.

1. *Sprecher:* Dies also ist *‹Die Insel Felsenburg›:* eine Schalenwelt mit erhöhtem Rand. 20 Kilometer im Durchmesser. Von einem fleißigen, zumeist Ackerbau treibenden, Völkchen bewohnt: *sämtlich* Nachkommen des hundertjährigen Deutschen Albertus Julius, und seiner englischen Gemahlin, Concordia Plürs.

Deren Kinder, 9 Söhne und Töchter, haben durch antreibende Schiffbrüchige oder verstohlene Fahrten nach dem nah=fernen Sankt Helena sich Gatten geholt; und, bei zunehmender Großfamilienzahl, sich in 9 Dörfer – ‹Räume› genannt – auseinandergesiedelt. Das Grab eines noch weit *früheren* Ansiedlers, des Spaniers der Conquistadorenzeit, Don

Cyrillo de Valaro, ist aufgefunden worden: der umschwebt noch immer als Schutz= und Warngeist liebevoll seine Insel. Südöstlich liegt ‹*Klein*= Felsenburg›, ein ausgesprochen superstitiöser Wetterwinkel: Stätte übernatürlicher Erscheinungen; und Sitz uralt=verschollener, heidnisch=unbekannter, Völkerschaften.

Das Klima selbst ist durchaus günstig: im Sommer Plus 20, im Winter Plus 14 Grad Celsius; also ozeanisch mild. Die Winter einschleiern sich als Regenzeiten; Schnee: gibt es höchstens alle 11 Sonnenfleckenjahre einmal: ‹Ewiger Frühling› heißt es in der noch näher zu bezeichnenden offiziellen Beschreibung.

2. *Sprecher:* Und wie lebt man dort auf Felsenburg? Ich meine, verwaltungsmäßig; denn das ist ja heutzutage für den Bürger das Wichtigste.

1. *Sprecher:* Amtssprachen sind Deutsch und Englisch. Geld und Geldeswert – wovon man nicht *wenig* besitzt: aus Strandgut und dergleichen! – liegt im gemeinsamen Safe unter der Albertsburg, dem Verwaltungs= und Kulturzentrum. Keine Rechtsanwälte; keine Schriftsteller. Viel wird getauscht: in Davidsraum wohnen besonders geschickte Schuster, die ihre Ware gegen das Stefansraumer Salz abgeben; oder gegen Wildpret aus Simonsraum. Die Frauen arbeiten mit bei Häuser= und Straßen=Bau. Streng evangelisch=lutherisch ist man, *kein* Katholik wird hier geduldet, geschweige denn als Bewohner akzeptiert. Und auch die Bevölkerung ist *nur* aus diesem speziellen Nordwest=Kleineuropa; den Hauptanteil stellen Deutsche, den Rest Engländer und Schweden; *Holland* wird mit Vorliebe erwähnt: diese erste fleißige Bürgerrepublik, aller Künste und freien Meinungsäußerungen voll, von Meindert Hobbema bis Spinoza.

2. *Sprecher:* Äußerst interessant. Mit nackten Worten also: ein idealer geldloser *Mikrokommunismus*, urchristlicher Provenienz? Wobei besonders bemerkenswert ist, daß beide, Chri-

stentum wie Atheismus, nachdenklicherweise zum Kommunismus tendieren.

1. *Sprecher:* Machen wir es uns lieber *historisch* begreiflich : in den meisten anderen, etwa gleichzeitigen, Staatsromanen, gruppieren sich die Ereignisse fast stets um einen entweder mustergültigen oder zum Abschrecken gezeichneten *Fürsten:* man erwartete also die Rettung von *oben!* Noch Hallers ‹Usong› oder Wielands ‹Goldener Spiegel› *kennen* das gar nicht anders.

Hier, auf der ‹Insel Felsenburg›, wächst *organisch und ohne Schwanken* inmitten dieser Nordwest=Europäer – daheim sämtlich gezwiebelt von zahllosen Barocksouveränen, roi=soleil=mäßigen – eine bezeichnende Spielart des Kommunismus. Eine merkwürdige Erscheinung; gleichviel, ob Wiedertäufer, Bauernkriege, Cromwell, oder französische Revolution!

2. *Sprecher:* Also das Ganze ein liebliches Märchen? –

1. *Sprecher:* Ein liebliches *Mär*chen!! – Warten Sie nur ab! –

15 Europäer sind neuerdings angeworben worden; sorgfältig ausgelesen nach nützlichen Hand= und Geisteswerkern: ehe sie endgültig in den Staatsverband aufgenommen werden, muß jeder Neuankömmling vor Altvater und Ältestenrat sein *Leben* erzählen.

2. *Sprecher:* Wiederum sehr vergleichbar den uns geläufigen ‹Selbstbezichtigungen› der Ostblockstaaten; einer Beichte: aber öffentlich abgelegt.

1. *Sprecher:* *Tiefer* aufgefaßt: wohl ein Abschied vom vergangenen törichten Lebenslauf; den man dadurch wie etwas *Fremdes* objektiv zu betrachten lernt – und gleichsam wie ein altes Kalenderblatt *ab*reißt. Ein Entfernen vergangener Enttäuschung und Torheit aus dem neuen ‹Ich›. –

Und *was* für Lebensläufe sind das! *12* Segmente, Kugelzweiecke, braucht man, um einen Globus, eine Welt, zu bekleben: über *20* Sektorenleben serviert uns Schnabel, um die Welt der siebzehnhundertdreißiger Jahre zu rekonstruieren!

2. Sprecher: Also die ‹Gute, Alte Zeit› – eh?

1. Sprecher: Ein *furcht*bares Bild ist es, was er entrollt!! Und in tiefsinnigster Symbolik: erst nach schwersten überstandenen Stürmen – *oft* muß man gescheitert sein! – kann man zur ‹Insel Felsenburg› gelangen.

Wie gefällt Ihnen etwa *diese* Probe aus der Zeit der bei den Deutschen immer einmal wieder periodisch auftretenden ‹Soldatenkönige›?:

ZITAT: Zum größten Unglück kam ich auf den Gedanken, meinem Vormunde einen Brief voraus zu schicken, und ihm den Posttag zu melden, an welchem ich bei ihm eintreffen, mich auf's Eiligste mit ihm berechnen, und sodann die Reise nach einer andern Universität fortsetzen wollte; denn dadurch wurde mir mein Concept gewaltig verrückt. Etwa acht oder neun Meilen vor meiner Geburtsstadt wurde ich beim Postwechsel von einem Trupp Soldaten umringt, der mich nebst den Sachen, die ich bei mir hatte, auf einen andern Wagen setzte, mich über Stock und Stein fortführte, und endlich in einer ziemlichen Festung auf die Hauptwache lieferte. Was mir daselbst für Schmach und Qual angethan worden, da ich mich durchaus nicht bequemen wollte, eine Musquete auf die Schulter zu nehmen, ist wahrhaftig nicht auszusprechen. Mein Vorschlag war, jedennoch fünfhundert Thaler für den Abschied zu geben, oder, da solches verweigert wurde, eine Stelle als Feldscheer anzunehmen und mich auf drei oder vier Jahre zu diesem Dienst anheischig zu machen; allein es war Alles vergebens. Die Officiers sagten mir frei in's Gesichte, daß sie eben keine lang gewachsenen Feldscheers, wohl aber lange Musquetirs brauchten. Endlich, da ich zwei Tage und drei Nächte krumm zusammen gebunden unter der Pritsche schwitzen müssen, und kein anderes Labsal oder Nahrungs-

mittel empfangen hatte, als Heringsköpfe, welche mir einmal über das andere in den Mund gesteckt wurden, war es unmöglich, die Marter länger auszustehen, sondern ich mußte mich endlich entschließen, einen höchstgezwungenen Eid zur Kriegsfahne abzulegen. Nun hätte sich zwar nach und nach vielleicht die Geduld bei mir eingefunden, dies widerwärtige Verhältnis so lange zu ertragen, bis sich mit der Zeit Aussichten zu einer Änderung gefunden hätten; allein das unerhört grausame Tractament, welches ich alltäglich von den Unterofficieren und besonders von dem Sohne meines Vormundes, welcher Corporal genannt wurde, erdulden mußte, war abermals unerträglich. Ich glaube, daß der zuletzt erwähnte Bösewicht mir bloß auf Anstiften seiner boshaften Mutter so viel Herzeleid zufügte, und auch seine übrigen Kameraden dazu anreizte. Denn wenn ich beim Privat=Exerciren nur das Weiße in den Augen ein wenig verwendete, geschweige denn sonst etwas versah, mußte mein Rücken so viel Stockschläge empfinden, dergleichen er sich empfangen zu haben nicht erinnern konnte.
Ich hätte sehr einfältig sein müssen, wenn ich nicht gemerkt hätte, daß mir mein Vetter und Vormund dieses Bad selber zubereitet habe, um des verdrießlichen Rechnungsablegens überhoben zu sein. Eben war ich im Begriff, etwa einen höheren Officier durch Geschenke oder Versprechungen auf meine Seite zu bringen, der mir nicht allein einige Linderung, sondern von meinem ungetreuen Vormunde hinlängliche Satisfaction verschaffen sollte, als mir ein anderer unglücklicher Streich begegnete.
Eines Abends schlugen sich etliche Handwerksburschen auf der Straße mit Knitteln weidlich herum. Da ich nun, um dieses Spectacul mit anzusehen, in voller Montur mit meinem Wirth um die Ecke des Quartiers herum spaziert war, kam der Corporal, mein Herr Vetter, unverhofft auf mich zu, und

fragte, was ich hier zu stehen, und ob ich etwa Lust hätte, mich einzumischen? – »Nichts weniger als dies«, gab ich zur Antwort, »denn ich menge mich nicht gern in fremde Händel«. – »So scheert Euch,« sprach er, »in Euer Quartier, und legt Euch auf den H ......; denn morgen habt Ihr die Wache.« – »Es wird,« versetzte ich, »morgen an mir nicht fehlen, heute aber habe ich nicht eher Ursache mich nieder zu legen, bis der Zapfenstreich geschlagen ist.« – »Canaille, willst Du raisonniren?« schrie er hierauf, und schlug mich dermaßen mit dem Stocke über den Kopf, daß mir augenblicklich das Blut über die Nase lief. Ich wurde darüber von einem so rasenden Eifer angeflammt, daß ich augenblicklich meinen Pallasch zog, dem schändlichen Blutsfreunde etliche Hiebe in den Kopf und die Schulter versetzte, letztlich aber ihm die rechte Hand dergestalt streifte, daß sie nur noch an einer einzigen Flechse hangen blieb. Deshalb kam ich vorerst in Arrest, und bald darauf in's Verhör und Kriegsrecht, wo mir das tröstliche Urtheil gesprochen wurde, daß ich drei Tage nacheinander, und zwar täglich zwölfmal, durch die Spitzruthen laufen solle. Dies nun dünkte meiner Seele weit unerträglicher als der Tod selbst; ja der leidige Satan war so geschäftig, mir einzugeben, daß ich mich lieber selbst ermorden, als dergleichen Marter ausstehen sollte, weil ich daran eben so gut crepiren müßte, als ein anderer, der erst vor wenigen Tagen eben dergleichen Strafe erlitten. Doch dieser desperate Entschluß wurde noch bei Zeiten in mir durch christliche Gedanken erstickt, dagegen fiel mir ein anderer Hazard ein, der doch wenigstens nicht ganz so verzweifelt und sträflich zu erachten war. Ich wußte nämlich, daß bei dem heimlichen Gemache, das zu der Hauptwache, worin ich gefangen saß, gehörte, eine schmale Schluft den Wall hinab nach dem Wassergraben zu ging. Demnach observirte ich Sonntags, nämlich des Tages zuvor, wo ich Spitzruthen laufen sollte, alle Gelegenheit, so wie auch die Gegend jenseit der Festung sehr genau, simulirte dann des Nachts über ein heftiges Reißen im Leibe, ließ mich etlichemal hinausbringen, so lange, bis meine Begleiter darüber verdrießlich wurden und mir allein an den Ort hinzugehen erlaubten, wo man seinen Vortrag mit gebogenen Knien zu thun obligirt ist, – in der Meinung, daß ich ja doch unmöglich entwischen könnte, da ohnehin vier Schildwachen um diese Gegend stünden, an denen man nicht so leicht vorbeikommen könnte. Allein ich ersah des Nachts gegen zwölf Uhr meinen Vortheil, rutschte durch die enge Schluft den Wall hurtig hinab, sprang eine acht bis neun Ellen hohe Mauer hinunter in den Graben, so daß mir das Wasser über dem Kopfe zusammen schlug, rief den Höchsten um Erhaltung meines Lebens an, legte mich aufs Schwimmen, kam glücklich hindurch, und erreichte endlich nach Übersteigung vieler Abschnitte und Pallisaden die freie Landstraße.

Nachdem ich mich ein wenig verschnaubt hatte, begab ich mich aufs Laufen, weil ich bereits ausgekundschaftet, daß die Grenze des benachbarten Landesherrn nicht über 4 Meilen von dieser Stelle entfernt sey. Wie mir aber zu Muthe war, als ich erst 2 Kanonenschüsse aus der Stadt, und dann in allen umliegenden Dörfern die Sturmglocken läuten hörte, mag man sich wohl vorstellen – denn dieses war das gewöhnliche Zeichen, daß ein Deserteur aus der Festung entsprungen, und jede Dorfschaft obligiret sey, denselben zu verfolgen.

Frühmorgens gegen Sonnen Aufgang, da ich mich auf einer weiten Ebene befand und es mir unmöglich wurde, unausgeruhet weiter zu laufen, zwängte ich meinen ermüdeten Körper in einen aufgesprungenen hohlen Weidenbaum, der da weit von allen Straßen, nebst unzähligen anderen auf einer Viehtrift stand. Etwa eine Stunde nachher, als ich bereits stehend ein wenig geschlummert hatte, trieb der Viehhirte an mir vorbei, war aber, wie ich glaube, mit Blindheit geschlagen, weil er mich so wenig sah, als sein Knabe, der ebenfalls sehr oft bei meinem Schlafgemache vorbei lief. Indeß sobald er, nur etwa hundert Schritt von mir entfernt, sich nebst seinem Knaben in die Sonne gelegt hatte, fing ich von Neuem an zu schlummern, wurde aber nochmals durch das Getöse etlicher Reiter gestört, die, wie ich durch ein Spaltloch sehen konnte, sich dem Hirten näherten und fragten: ob er keinen Deserteur, in solcher Kleidung, wie sie ihm die meinige beschrieben, habe vorbei laufen sehen? Er konnte freilich wohl mit gutem Gewissen Nein sagen, und berichtete ihnen zugleich auf ferneres Befragen, daß nur noch eine gute Stunde Weges bis zur Gränze sei, weshalb die Reiter ihre Pferde desto schärfer anspornten, und zwischen den Bäumen, nicht zwölf Schritte von meinem Behältnisse, dahin ritten. Mein Herz klopfte unterdeß so lange, bis ich dieselben aus dem Gehöre und Gesichte verlor. Endlich aber verlor sich auch zugleich bei mir die größte Angst in dem darauf eintretenden, mehr als sechsstündigen Schlafe. Nachdem ich wieder aufgewacht war, fing mich der Hunger ziemlich zu plagen an; jedoch der Magen mußte für diesmal durchaus Raison annehmen, weil ich es nicht für rathsam hielt, diesen sichern Ort zu verlassen, ungeachtet derselbe vor menschlichen Augen sehr unsicher zu sein schien.

Der Hirt, welcher binnen dieser Zeit weit im Felde gewesen, kam endlich gegen Abend wieder zurück, und setzte sich etwa zwanzig Schritt von meinem Baume nieder. Bald darauf kam auch sein Knabe, der vermuthlich des Tages über im Dorfe gewesen war, setzte sich neben ihn, und fragte unter andern: ob die Reiter wieder zurückgekommen wären, die dem entlaufenen Landsknechte nachgesetzt hätten? Der Alte bejahte es, und erzählte zugleich, daß er abermals mit ihnen gesprochen, und erfahren, wie sie heute einen vergeblichen Ritt gethan hätten. »Es ist Schade, Vater«, sagte hiezu der Knabe, »daß wir den Schelm nicht haben ansagen können, denn sonst hätten wir gewiß einen Thaler Geld dabei verdienet, oder wohl gar zwei.« –

»Ach, Töffel,« versetzte der Alte, »behüte uns Gott vor solchem Blutgelde! Es kann vielleicht wohl ein gutes, ehrliches Mutterkind gewesen sein; wer weiß, wie sie ihn gekreuziget haben. Ich wollte lieber einen Pfennig oder wohl gar nichts nehmen, und einen solchen armen Kerl zehn Meilen fortbringen, als für zehn Thaler Geld ihn den Soldaten verrathen; denn diese machen nicht viel Federlesens, sondern lassen auch die besten Kerls an den Galgen henken.«

O Du redliches Blut, gedachte ich in meinem Herzen, Gott wird Dir Deine christliche Liebe, wo nicht zeitlich, doch dort ewig zu vergelten wissen! Dennoch hielt ich mich fortwährend still, bis endlich nach verschiedenen anderen Gesprächen der Knabe weit in's Feld lief, um das zerstreute Vieh zusammen zu treiben. Da nun bald darauf der Hirt etwas näher an meinen Baum kam, rief ich ihn an, klagte seiner Treuherzigkeit meine Noth, überreichte ihm einen Ducaten, und bat ihn, mir dafür, so bald es möglich, nur einen Trunk Bier nebst einem Stücke Brot zu verschaffen.

Er bezeigte mit meinem Elende großes Mitleid, überreichte mir unterdessen ein Stück Brot nebst einem Käse, und versprach, binnen zwei Stunden mit besserer Speise und Getränk bei mir zu erscheinen, wollte aber durchaus kein Gold, sondern sagte: ich möchte ihm nur etliche Groschen Silbergeld geben, um die Speisen dafür zu kaufen, weil er in seinem ganzen Leben für jetzt nicht mehr als zehn Pfennige baares Geld aufzubringen wüßte.

Demnach überreichte ich ihm eine ganze Hand voll Silbergeld, wovon er sich aber nicht mehr als etliche Groschen auslas, und das Übrige durchaus nicht annehmen wollte, sondern mit starkem Kopfschütteln davon ging, nachdem er versprochen, binnen einer Stunde wieder bei mir zu sein.

Er hielt sein Wort redlich, kam mit der Abenddämmerung zurück, brachte einen halben Schinken, ein starck Stücke Wurst, ein halbes Brot, eine Flasche Bier, wie auch Butter und Käse, in seinem Rantzen getragen, und ließ mich nach Belieben davon speisen. Er aber setzte sich etliche Schritt von mir abseits, und erzählte binnen der Zeit seiner Einfalt nach verschiedene kluge Streiche, die man einem Manne, der täglich bloß mit unvernünftigem Vieh umging, nicht leicht zugetraut hätte.
Sobald die Nacht herein brach, führte er mich glücklich über die Gränzen meines verhaßten Vaterlandes, ruhte nachher über drei Stunden in einem dicken Gebüsche an meiner Seite, und zeigte mir sodann die richtige Straße, worauf ich unfehlbar innen drei oder vier Stunden eine kleine Stadt erreichen würde, in welcher nicht die geringste Gefahr für mich zu befürchten, dagegen alle Sicherheit anzutreffen sei. Ich fragte, was er für seine Bemühungen haben wollte, und der gute Mann forderte nicht mehr als zwei Groschen, was mich dermaßen afficirte, daß ich ihm zwei Ducaten in die Hand drückte, die er vermuthlich nicht angenommen, wenn die Dunkelheit ihn nicht gehindert hätte, Gold und Silbergeld zu unterscheiden.
Der gantze teutsche Erdboden kam endlich bey reiflicher Überlegung meinem Gemüthe unglücklich und verdrießlich vor . . . .

2. Sprecher: Also der Deserteur, der die ‹Kirschen der Freiheit› jedem Kommißbrote vorzuziehen gelernt hat. – Ts ts; und Menschenraub wie immer, wie heute, wie morgen!
‹Untriuwe ist in der saze, / gewalt vert uf der strasse; / fride unde recht sint sere wunt.› –
Die sogenannten ‹Höheren Stände›? . . . .

1. Sprecher: Débauchiert wie nur je: ständig auf Reisen in die Venusberge zu Paris oder Venedig begriffen. Es ist ja das

Jahrhundert der großen Abenteurer; eines Casanova; eines Neuhoff, der sich zum König von Korsika aufschwang; eines Benjowski, der Kamtschatka und Madagaskar revolutionierte. Aber auch das Bürgertum ist insgeheim verkommen, man nehme welchen Stand man will: Goldmacher treiben sich um; die Pfarrer wollen alle nur ihre altjüngferlichen Töchter verheiraten; Liebe und Treue?: Oh weh!
Also berichten die Neuankömmlinge, *ein* einziger düsterer Chor des ‹Krieges Aller gegen Alle›, daß die europäische Menschheit sich schon damals längst in einen Haufen vagabundierender Einzelwesen aufgelöst hatte. Und, nach dem altbekannten Gesetz der Völkerentwicklung, daß *vor* dem Ende grundsätzlich der Verfall kommt, wird auch in diesen Biographien der Tobak immer stärker, der fragwürdig=obszöne Glockenklang immer voller: der 1. und 2. Band sind großartig frisch; der 3. schon fragwürdig; der 4. nur noch ein, bemitleidenswert »um des Honorariums willen« hingesudeltes Machwerk. –
Aber diese Menschen sind sämtlich müde, schiffbrüchig, europasatt. Die einsame Insel im Südmeer ist ihnen *nicht* mehr – wie im weitweit flacheren ‹Robinson Crusoe› – bewinseltes *Exil;* sondern das ersehnte *Asyl:* wo ein anständiger, fleißiger Mensch, ob gefolterter Mann, oder oft überfahrene, gesalzene Frau, endlich in Ruhe und Frieden leben kann.

2. *Sprecher:* Dies Felsenburg wird ja nun allmählich ein Begriff, wie ‹Im Monde›, wo alle Tugenden wohnen; oder wie ‹Wolkenkuckucksheim›.

1. *Sprecher:* Oh, durchaus nicht! Nachdem der Verfasser solchermaßen zweierlei gültig geleistet hat:
ein unvergänglich=grausiges Bild seines germanischen Eur*opa*viertels entworfen; *und* die Republik seiner heiligen Inselwelt –:
erspart er uns auch das Letzte, Enttäuschendste nicht: All-

mählich geht der alte, treuherzige Charakter der ‹Erstsiedler› verloren. Die an Äsopische Fabeln erinnernde Idylle der gezähmten Affen – ‹Zurück zur Natur!› – wird auf den ‹Thierpark› beschränkt. Von Außen kommt der verhängnisvoll=entscheidende Anstoß zur Degeneration.

Durch Verrat – oder wohl besser: Geplauder – der diversen gezwungenermaßen angeheuerten Schiffsmannschaften – sind einige europäische Staaten: Holland, Portugal, auf Felsenburg aufmerksam geworden. Fregatten beginnen vor der Insel zu kreuzen. Und es bleibt den Bewohnern, wenn sie ihre sozialen Errungenschaften verteidigen wollen, weiter nichts übrig, als sich zu *bewaffnen* – levée en masse: aux armes, citoyens!

2. *Sprecher:* Gebrauchen Sie eigentlich absichtlich diese Redewendungen?

1. *Sprecher:* Die verzweifelte Ähnlichkeit drängt sich nun einmal auf: *ich* kann nichts dafür!

Man beginnt Mörser und Kanonen zu gießen; Schießpulver zu erzeugen. Eine Inselmiliz wird aufgestellt: *sofort* formieren sich, Folgen der Aufrüstung, *Frauen*bataillone, Handgranatenwerferinnen, die auch zum ‹Einsatz› kommen, und in die sich, unverzüglich=jungfräulich, selbst die 10–15jährigen Mädchenkinder drängen.

ZITAT: Hierbey muß ich bekennen, daß sich unser Frauenzimmer weit desperater aufführete, als die Männer selbst; ja, die kleinesten Kinder, wenn sie nur den Nahmen ‹Portugiese› nennen höreten, spyen gegen die Erde.

1. *Sprecher:* Nein, nein!: Die Parallele zu unserer Zeit stimmt schon äußerst nachdenklich; und läßt an der konsequenten Bosheit des Verfassers wenig Zweifel aufkommen. –

Noch einmal gelingt es, alle Angriffe abzuschlagen; noch *einmal* wird ein Schiff von der Insel nach Europa abgesandt ...

ZITAT: Auf unsern Höhen ließen sich Pauken, Trompeten und

allerlei andere musikalische Instrumente hören, wobei denn aus den Kanonen immer eine scharfe Ladung nach der anderen gegeben, auch etliche Bomben in die See gespielet wurden; worauf man, wie wir wohl vernehmen konnten, bis zur Mitternachtsstunde beständig antwortete. Endlich aber war bei Anbruch des folgenden Tages von dem Schiffe nichts weiter zu sehen, weshalb wir ihnen allen unter nochmaliger Abfeuerung der Kanonen Glück auf die Reise wünschten, und ein Jeder sich sodann nach seiner Wohnung verfügete.

2. *Sprecher:* Ein schöner Schluß: wie zu Beginn die geheimnisvolle Insel *auf*tauchte, so versch*wind*et sie also uns Unwürdigen gegen Ende wieder unter dem Horizont? – Und das nun ist Ihr geliebter Roman von der ‹Insel Felsenburg›?

1. *Sprecher (entgegenkommend):* Eben dies. – Die erste Auflage des großen Buches war 1731–43 erschienen. Aber erst 150 Jahre später gelang es, einige wenige Daten über den Verfasser zusammenzutragen. – So etwa, daß er 1692 in der Nähe von Bitterfeld geboren sei; im Laufe eines gedrückten, 50jährigen Lebens als Zeitungsredakteur tätig war; auch ein paar Romane schrieb. Zumeist aber als ‹Kammerdiener› auch ‹Hofagent und Hofbalbier› beim Grafen Stolberg – einem der damaligen ‹Reichsunmittelbaren› Westentaschen = Souveräne – diente. Sein Ende ist unbekannt; nach 1750 bleibt er verschollen …

2. *Sprecher (nachdenklich):* vielleicht hat ihn Kapitän Wolffgang nach Felsenburg abgeholt?

1. *Sprecher:* Zu gönnen wär' es ihm wohl! – Aber, einmal abgesehen von seinen übrigen ziemlich apokryphen schriftstellerischen Leistungen – der »Im Irrgarten der Liebe herumtaumelnde Kavalier« ist Ihnen vielleicht noch aus der Immermannschen Parodie auf den Grafen Platen bekannt – seine bemerkenswerteste Leistung ist und bleibt unsere ‹Insel Felsenburg›; nach dem ‹Simplizissimus› wieder, wie Sie schon

widerstrebend sahen, der erste deutsche Roman von *globaler* Wirkung.

2. Sprecher: Wurde er denn wenigstens als solcher gewürdigt?

1. Sprecher: Alle unsre Großen haben ihn in ihrer Jugend, und meist begeistert, gelesen; ob Lessing, Herder, oder der literarische Meisterdieb Wilhelm Hauff. Johann Heinrich Voß hat in seiner Neubrandenburger Zeit eine breit angelegte Fortsetzung entworfen, von der leider nichts erhalten geblieben ist. – Schon in einer mittelguten Goethe=Ausgabe stoßen Sie immer wieder auf solche Stellen:

ZITAT: »Wenn es Gott & der Natur gefallen hätte, den Urgebirgsknoten von Nubien durchaus nach Westen bis an das große Meer zu entwickeln und fortzusetzen; ferner diese Gebürgsreihe einigemale von Norden nach Süden zu durchschneiden – so würden Thäler entstanden seyn, worin gar mancher Urvater Abraham ein Canaan ..... *(betont weiter):* ... mancher Albert Julius eine Felsenburg würde gefunden haben; wo denn seine Nachkommen leicht mit den Sternen rivalisierend sich hätten vermehren können.«

1. Sprecher: Noch 1790 – also immerhin schon 60 Jahre nach dem Erscheinen des Buches! – läßt Iffland in seinem Lustspiel ‹Frauenstand› den Hausfreund unmutig=selbstverständlich mahnen: »Ach was! Romanideen; nichts als Romane: Mein Herr, wir leben nicht auf der Insel Felsenburg!« –
Oppermann läßt in seinem großartig angelegten Roman der ‹Hundert Jahre› die Kinder sich daraus vorlesen; ja, sogar lesen lernen sie daran, bis sie sie nahezu auswendig können! – Besonders gewichtig und psychologisch bedeutsam das Geständnis Karl Philipp Moritz', in seinem ewig rühmenswerten ‹Anton Reiser›:

ZITAT: Die Erzählung von der Insel Felsenburg tat auf Anton eine sehr starke Wirkung, denn nun gingen eine Zeitlang seine Ideen auf nichts Geringeres, als einmal eine große Rolle in der Welt zu spielen und erst einen kleinen, dann immer größeren Zirkel von Menschen um sich her zu ziehen, von welchen er der Mittelpunkt wäre; dies erstreckte sich immer weiter, und seine ausschweifende Einbildungskraft ließ ihn endlich sogar Tiere, Pflanzen und leblose Kreaturen, kurz alles, was ihn umgab, mit in die Sphäre seines Daseins hineinziehen, und alles mußte sich um ihn, als den einzigen Mittelpunkt, umher bewegen, bis ihm schwindelte.

Dieses Spiel seiner Einbildungskraft machte ihm damals oft wonnevollere Stunden, als er je nachher wieder genossen hat.

1. *Sprecher:* Vor allem drang dies Buch ins Bewußtsein auch des *Volkes* ein, wie nie ein anderes vor= oder nachher: es ist bezeugt, daß um 1750 die Bibliothek des Handwerksmannes meist nur *zwei* Bücher enthielt: die *Bibel und* –: unsere Insel Felsenburg!

Bevor der junge Geselle seine Wanderschaft durchs ‹Reich› antrat, gab ihm der Meister die 2500 Seiten mahnend zu lesen: als Ersatz für noch mangelnde praktische Lebenserfahrung!

2. *Sprecher:* Und ich kann mich jetzt also nicht auf dem Absatz umwenden, in die Buchhandlung gehen, und dort zum Gehilfen sagen: ‹Bitte, einmal die Insel Felsenburg›?

1. *Sprecher:* Bestenfalls taucht, wie schon gesagt, antiquarisch, und auch das schon sehr selten, noch eine von Ludwig Tieck bevorwortete Redaktion auf, die auf 2000 Kleinoktavseiten etwa Dreiviertel des Originals bietet. Allerdings hat Tieck, was bei seinem sonst superfeinen Gefühl für Stil und Sprache merkwürdigst überrascht, damit leider eine den Ton und Geist der Urschrift böse verwischende Überarbeitung eines Ungenannten nicht nur passieren lassen, sondern sanktioniert – zur Strafe werden wir sie im Folgenden die ‹Tieck'sche Redaktion› nennen!

2. *Sprecher:* Wirkt sich das tatsächlich so nachteilig aus? Wo Sie

doch selbst andeuteten, daß das Verdienst des Buches im Sprachlichen *nicht* liege?

1. Sprecher: Eben deswegen hätte man desto sorgfältiger über dem Text wachen, und wenigstens nicht das kulturgeschichtlich so bezeichnende Gepräge verwischen sollen: dieses doch aparte Ragout aus derb=kräftigem Deutsch als pièce de résistance, und dem nicht unzierlichen Gewürz der Gallicismen und Latinismen mundet unsrem Gaumen wieder – in dieser Hinsicht sind wir durch die Besatzungsmächte ja heilsam umgewöhnt worden. Und ist es denn nicht schade, wenn im Original ein Feind sich erbost, »die Koller=Ader lief fingersdicke auf«; und die Tieck'sche Redaktion hat das matte: »seine Adern schwollen«? Von Hottentottischen Speerträgern am Kap verfolgt, weiß der fliehende Held »wie sicher diese rohen Menschen« werfen?: oh nicht doch!: »Wie accurathe diese Unfläther zu treffen verstehen«. Aus einem »venerablen weißen Bart« wird ein wenigsagend »schöner«. Und nicht nur Purist ist der Bearbeiter gewesen; sondern, was sich arg gut damit verträgt, auch noch Moralist: wenn der alte Schnabel seine Liebespärchen sich naiv und redlich an »die Wonnen« machen läßt, »die nur Gott verleiht« – um die geistreiche Ausdrucksweise Wagners im ‹Lohengrin› zu gebrauchen – wenn also der Bub dem Mädel »die harten, jedoch auch zarten Brüste küsset«; dann wird bei Tieck .....

2. Sprecher (mitleidig einspruchерhebend): ... Sie strafen ihn aber wirklich zu hart!

1. Sprecher (fortfahrend): ... dann macht die Tieck'sche Redaktion daraus eine plättbretthaft=einheitliche »Brust«: Schluß! – Aber darauf muß man ja sogar schon bei den Drucken des 18. Jahrhunderts achten: alles was nach 1749 erschien, ist ‹durchgesehen›, ‹gereinigt›, ‹überarbeitet›, oder wie wohl sonst noch die Gesellenausdrücke lauten, die es besser wissen, als der Meister. –

Das weit Bedenklichere aber ist, daß Tieck mit hartnäckiger Abneigung zahllose Einzelheiten der Inselgeschichte gestrichen, und so nicht nur das Gleichgewicht zwischen der Rahmenerzählung und den Biografien entscheidend gestört, sondern vor allem der Fantasie des Lesers die Mitansiedlung im neuwachsenden Staatsgebilde maßlos erschwert hat.

2. *Sprecher (nachdenklich):* Vielleicht ließe sich das – ich meine jetzt die stilistische Verkehrung – psychologisch erklären: Tieck, beziehungsweise der betreffende Bearbeiter, sind um 1770 geboren. Bei der ‹Insel Felsenburg› handelt es sich also um den Sprachschatz ihrer Eltern – der dem ‹modernen› Kinde ja stets altmodisch und lächerlich = fatal erscheint. Denken wir doch einmal an die unsinnig verbauschten Kostüme der ‹Frau Luna› unserer Eltern, die wir uns höchstens noch ansehen, wenn wir einmal recht boshaft lachen wollen; oder an den Dreschflegeltakt der unsagbar scheußlichen ‹Rheinländer›: ‹Immer an der Wand lang!›, Paullinckischen Angedenkens – die Wonne der ‹Platzkonzerte›, zugegeben: aber das ist ein Gegenargument mehr!

1. *Sprecher:* Mag sein, daß der Bearbeiter also darum im Text so gewütet hat, weil ihn die Diktion unangenehm ans Elternhaus erinnerte, ‹Väter & Söhne›. – Jedenfalls ist auch diese ‹Insel Felsenburg› leider wieder 1 Großbeispiel mehr für die bedauerliche Lückenhaftigkeit unserer deutschen literarischen Tradition; ein Beweis dafür, wie mißlich es ist, die Erhaltung des großen Kontinuums vertrauensvoll in die Hände von Germanisten und Verlegern zu legen! Wieder einmal wird vorenthalten

dem Leser ein anregendes,
dem Kulturhistoriker ein unentbehrliches,
dem Prosafachmann ein konstruktiv äußerst belehrendes Stück!

2. *Sprecher:* Was schlagen Sie also vor?

1. Sprecher: Ein simpler Neudruck der editio princeps würde genügen; notfalls 500 doppelspaltige Seiten: *also ein halber Konversationslexikonband!* –
Aller Dreck wird heute neu gedruckt; aufs einfallsloseste: nichts gegen den ‹Werther›: aber der ist tausendfach erreichbar! 50 der unsterblichsten, dabei völlig vergessenen, Bücher harren vergeblich; mit verkleisterten Augen, scheuklappig am ganzen Leibe, Büscheln von Stinkmorcheln in den verkrüppelten Händen, präsentiert sich uns zu den Messen der Literastenschwarm: wo ist der Verleger, der diese 50 (die ich ihm gern namhaft machen wollte!) neudruckt?!
Denn Sie müßten selbst sehen, wie liebevoll Schnabel sich das – zweifellos auch für ihn lösende, wenn nicht gar rettende! – Gedankenspiel seiner Insel zurecht gemacht hat: da erscheinen im Text die Kupferstichkarten Groß= und Klein= Felsenburgs, mit Weilern und Wäldern, Flüssen und Seen, Untiefen und vorgelagerten Sandbänken: auf 10 ganzen Seiten gibt er die präzisen Stammtafeln der Einwohner ..

2. Sprecher (unterbrechend): Jaaber: geht das nicht etwas zu weit? Ist das nicht allzu trockene Konstruktion?

1. Sprecher: Im Gegenteil. Gerade an so überzeugend=Exaktem kann sich die kombinierende Fantasie entzünden: das heißeste Feuer kommt aus Trockenstem; Karten, Zahlenkolonnen, Namenslisten von Staatshandbüchern! Was meinen Sie wohl, warum Galsworthy, ein Nobelpreisträger, seiner ‹Forsythe=Saga› ähnliche Stammtafeln beigab: wollen Sie dem alten Deutschen das versagen, was Sie dem späten Engländer zubilligen?!

2. Sprecher: Hm. – Yes=well. – *(Es ist schwer, einen Menschen zu überzeugen!):* Aber Sie sagten ‹Karte›?: Hat Schnabel etwa irgend eine bestimmte Lokalität für seine Utopie vorgeschwebt; ähnlich wie man es beim Robinson mit Selkirk und ‹Juan Fernandez› versucht hat?

1. Sprecher: Im vorliegenden Fall ist es um 1 entscheidende Spur unheimlicher! –: Wenn die Bevölkerung eines Landes – eventuell ‹Ei› davor; meinetwegen – nach einem Buch lebt, so ist das nur üblich: Wir, die Mohammedaner, der Sachsenspiegel, schweigen wir vom Buch Mormon, richten uns auch nach Bibeln, BGB's, oder sonst einem fuero juzgo.

Wenn dieses ‹Buch› 200 Jahre alt, und ein Roman, ist – dann ist das schon ‹putzig›. Wenn dieser Roman in einer fremden Sprache geschrieben, *und den Einwohnern unbekannt ist* – so ist das ‹unheimlich›, einverstanden?! (Denn wie wäre Ihnen zumute, wenn man Ihnen aus einem so alten Buche vorläse, was Sie heutzutage treiben?!).

2. Sprecher: Das wäre natürlich merkwürdig.

1. Sprecher: Ebeneben! – Denn keiner der 2 vor mir Dissertierenden hat sich anscheinend die Mühe gemacht, Formeln der sfärischen Trigonometrie anzusetzen; Gane nachzuschlagen und Barrow; Dampier; Kaspar van Riebeek – nicht ‹Herr von Ribbeck auf Ribbeck im Havelland› –; oder den bekannten Kometenmenschen Edmund Halley, und dessen Reiseberichte in den weltweitberühmten (und mit Recht!) ‹Philosophical Transactions›: Am 16. Oktober fährt Eberhard Julius, der Archivar und Historiograf der Insel Felsenburg, von Sankt Helena ab; das war schon damals, 1725, ein Zentrum der Sailor=Welten, eine Wasserstation, Depot für Spermatozoen; nebst Kapstadt der letzte Hafen, bevor man ging, Eastward Ho!, nach Ostindien, The White Man's Burden zu holen – Sie erinnern sich an das Litho A. Paul Webers.

2. Sprecher: Oh ja; aber es ist boshaft.

1. Sprecher: Es ist eine der Aufgaben des Künstlers, boshaft zu sein! –

Nachdem man – unter gebührend=colombischem Murren des Schiffsvolks – Richtung nirgendhin mitten in den großen

Südatlanik gesteuert ist, schallt endlich, vorschriftsmäßig=unromantisch, der Ruf ‹Land Ho!› – genau nach den 27 Tagen der erforderlichen alten Segelschiffahrt. – Und es folgt der Nachweis: *daß die ‹Insel Felsenburg› identisch ist mit der Inselgruppe von Tristan da Cunha*; zur Zeit in britischem Besitz; auf 37° 5′ 50″ Breite und 12° 16′ 40″ Länge westlich von Greenwich: Tristaniten, Belemniten, Schiiten, Karaiten Hedschas & Yemen, Seleniten, Troglodyten, Pirouetten=Kastagnetten; man kommt nicht ‹von selbst› darauf!

2. *Sprecher:* Sie behaupten also, daß – ich habe den ‹Stieler› zur Hand – jene Klippen dort, im Kellergeschoß der Erde, ‹Tristan, Nightingale, Inaccessible, Middle & Stoltenkoff›, zu den ‹besungenen› gehören? Und das Urbild der großen ‹Insel Felsenburg› sind?!

1. *Sprecher:* Genau nach den vorgeschriebenen Wochen der alten Segelschiffahrt übers ‹Challenger=Plateau› sieht man sie, als »einen ungeheuren aufgethürmten Steinklumpen«, einen »Trotzer der Winde und stürmenden Meereswellen«, »ringsum von gantz schroffen Felsen umgeben«. / : Tristan da Cunha besteht rundum aus steilen, 1 bis 2 tausend Fuß hohen Wänden. Alle, Menschen wie Güter, müssen – es gibt keinen Hafen – auf offener Reede über Boote verladen werden: auf Felsenburg, wie vor Tristan da Cunha!

Diese Boote nahen sich –: an der Nordwestecke der Insel Felsenburg, wo man grundsätzlich zu landen pflegt, ergießt sich ein Wasserfall über die Felswand herunter. / Genau wie auf Tristan da Cunha: »It marks the landing=place«, heißt es bei der Barrow.

Im Roman kann man diesen Wasserfall abstellen, und durch den also nunmehr trocken gelegten Tunnel ins Inselinnere, ins Gelobte Land, gelangen. / In der Küste Tristans finden sich zahlreiche Höhlen; darunter eine, ‹Freshwater=Cave›, die 100 Meter und mehr ins Innere hineinführt!

Auf ‹Felsenburg› liegen im Nordosten mehrere Teiche, wo ringsum Bäche mit vielen Verästelungen ein sumpfiges Delta bilden, das man auch »wegen der vielen dicken Bäume« nicht gut umgehen kann. / : Auf Tristan liegen *in der moorigen Nordostecke* die »Three Ponds«, untereinander durch Wasseradern verbunden, »the sides of which in many places are thick with trees« : Genügt's ? !

2. *Sprecher:* Tja. Es scheint fast so. –

1. *Sprecher (unerbittlich):* Also doch noch nicht ? : Dann weiter ! – Inmitten der Insel Felsenburg befindet sich ein See. / : Auf Tristan, inmitten der alt=erloschenen Vulkaninsel liegt dieser ‹crater=lake›.

Vom Rand der Schalenwelt, bis zu der in der Mitte liegenden Schnabel'schen ‹Albertsburg› ist es »fast 1 Meile«; d. h. der Durchmesser der Insel mag rund 15 km betragen. / Tristan hat diese vorschriftsmäßigen 12 km Durchmesser. (Und beide Inseln sind nebenbei »annähernd kreisförmig«).

Von einem Tanggürtel ist Felsenburg umgeben. / Tristan von einem »belt of seaweed«; so fest und wellenbrechend, daß »Boote an ihm für die Nacht festmachen« können.

Auf den vorgelagerten Klippen Felsenburgs sieht man Tiere, »welche halb einem Hunde und halb einem Fische ähnlich sahen«; (»Seekälber« heißen sie später auch wohl). / An den Tristanischen Küsten trägt noch heute eine flache Bucht den Namen ‹Seal=Bay›; und man findet dort Seehunde, =Elefanten, und sogar =Leoparden !

Wein und Obst wächst wild auf der Insel : d. h. auf *beiden*, Tristan & Felsenburg !

Südwestlich von Felsenburg liegt, etwa 2 Meilen entfernt, eine weitere Insel, ‹Klein=Felsenburg›, von geringerem Umfang aber. / Das ist, und die Größenordnung der Maße trifft zu, ‹Inaccessible Island›. (Wohin Schnabel auch den übermäßig hohen Zentralberg verlegt hat; der ihn auf Felsenburg selbst ja nur gestört hätte – an dessen Stelle blieb nur der Hügelstumpf für die Albertsburg).

Bei einer Fahrt nach diesem – nach Richtungswinkel und Entfernung also genau entsprechenden – ‹Klein = Felsenburg›, und der anschließenden Besteigung des Peak, entdeckt man »ein Stücke Land, ohngefähr 40 bis 50 Meilen entfernt, gegen dem Süderpol zu«. / : Das ist das rund 400 km entfernte ‹Diego Alvarez› (wobei anzumerken ist, daß 50 Schnabelsche Meilen 375 km entsprechen; und meine alte Karte aus Herrn Hübners ‹Realem Staats =, Zeitungs =, und Conversations = Lexicon› von 1752 ebendort eine der damals noch goutierten Fabelküsten, Terra Vitae, verzeichnet).

2. Sprecher: Eigentlich ein bißchen unheimlich, wie?

1. Sprecher: Unheimlich?: ‹Unheimlich› ist, wenn bei Karl May auf einmal eine 100 Seiten lange Auseinandersetzung mit Nietzsche erfolgt. Wenn Barthold Heinrich Brockes seine scheinbar französisch = geregelten Gärten systematisch von Menschen = Besuchern entleert, bis nur noch Frösche, Blumen und Wolkenüberritzebüttel vorkommen. Oder wenn ich im Hannoverschen Staatshandbuch für 1798 auf Seite 58 / 59 den uralten Schattenriß eines einst = blühenden Jungmädchens finden muß, und daneben den Geist eines Ahornblattes, dem das Chlorofyll längst entwich: wehe, mein Hämoglobin! –

Nein: Unheimlich ist, wenn man das folgende Blödsinnige feststellen muß: *Auf Tristan da Cunha lebt man, wie Schnabel es vorgezeichnet hat* – zu einer Zeit, als jene Gruppe noch menschenleer war!

2. Sprecher: Wie ist das möglich?!

1. Sprecher: Bitte sehr: Ich demonstriere Ihnen an diesem einmaligen Fall, wie durch die Identität lediglich der äußeren Situation – d. h. Formation der Insel; völlige Abgeschiedenheit, also körperliche und geistige Isolation, Meeresströmungen als einzige Verkehrsmittel – *und Schnabels genial=intuitive Versenkung in solchen Zustand* (‹Längeres Gedankenspiel Hochtyp III›, vergl. meine ‹Berechnungen II›) die Wahrheit, die Realität, überrumpelt, getroffen=übertroffen wird!

2. Sprecher: Ist denn Tristan da Cunha überhaupt bewohnt?

1. Sprecher: 1812, als England und die blutjungen USA zum zweitenmale Krieg führten, faßte man britischerseits den Felsen fester ins Auge: allzuviel amerikanische ‹Privateers› benützten ihn als Stützpunkt zur Beunruhigung Kapstadts und des Ostindienhandels. Dann kam noch 1815 hinzu: auf dem ihm »zunächst gelegenen Stück Landes« wurde 1 Mann interniert, den zu bewachen keine Mühe zu groß, kein Aufwand zu teuer schien – also stationierte man auf Tristan, 3000 km sind's, 1 Battaillon Artillerie; Schotten und Hotten=Totten und wie sie alle heißen.

Als der berühmte Fall dann durch Magenkrebs geklärt war, Oh Captain my Captain, und die Garnison zurückgezogen werden sollte, beschloß ein Corporal aus Kelso (Berwick), William Glass, auf Tristan zurückzubleiben. Mit ihm ein paar Kameraden und Farbige.

Glass wurde langsam der »Governor« – »Altvater« heißt die Charge bei Schnabel – und noch 1910 wußten die Uralten zu berichten, wie er, hoch überm Strande, in seinem aus dem Felsen gehauenen Armstuhl zu sitzen, und die allmonatlich=fern vorbeistreichenden Schiffe zu verfolgen pflegte, »with a spy=glass 8 feet long«.

2. Sprecher: Ein gesundes Klima also?

1. Sprecher: Schon bei Schnabel wird der erste ‹Altvater›, ‹Albertus Julius› 102 Jahre alt, five score and two; und hier setzt schon wieder das Merkwürdige ein: Thomas Hill Swain, ein Tristanite, stirbt 108jährig – und auch dann nur, »weil er sich beim Holzhacken verletzt hatte« (sic!). / Oder der »Headman and Marriage=Officer«, Peter William Green, wird 94 Jahre alt – genau wie auf Felsenburg der zweite ‹Altvater›: die Natur selbst scheint sich gehorsam nach Schnabels Erfindungen gerichtet zu haben!

2. *Sprecher (betroffen):* Äußerst merkwürdig! – Woher hat man auf dem reellen Tristan die Frauen geholt?

1. *Sprecher:* Lesen Sie doch die Insel Felsenburg! – Woher holt man sie organischerweise, wenn es daran fehlt?: Von dem nächsten bewohnten Land, also Sankt Helena. Freilich sind es zum Teil farbige Gattinnen: *auf Tristan sowohl, wie auf Felsenburg!*

Ich erwähnte bereits die ausführlichen genealogischen Tabellen bei Schnabel – von den späteren komplizierten Entwicklungen im 2500=Seiten=Text ganz zu schweigen: die 9 Stämme heiraten derartig geschickt durcheinander, daß selbst Gothaer=Spezialisten in Kalamitäten geraten möchten. / Wie heißt es folglich bei Barrow von den Leuten auf Tristan da Cunha?: »The people have so intermarried, and there are so many of the same name, that it is difficult to distinguish one person from another.«

2. *Sprecher:* Dann stimmt das natürlich auch mit den diversen ‹Schiffbrüchen›?

1. *Sprecher:* Selbstverständlich: Inselschicksal! – Schiffbrüchige kommen an, und bleiben da. Einmal auf Felsenburg 5 Männer & Frauen. / 1821 scheitert vor der Küste von Inaccessible die ‹Blendon Hall›: 5 der Besatzung, Männer & Weiber, bleiben für immer auf Tristan: Wie das Gesetz es befahl!

Viel Strandgut wird an der Küste Felsenburgs angetrieben; nicht nur Holz, sondern auch »allerley Hausgeräthe«. / Auf Tristan heißt es ständig: »Many of the people's possessions are from shipwrecks«; als da sind Porzellan, Glasgefäße, hübsche weißglasierte Milchkrüge: »Hausgeräthe« eben!

Oder: beim alten Schnabel ist eine Art Uniformierung eingeführt: Junggesellen vom 10. Jahr an tragen bis zu ihrer Heirat rot; die Männer braun; Älteste und Vorsteher, sowie die Priester, schwarz. / Aus der Realität Tristans erfahren wir auch den zureichenden Grund hierfür: wenn ein günstiger Schiffbruch, »Den Äin sien Dod iss den Annern sien Nachtigall«, einen Ballen Stoff angeschwemmt hat, wird der gleichmäßig verteilt – und nächsten Sonntag erscheinen dann eben alle Inselbewohner in derselben Ehrentracht: genau nach Vorschrift!

2. *Sprecher:* Wie steht's mit ‹Geld›? – Ich würde tippen: Tauschhandel?!

1. *Sprecher:* Sehen Sie: Sie leben sich ein!

Freilich werden auf Felsenburg die Pfarrer, Lehrer, undsoweiter von den Gemeindemitgliedern durch Naturallieferungen unterhalten. / Auf Tristan?: Der Reverend Graham Barrow predigt und schulmeistert; und wird dafür reihherum mit Viktualien beliefert – genau wie 200 Jahre früher sein ‹Pendant im Geiste›, der Magister Schmeltzer!

Und wie ausführlich werden die Gottesdienste beschrieben!: Ist es nicht etwas ganz Ungewohnt=Aufregendes? Genau wie bei uns ein neuer Film, ein Fußball? Wie freut man sich auf beiden Inseln, als endlich ein Geistlicher eintrifft! Wie werden umständlich=begeistert die Choräle verzeichnet; der Bibeltext angegeben; die Predigtdispositionen: *es gibt einen ‹Code Tristanique›!* Und ich machte mich anheischig, ihn a priori zu entwerfen – wenn es eben nicht schon Johann Gottfried Schnabel getan hätte!

Bis in die absurdesten Kleinigkeiten ist die Parallelität=Identität da: beim alten Schnabel erzählt der greise David Rawkin mühsam=rüstig vom Lord=Protector Cromwell, den er in seiner Jugend sah. / Alexander Cotton aus Hull pflegte den Tristaniten zu berichten, wie er einst 3 Jahre lang Napoleon bewachte!

Bei Schnabel werden die Spärlich=Anlegenden am Strande

mit Fackeln begrüßt. / »Most of the people were carrying brands« schildert Frau Barrow, wenn die Boote von draußen hereinkommen!

Franz van der Leuwen stürzt am 11. November 1646 in den Klippen Felsenburgs zu Tode? / : Mr. Macan will 1904 sich an der ‹base› Tristans versuchen – und wird, gleichermaßen zerschmettert, tot aufgefunden!

(Sogar der *Namen = Gleichklang* ist vom Teufel beibehalten worden!: ‹Rogers› heißt heut eine der Großfamilien auf Tristan da Cunha? – ‹Roberts› bei Schnabel: »Schaudert's Dich?«).

2. *Sprecher*: Tja; das ist natürlich genug. – Also ‹uralter deutscher Boden›, diese Gruppe; müßte man da nicht das Nationalgefühl wachrufen?: ‹Kein Verzicht auf Tristan da Cunha!›: Von Deutschen besiedelt; die Einwohner richten sich nach einem deutschen Corpus Juris; heilig = nüchtern, reinlich = gefährlich, verwegen = lutherisch? Ich stelle mir die ‹Bundeswehr› vor; adenauergetrieben, in siegendenwiegenden Schnellbooten, nischt wie ‹Blaue Jungens›: Nun, John Bull, nimm Dich in Acht! – Oder nee; die sind ja zur Zeit mit uns verbündet. –

1. *Sprecher:* Soweit hatte ich, Friedfertigster der Friedfertigen: ich bin ja meine Arbeitskraft schließlich ernsthafteren Dingen schuldig, noch gar nicht gedacht. – Aber müßte man nicht mir, der ich diese fremdeste aller Inseln als eine hochinteressant = besungene nachwies, eine Siedlerstelle dortselbst vergönnen = zuweisen? So 20 acres; dicht neben der kleinen Funkstation; und ein Wellblechhüttchen von 80 Quadratmetern? – Die Überfahrt bezahlte = pumpte ich selbst.

2. *Sprecher:* Und dann da unten atomsicher sitzen, was?! – Je nun: fragen Sie den englischen Konsul.

KLOPSTOCK

oder

verkenne Dich selbst.

Sprecher:

A.: Männerstimme; rüstig, kraftvoll.

B.: Männerstimme; jünger als A.; feurig = ungeduldig.

Zitate: 1 Männerstimme. – 1 Frauenstimme. – / Bei jedem der Zitate sind Tonfall und Tempo vorgezeichnet.

Anmerkung: Bei der Probe aus dem ‹Grammatischen Gespräch›, gegen Ende, werden alle diese 4 Sprecher gemäß besonderer Anweisung eingesetzt.

A. *(mit Nachdruck; als beende er eben einen – vor Aufgang des Vorhangs begonnenen – Satz):* .... genau! *Jawohl!: Verkenne Dich selbst!*

B. *(zweifelnd):* Ja, ist das denn aber – vor allem in solchem Maßstabe – möglich? *Der*art meine ich, daß Sie ein ganzes bedeutendes *Le*ben auf diese betrübliche Formel bringen können?

A.: Je nun: es ist doch schließlich nichts häufiger, als daß man, platt gesprochen, ‹den falschen Beruf› ergreift. Und denken wir jetzt einmal nicht an die Minister in aller Welt: die heute Spezialisten fürs Postwesen sind; morgen stehen sie an der Spitze der Atomforschung; übermorgen leiten sie, gelassenen Herzens und ungefalteter Stirn, das Kriegsministerium ......

B. *(ungeduldig unterbrechend):* Jaja, sicher; und uns ‹beschränkte Untertanen› durchlaufe der Schauer der Demütigung: was müssen *das* für Supergehirne sein; die mühelos ein halbes Dutzend divergentester Geisteswelten nicht nur *passiv umfassen – nein: regieren! – (mit deutlichem Tonabfall):* Oder, richtiger wohl: die von *keiner* den Teufel etwas verstehen. –
Aber *wir* sprechen ja schließlich von *wirk*lich erlesenen Geistern: ist denn auch bei *denen* eine solche Verkennung der eigentlichen Begabung möglich? Und gar, wie Sie anzudeuten scheinen, auf *längere Zeit? Ich* meine doch: der ‹Grüne Heinrich› entdeckte leidlich *rasch*, noch in den Zwanzigen, daß er *nicht* zum Maler geboren war.

A.: Sie hätten auch Stifter erwähnen dürfen – bei dem es immerhin hoch in die 30 währte, ehe er endgültig den Pinsel mit der Stahlfeder vertauschte. Oder ETA Hoffmann: der bis an sein unselig Ende nicht erfuhr, ob das Schicksal – oder wie

Sie das Dings nennen – ihn nun eigentlich zum Maler, Komponisten oder Dichter bestimmt hatte.

Aber, natürlich, *das* will ich Ihnen *gern* zugeben: daß *Klopstock* der *grell*ste Fall dieser Art ist. In*so*fern: als er einerseits von Kindesbeinen an *wußte*, daß er ein großer Dichter sei ....

B. *(unterbrechend; es ist bei heutigen Gebildeten, mit ihrer Gedankenfülle, gar nimmer Mod' – auch gar nicht möglich: und das ist eine sehr ernsthafte Anmerkung! – sich ausreden zu lassen: wir werden noch Alle auf den Köpfen gehen!):* Oh halt! geht das nicht *auch* schon wieder zu weit: wenn Einer mit 18 weiß, daß er ein großer Mann sei?

A. *(nach einigem Nachsinnen, bedächtig):* Nn=nein. –: Das wird *da*durch rektifiziert, daß seine *Umgebung es noch nicht* weiß: dadurch wirkt er so komisch, daß ihm selbst ein heilsames Gefühl der Unsicherheit übrig bleibt. –

Aber lassen wir das ‹feinsinnige› Theoretisieren – Daten bleiben Daten; die Blaublümler mögen protestieren, wie sie wollen –: man ist also im Jahre des Herrn 1724 in Quedlinburg geboren; als erstes von 17 Kindern .....

B. *(erschüttert):* Siebzehn?!: Das ist aber doch ....

A. *(ergänzend):* .... blanker Wahnsinn; tja; das sagen *wir* heute. – Aber, was wollen Sie machen?: der Vater ist ein ‹leuenherziger Advokat›. Da ist es immer noch aller Ehren wert, wenn man den begabten Ältesten auf eine höhere Lehranstalt schickt; ins Internat nach Schulpforta. Nach sechsjährigem, höchst erfolgreichem Lernen, hält der junge Klopstock, ein ‹Primus perpetuus›, anläßlich des ‹Abiturs› jene fatale Rede:

Declamatio

qua poetas epopoeiae auctores recenset Fridericus Gottlieb Klopstock. In provinciali schola portensi. Anno MDCCXLV; die XXI Sept.

oder, weiter auf Deutsch:

ZITAT *(Männerstimme : pathetisch)* : Ein jedes Volk Europas wird sich eines epischen Dichters rühmen können; wir aber sind gegen solche Ehre unempfindlich ! Unwille und gerechter Zorn ergreifen mich, wenn ich diese Gleichgültigkeit unseres Volkes betrachte ! Beschäftigt mit Kleinigkeiten suchen wir den Ruhm des Genies. Mit Gedichten, die aus keinem anderen Grunde zu entstehen scheinen, als um zu verschwinden, suchen wir – unwürdig des Namens der Deutschen ! – die Unsterblichkeit zu erlangen. Oh : gelänge mir's, dies in der Versammlung deutscher Dichter zu reden : vor Freude würde ich glühen, wenn ich imstande wäre, sie mit Scham zu erfüllen, wegen der Vernachläßigung der vaterländischen Ehre ! Und ist DER noch nicht unter den Lebenden, welcher bestimmt ist, Deutschland mit diesem Ruhme zu schmücken ? ! : So erscheine, großer Tag, der diesen Dichter ins Leben ruft ! Und möge Dieser würdig werden des Menschengeschlechts, der Unsterblichkeit, und Gottes selbst, den er vor *allem* preisen und verherrlichen wird !

A. : Mit dieser unheilvollen Rede – gehalten am 21. September des Jahres 1745 : einer der *wahren* ‹Sternstunden der Menschheit› ! – war nicht nur ein fragwürdigster Einfluß auf kommende volle 30 Jahre der deutschen Literatur skizziert; sondern ein zum Höchsten geborener Geist hatte sich aufs Fatalste festgelegt ! Fatal *des*wegen, weil ihm völlig *unangemessen* ! : Die Selbstkastrierung des heiligen Origenes war Spieler*ei,* verglichen mit solch öffentlich = schwerwiderruflichem Bekenntnis eines deklamatorisch erhitzten Jünglings – oder, genauer : eines hahnenhaft = verprahlten Teenagers ! – der sich verpflichtete, *»der Homer der Deutschen zu werden«.*

B. : Deswegen muß man mit jungen Menschen vorsichtig sein : überblickt man doch nie, was einmal aus ihnen werden wird. Und bei jungen Mädchen : wer weiß, wen die einmal heiraten ?

A. : Lassen Sie die Witze im Stil von ‹Readers Digest›; der vorliegende Fall ist viel zu *ernst* dazu! – *Mir* blutet das *Herz*; wenn ich mir vergegenwärtige, *was* diese dumme Halbstarkenrede damals alles angerichtet hat! –

(ruhiger): Ein zerstreutes Studium schließt sich an; ohne rechten Abschluß: man hat ja auch zuviel anderes im Kopf.

Und da ist er wenigstens in*so*weit konsequent, als er sich dem *Militärdienst entzieht*; er hat ja auch wirklich Besseres zu tun.

B. *(neugierig einfallend):* So?!: ‹*Wehrdienstverweigerer Klopstock*›?! – So ganz glatt; und ‹Ohne mich›?!

A.: Ja, doch! – Von Seiten der preußischen Militärverwaltung war der Dichter dreimal vorgeladen worden; 1750, 51 und 52; so oft er eben daheim, in Quedlinburg, weilte. Da er sich aber *nie, auch nur zur Musterung stellte,* – auch, vorsichtshalber, im Ausland lebte – erging an die zuständige Zivilbehörde die Anweisung, als Repressalie sein künftiges Erbteil mit Beschlag zu belegen. –

B.: *Sehr* gut! – Und das Thema seiner Arbeiten liegt ja auch schon fest?

A.: Seit jener Rede; ja: Christus & die Unsterblichkeit will er loben und preisen.

B.: Wie sich die Zeiten aber doch ändern; heute, kann *ich* mir vorstellen, wäre der Stoff ‹Rock'n Roll› & hautenge Mädchenhosen.

A.: Oh, sagen Sie *das* nicht; hier spielt Ihnen Ihre maskuline Fantasie doch wohl einen Streich. – Jedenfalls: lassen wir einmal moderne ‹Blackboard Jungles› ebenso beiseite, wie weitere Klopstockische Biografica seines ersten Halbjahrhunderts – und es *ist* auch relativ unbedeutend, daß er eine Schweizerreise tat; zweimal kinderlos verheiratet war; und meist in der dänischen Wahlheimat lebte – fest bleibt die *eine* Ungeheuerlichkeit: daß sich ein Mann bis ins 50. Jahr bemüht – präziser: schindet! – das voreilige Versprechen seiner Jugend, das Epos vom ‹Messias›, zu erfüllen.

B.: Wieso?: Es geht doch alles *glänzend!* Ich erinnere mich im Augenblick nur an die berühmte Stelle in Goethes ‹Wahrheit & Dichtung› ……

*A. (berichtigend): Eb*eneben. Lesen Sie die Zeilen einmal genauer nach: Goethe spricht mit *vorsichtig verstecktem Humor* von den »wechselseitigen, zwar gräßlichen, aber doch wohlklingenden Verwünschungen, die uns nur so vom Munde flossen«; und: »Wir ergriffen jede Gelegenheit, uns mit diesen höllischen Redensarten zu begrüßen …. Nun hatte aber Adramelech den Satan mit eisernen Händen zu fassen: meine Schwester packte mich gewaltig an; und rezitierte, zwar leise genug, aber doch mit steigender Leidenschaft ….«:

und *das alles:* unter *Kindern*; auf dem *Schemel*; hinter'm *Ofen:* – einem Räumchen, das ja im Volksmund *‹Hölle›* heißt –: *und* der Barbier schüttet dem Vater das Seifenbecken in den Ausschnitt!: Dergleichen ist doch nimmermehr Lob, sondern *nackte Ironisierung!*

B.: Aber man braucht doch nur jede größere Litera*tur*geschichte aufzuschlagen, um zu erfahren, *wie* dieser ‹Messias› gewirkt hat?!

A.: ‹Gewirkt› ?: *Ja* ! – aber man vergesse doch *nie*, diese ‹Wirksamkeit› des näheren zu definieren: unsagbar *geschadet* hat das Machwerk von zwanzigtausend Zeilen!! – Nicht nur, weil selbst das Kind *Goethe*, angeregt, gleich mit einer läppischen ‹Höllenfahrt Christi› debütierte: *wie* hat nicht die ganze serafische Richtung den, zu vielviel Wichtigerem berufenen *‹Hainbund›* gußeisern belastet?! *Wie* den jungen *Wieland* beeinflußt; *nein,* sagen wir es *laut: 10 kostbare Jahre lang verdorben!!*

B.: Ja; aber wollen Sie es nicht doch ein *bißchen* sachlicher, tiefer, begründen?

A.: So tief Sie immer wollen! Sie sollen des ‹Messias› genug, und *über*genug, bekommen! *Gesättigt* sollen Sie werden, mit dem faden, süßlich wimmernden Ton religiöser Unnatur; den sich damals alle nur einigermaßen gebildeten Familien aneignen zu müssen glaubten: und der *nichts* weiter war, als ein Gemisch aus Geziertheit & Heuchelei! – Ich sehe, Sie *besitzen* eine Klopstock=Ausgabe? – oh: sogar die rare alte *Göschen*'sche in 18 Bändchen?: nun; auf diesen Herrn Göschen komme ich *später* noch *aus*führlich zurück!. – Ich schlage also, wirklich *vollko*mmen ad libitum, das Monstrum *auf.* Und beginne:

ZITAT *(Männerstimme, langweilig; überdrüssig; in endlos polternder Clubstick=Pathetik):*

Siehe, des Eingebornen des Vaters voll Wahrheit und Gnade,
Christus, welchem von Ewigkeit sey zu Ewigkeit Ehre,
und Anbetung! Ich hebe mein Haupt mit der Freude des Himmels
Über euch auf, und fleh von dem liebevollen Erbarmer
Jetzo keinen Segen für euch: euch hat der Versöhner
Schon gesegnet! Christus euch der Erstandne gesegnet
Mit der Verheißung, sich euch auf Tabor zu offenbaren!
Euch dadurch gesegnet, ihr blickt, wie ich, in der Zukunft
Fernen hinaus, mit Schmach um seines Namens willen
Unter Verfolgern, mit Arbeit und Schweiß in der mühsamen Laufbahn,
Und mit Märtyrerblute! Denn droben lohnet die Arbeit,
Lohnet die Schmach, und das Blut des Lebens Krone den Duldern.
Sehr bin ich begnadiget worden, habe der Heile
Gottes viel empfangen, und danke weinend dem Geber;
Aber mein Blut fließt nicht von Jesus Christus zu zeugen!
Denn ich gehe früher hinauf, zu umpflanzen der Streiter
Hütte mit Kühlung. Gepriesen sey, der voran mich führet,
Euch nachsendet, hinauf zu dem ewigen Lohn, durch die enge

Pforte, den schmahlen blutigen Weg! Gepriesen des Mittlers
Heiliger Namen! Ach hochgelobt in Ewigkeit Christus
Herrlichen Namen! O duldet die Schmach, und den bitteren Hohn gern
Derer, die Christus Herrlichkeit leugnen, nicht kennen des Himmels
Herrn, und der Erde! Denn sie, die euer Zeugnis zu Gott bringt,
Aber deren Auge den Auferstandnen nicht sahe,
Werden auch die Schmach und den Hohn der Christusleugner
Dulden, den Dolch, so vom Blute nicht rauchet, und dennoch tödtet!
Werden glauben, und schaun! Gott gehet unter den Menschen
Seinen verborgenen Weg mit stillem Wandeln; doch endlich,
Wenn er dem Ziele sich naht, mit dem Donnergang der Entscheidung! ......

B. (unterbrechend): Hmmm. –: *Wie*viel Verszeilen sagten Sie?

A. (gefällig): Zwanzigtausend! Vom 19. bis zum 50. Jahre zusammengeklittert! – Falls Ihnen das Wort mißfallen sollte: *bitte:* Ich bin *auch* einmal jung gewesen! Ich habe *auch* einmal das Urteil des Ritter von Lang aus den ‹Hammelburger Reisen› bestritten: *»daß kein Mensch lebe, der, sofern er ehrlich sei, von sich rühmen könne, den ‹Messias› auf einmal, Zeile für Zeile, hintereinander durchgelesen zu haben«!*

Ich habe es *selbst, dreimal,* versucht – das drittemal, unerbittlich, einer geliebten Frau vorgelesen: oach, hätte ich bloß etwas *an*deres mit ihr gemacht! –: *dieses dritte Mal* bin ich bis zum Vers fünfzehntausend gelangt; dann haben wir's, *trotz bewußtester Anspannung aller Energieen* – oach: hätten wir sie nur an etwas *An*deres gewendet! –: *aufgegeben: es ist unmöglich!!*

B. (ungläubig): Na; *das* möchte ich doch mal probieren! ....

A. (warnend): Probieren Sie's *nicht!*

Ich will Ihnen für mein scheinbar unsinniges Diktum: daß – auch außer der ‹Kritik der reinen Vernunft› noch – es Bücher gebe, die man einfach nicht lesen *kann*, ein Dutzend berühmtester Namen bringen. Und nicht nur etwa berufene *Spötter*; sondern *ernst*hafte, *erst*klassige Leute; ja?

B. (ungläubig): Aber das ist doch ..... *(vermurmelnd):* Unmöglich! ....

A. (unerbittlich): Den Ritter von Lang hatten wir schon? Bon. / Von mir also ganz *ab*gesehen – obwohl ich *mein* Geständnis *eben*so zu Protokoll geben möchte! – / *Grabbe:* läßt in ‹Scherzsatireironie› den Teufel sofort in festen Schlaf verfallen, nachdem er *nur 2 Verse* aus dem ‹Messias› gelesen hat. / *Heine* begegnet in seinem Pyrenäenbade die ‹Göttin der Langeweile›: ?: in der Hand den *‹Messias›* tragend. / Johann Heinrich *Voss,* ehemaliger Hainbündler, *und* also ein ursprünglich auf Klopstock Eingeschworener, schreibt von »unserem einstmal so gefeierten ‹Messias›«: »Nicht nur der *Plan* ist ein wahres Scheusal; sondern auch die Ausführung des *Einzelnen!*« Und der betroffene Bundesbruder Miller muß da gestehen: »Allerdings. Auch *ich* habe *lange* meinen Glauben an die Vollkommenheit des ‹Messias› verloren. Oder vielmehr: *dieser Glaube ist immer nur Überredung und Selbsttäuschung gewesen!*«

B. (ungläubig): Immerhin erst »be*zau*bert« sein; und dann *ab*fallen? ......

A.: Selbstverständlich war der hohl=pathetische Ton zu*erst* *neu*! Erst spät merkte man die Unbeholfenheit des Klopstockschen Hexameters, der ein wahrer Schüdderump war, im Vergleich zum Homerischen. Aber weiter: Ludwig Tieck: »Er las uns heute aus dem Messias etwas vor; er liest sehr schlecht, und dann machte mir auch der unaufhörliche Kram von Engeln und bösen Geistern, die unverständlichen Verse, und daß das Gedicht nicht spaßhaft war, so viel Langeweile, daß mir die

Kinnbacken vom verbißnen Gähnen wehtaten; meine Augen gingen endlich davon über – er hielt's für Rührung.« / Oder, falls Sie nur Prälaten in solchem Fall als kompetent erachten sollten: wie wär's mit dem Palmblätter=Gerok, der ja zusätzlich noch selbst Dichter war, und ergo doppelt zuständig? – *(vertraulich):* »Auch lege ich bei dieser Gelegenheit das Geständnis ab, daß ich jetzt, in meinem 46. Lebensjahr, es immer noch nicht über mich genommen habe, Klopstocks Messias durch= und hinaus zu lesen.« / Daß Coleridge und Wordsworth, die Clubstick in Hamburg aufsuchten, ihn grundsätzlich nur den »Birmingham Milton« nannten – also unserem deutschen ‹Gablonz›=, beziehungsweise ‹Pforzheim›=Talmi entsprechend – will ich gar nicht sonderlich akzentuieren; denn da könnten Sie einwenden, daß es sich nur um Ausländer handle, die dem hohen Geist nicht zu folgen vermöchten. / Aber was halten Sie von *diesem* gramvoll=vernichtendsten Urteil, das wohl über*haupt* über ein Buch gefällt werden kann?: Der Verfasser des ‹Anton Reiser›, Karl Philipp Moritz, schreibt, kalter Hand, in seiner Beichte – und es ist eins der *allerbedeutendsten* Bücher deutscher Sprache! – *die*ses nieder ...

ZITAT *(Männerstimme nachdrücklich):* Neries fand einen *vor*züglichen Gefallen daran, Reisern Klopstocks ‹Messiade› ganz vorzulesen. Bei der *entsetzlichen Langenweile* nun, die diese Lektüre beiden verursachte, und die sie sich doch einander – und Jeder sich selber! – kaum zu gestehen wagten, hatte Neries doch noch *den* Vorteil des lauten Lesens, womit *ihm* die Zeit verging. *Reisern aber war verdammt, zu hören, und entzückt zu sein! – welches ihm die traurigsten Stunden in seinem Leben gemacht hat, deren er sich zu erinnern weiß ..... Und welche ihn am meisten zurückschrecken würden, seinen Lebenslauf noch einmal, von vorn wieder, durchzugehen!!*

A.: Also *das* ist ja wohl nun so ziemlich der *stärkste* Ausdruck einer Sache: wenn ein – *wirk*lich erprobt feinsinniger und umgetriebener – Künstler gesteht: daß ihn die Erinnerung an ein *bestimmtes berühmtes Buch*, lieber auf die ‹Ewige *Wiederkunft*› Nietzsches verzichten ließe, als *dieses* Produkt *noch einmal* erdulden zu müssen!

B.: Ja; aber ist denn dergleichen *mög*lich?!: daß sich *ganze Generationen* in ihrem Urteil über ein Dichtwerk vergreifen? Ich meine: die Literaturgeschichten wissen doch im Allgemeinen den ‹Messias› nicht *genug* zu rühmen?: und das sind doch *auch* alles Literaturkenner gewesen.

A. (kalt): Wenn *ich* wissen will, was ein Buch wert ist?: dann frage *ich* danach 10, möglichst verschiedene *wirkliche Dichter! Keine* Kritiker oder Literaturhistoriker! *Wozu* diese angeblichen Kenner imstande sind, belegen Ihnen ja jährlich die unermüdlich verteilten Nobelpreise: *die* erhält *Sienkiewicz* für ‹Quo Vadis› – aber *nicht* Rilke und Trakl! *Den* erhält Churchill, literarisch ein Journalist ausgesprochenen Mittelmaßes: aber *nicht* Bert Brecht, oder James Joyce!: Gehen Sie mir doch mit Ihren Literatursachverständigen!

Und wenn Sie's *gar* nicht glauben wollen: setzen Sie sich doch *hin*; und *beweisen* Sie mir's, daß man den ‹Messias› Wort für Wort lesen, *und* Gefallen daran finden kann! Es würde Ihnen wie allen den zitierten – für dichterische Schönheiten doch weißgott empfindlichen! – Gewährsmännern gehn: Sie werden *so* lange von der elenden Hauptgeschichte gestört, bis – ab und zu – eine Episode anfängt: *die* ist dann allenfalls historisch zu lesen, d. h. im Zusammenhange der Entwicklung der deutschen Dichtung.

Aber, verlassen Sie sich getrost darauf!: spätestens in der zweiten Hälfte des wässrigen Hin= und Hergeschwappes würden Ihnen die briefträgerhaft fliegenden Serafe – die beständig »den tieferen Gedanken denken« – zuviel werden. Samt dem ewigen Geflenne und Gestaune völlig schief gesehener Urchristen, dem »Aufdanken und Niederbeten« frisch

Auferstandener. Wenn Klopstock *weiter nichts* geschrieben hätte, als diesen ‹Messias› : *dann* könnte man ihn, ohne ihm im Geringsten wehe zu tun, neben Bodmer einrangieren; und der – wesentlich handfestere ! – Gottsched hätte *simpel Recht* mit seinem rationalistisch=harten Verdammungsurteil !
»Du hattest als Mensch die Gedanken schon gedacht, welche die Himmlischen denken !« – das ist Bodmer, ehe er sich mit Klopstock gezankt hatte. Wogegen Füßli anmerkt, die Liste der Subskribenten für die Neuausgabe des Messias wäre identisch mit der der ausgemachten Narren des deutschen Sprachraums – : ‹Who shall decide, where doctors disagree ?›.

B. : Also ich will nichts verreden – vielleicht versuche ich's doch einmal. – Aber Klopstock hat doch noch wesentlich *mehr* geleistet, das werden ja selbst *Sie* zugeben : ich meine, seine berühmten ‹Oden› !

A. (grämlich): Jaja; Oden genug; rund 500; – Aber wir wollen uns verständigen : *20 davon* sind *gut*; und vor allem heute, im Zeitalter der ‹freien Rhythmen› fesch zu lesen. Obwohl das alles letzten Endes nur gute *Prosa* ist; possierlich in Zeilen angeordnet.

B. : Bitte, nicht behaupten; sondern belegen !

A. : Schön; belege ich also zunächst den *ersten* Teil meiner Behauptung : daß die *meisten* seiner Oden bloße Baukastenarbeit sind : kalt, gedrechselt, christlich=borniert. Er begriff, trotz längeren Umgangs mit Lessing – Messieurs : wir erheben uns von den Plätzen ! – nie, daß sich Ethik *sehr wohl* vom Christentum ablösen läßt; und dieses überhaupt letzten Endes nicht *mehr* damit zu tun hat, als der Islam, das Buch Mormon, oder der Spinozismus. – *Belege* ich also : daß in den meisten die *Gesinnung eitel* ist bis zur *Esoterik;* die *Sprache stereotyp* und *gedunsen !*

B. : Darf man *so* von einem unserer großen Klassiker reden ? : Sie werden *mächt*iger Eideshelfer bedürfen, um *das* zu beweisen !

A.: Wie gefällt Ihnen diese Besprechung eines *Lessing* – der Klopstocks Oden allgemein ‹ein Quaken› hieß – der berühmten ‹Ode an Gott›? ...:

ZITAT *(Männerstimme, ironisch; und nüchtern = rasch):*

Man sieht, ohne Benennung eines Ortes, ‹Ode an Gott›; von Herrn Klopstock; in Oktav 1 Bogen.

Vielleicht vermutet man in dieser Ode poetische Betrachtungen über die Majestät *Gottes* – und man mutmaßet auch *recht.* Oder vielleicht sucht man darinnen ein Gebet einer entzückten *Demut* – und man irret sich auch *hier*inne nicht. Man findet *beides* darinne; dennoch ist diese Ode ein *Liebe*slied; und man könnte sie das ‹*Hohe*lied Klopstocks› nennen.

Er beweint die *Abwe*senheit seiner Geliebten; und anstatt daß ein *and*erer Dichter, welcher in *ähn*lichen Umständen war, seine Klage mit einem »Muß ich meine *Do*ris missen?« anfing – so erschüttert *ihn* ein stiller Schauer der Allgegenwart *Gottes.* Sein Herz und sein Gebein *beben* sanft gerührt. Er *fühlt*; er *fühlt* es: daß Gott auch *da*, wo *er* wohnt, *Gott* ist. Er wünscht, mit Gott zu *reden*; *zweifelt* aber, daß er ihn wird zu *sprechen* bekommen. Endlich *wagt* er es, mit dem Ewigen zu reden; er sagt ihm, daß *er, Gott*, *ewig* ist; und daß *er, Klopstock*, *liebet.* Der Ewige soll ihm seine Geliebte *wieder*geben; oder er soll sein Leben zu einem schnellen Hauch machen. (Welche Verwegenheit, so ernstlich um eine *Frau* zu bitten!) Er ver*spricht* Gott dafür: noch *ein*mal so tugendhaft zu seyn, wenn sie bey ihm ist; und den Messias desto feuriger zu besingen. »Von ihr geliebt«, sagt er, »will ich Dir feuriger entgegenjauchzen; will ich mein volles Herz in hohen Hallelujaliedern, ewiger Vater!, vor Dir vergießen! Dann; wann sie mit mir Deinen erhabenen Ruhm gen Himmel weinet; bebend, mit schwimmenden, entzückten Augen; will ich mit ihr hier schon das ewige Leben fühlen. Das Lied des Sohns; trunken in ihrem Arm, von reiner Wollust; will ich; Erhabener; Enkeln; die gleich uns lieben; gleich uns Christen sind; seligen Enkeln; singen!«

Unsere Leser werden wohl die Absätze der Verse, welche wir, den Raum zu ersparen, weggelassen haben, da sie ohne*dies* ohne darübergesetzte Zeichen keine Füsse *haben* würden, nicht vermissen. –

(wegwerfend): Kostet in den Vossischen Buchläden hier und in Potsdam 1 Groschen.

B. *Sehr* witzig; zweifellos. – Nun: ich lese die betreffende Ode *selbst* nach! – Bitte weiter?

A.: Meinen Sie, daß *Lichtenberg,* – nach dem Unterschiede zwischen seinem und Klopstocks Stil gefragt – nach kurzem Besinnen ohne Grund also antwortete:

*Klop*stock hebt an: »Du, der Du niedriger bist, als ich, – und dennoch mir gleich – befreie mich von der Last des staubauffangenden Kalbfells!« – Während *ich* einfach sage: »Johann, zieh mir die Stiefel aus.« –

Verdächtig gut gelingen ihm BDM=Lieder!:

ZITAT *(Frauenstimme; schülerhaft=stöckelig und albern=überheblich):*

Ich bin ein *deutsches* Mädchen! / Mein Aug' ist *blau*, und sanft mein *Blick*; / ich hab ein *Herz*, / das *edel* ist, und *stolz und gut* !

Ich bin ein deutsches Mädchen!: / Zorn blickt mein blaues Aug' auf *den*, / es *haßt* mein Herz / den, der sein *Vater*land ver*kennt* !

Ich bin ein *deutsches* Mädchen! / Mein *hohes* Auge blickt auch *Spott*, / blickt Spott auf *den*, / der Säumens macht bey dieser Wahl.

Du bist kein deutscher Jüngling / Mein ganzes Herz ver*ach*tet Dich! / Des Vaterlandes / nicht *werth*, wenn Du's nicht liebst, wie ich!

Ich bin ein *deutsches* Mädchen! / *Mein gutes, edles, stolzes Herz* / schlägt laut *empor* / beym süßen Namen: *Vater*land!:

Ich bin ein *deu*tsches Mädchen! ....

B. *(ächzend):* Oh, *auf*hören : *auf*hören ! – – Naja : ist es aber nicht schließlich eine Frage der Gesinnung ?

A. *:* Lassen wir die Ges*innung*en weg ! Haben Sie schon wieder vergessen, wieviele Millionen Menschenleben solche ‹Gesinnungen› auf dem Gewissen haben ? ! – Aber auch *künstlerisch* : es ist doch nichts, als absurde *Scharfmachertöne : Gebrauchsgewäsch !* Und das geht *weit* bei Klopstock : sogar sein bekanntestes Stück, der ‹Zürcher See›, ist *völlig unnütz=berühmt.*

B. *:* Contra ! : *Ich* hab es immer *gern* gelesen !

A. *:* Desto besser ! Da können wir es gleich einmal, Zeile für Zeile, auseinander nehmen ! : Bitte :

ZITAT *(Männerstimme, nachdrücklich; damit die gelehrtenhaft=verbohrten Gedankengänge, die bocksteifen Beiworte, deutlich hörbar werden):*

Schön ist, *Mutter Natur,* Deiner *Erfindung Pracht*
auf die Fluren verstreut. Schöner ein froh Gesicht,
das den *großen Gedanken*
Deiner Schöpfung *noch einmal denkt.*

A. *(mitleidig): Ist* solche Anrede nun nicht seelenlos ? Wie originell die *‹Mutter Natur›.* Deren *‹Erfindung Pracht› :* kalt und dumm ausgedrückt. Und wieder einmal mehr der schon vorhin aufgespießte *‹Gedanke, der gedacht wird.›*

Dann weiter; die *dritte* Strofe :

ZITAT *(Männerstimme, noch gezierter):*

Komm ! Und *lehre mein Lied jugendlich heiter* seyn,
süße Freude, wie Du ! Gleich dem *beseelteren*
schnellen Jauchzen des Jünglings,
sanft, der *fühlenden* Fanny gleich !

A. *:* Was für eine steifhosige, unkünstlerischste, geheimrätliche Anforderung um Belehrung : »daß sein Lied *jugendlich heiter* sey« : dabei war der Mensch *26* ! / »*Süße* Freude« : wie süüüß ! / Und das »beseeltere« Jauchzen : der Komparativ *nur,* damit die notwendige Silbe *mehr* herauskommt; zum Oden=Stotter=Takt. / Der *»fühlenden Fanny«* gleich: gibt es ein *nichtssagenderes* adjektivisches Füllsel?! –

Und immer weiter:

ZITAT *(Männerstimme, die unterstrichenen Worte unmißverständlich betont; damit die Nichtswürdigkeit des billigen gezierten Gewäsches richtig hervortritt):*

Und des Jünglings Herz schlug schon *empfindänndärr:*
da, da kamest Du, Freude!
volles Maßes auf uns herab!
Göttin Freude, Du selbst! Dich, wir empfanden Dich;
ja: Du warest es selbst, Schwester der Menschlichkeit,
Deiner Unschuld Gespielin,
die sich über uns *ganz* ergoß.
Süß ist, *fröhlicher Lenz*, Deiner *Begeisterung* Hauch,
wenn die Flur Dich gebiert; wenn sich Dein Odem
in der Jünglinge Herzen
und in die Herzen der Mägdgen geußt:
Du machst das Gefühl siegännd ......

A.: Sagen Sie doch *selbst: gibt* es Abstrakt=Erbärmlicheres? Als diese Rudel von gefühllosen Flickworten? Was *meinen* Sie, wie Jean Paul in seiner ‹Vorschule› mit dem Finger auf das leere Gesilbel gezeigt hat?!

B. (ganz mißmutig): Nnnn! *So*, mit dem *Verstande*, bin ich das Stück noch *nicht durch*gegangen.

A.: Das soll wohl gar ein versteckter *Tadel* sein? Und *das* nach *den* Proben?! Lesen Sie doch einmal ein *wirklich* großes Wasserstück, den ‹Kimpink› Albert Ehrensteins; damit Sie den *Unter*schied sehen zwischen wirklicher Dichtung, und selbstgefälliger hürnener Konstruktion. *Das* ist noch lange keine Dichtung, wenn man – in falsch verstandener Nachahmung des Horaz – die grammatischen und syntaktischen Bestandteile, *und fast immer unnötig,* durcheinander mixt; so daß der

Leser erst mühsam nachrechnen muß: welches Adjektiv zu welchem Substantiv gehört. –

Sehen wir auch *da*rüber hinweg, daß er für die dänische Pension natürlich laufend ‹Dankoden› an den betreffenden Friedrich samt Familie richten mußte, nach der Melodie »Ich hân mîn lehen«: *das* kann leider für *jeden* Schriftsteller manchmal Notwendigkeit werden.

Aber *völlig* zu verurteilen ist die *eitle Esoterik* vieler seiner Produkte.

B.: Womit Sie *was* meinen?

A.: Wir wollen noch gar nicht *da*rüber reden, daß er in verschwommen = unwissender Deutschtümelei eine Ode ‹Rothschilds Gräber› betitelte – der stutzende Leser gerät dabei auf die abwegigsten Gedanken, an ‹Meier Amschel›, ehe er – vorausgesetzt, seine Ausgabe *habe* Anmerkungen – erfährt, daß Klopstock den alten dänischen Namen ‹Roeskilde› »in sein geliebtes Deutsch zu übertragen« gesucht hat. –

Aber was halten Sie *hier*von:

ZITAT *(Frauenstimme, unangemessen lüstern):*

Iduna Hensler grüßet, mein Stolberg, Dich;
und sagt Dir .... daß sie,
bey der entscheuchenden Kerze Schimmer,
in diesem stets noch starrenden Winter,
durch mich beym Aufsitz stehen gelernt!

B. (verstört): Was ist das?: Iduna Hensler hat endlich *ruhig* halten gelernt; wenn Klopstock bei Kerzenlicht auf sie aufsitzt? Und das ließ er öffentlich durch den *Druck* bekannt machen?!

A.: Und noch unter der Aufschrift ‹Unterricht›; Pikant = pikant, was? – Woher soll denn auch der Leser ohne weiteres *wissen*, daß er ein *Reitpferd* so getauft hatte. – Aber das ist nur *einer* der zahllosen Belege für die ungemeine Wichtigkeit, die der beifallsverwöhnte Dichter auch den *gering*fügigsten, die eigene werte Person betreffenden, Lappalien beilegte; nicht umsonst nannte ihn Wieland »den aufgeblasensten unter allen teutschen Micheln«; wozu Herder ergänzte: »einen übersatten, in Selbstruhm und Dünkel verschrumpften Philipp Zesen!« – aus *der* Kiste erzähle ich Ihnen nachher noch eine schöne Geschichte! –

B.: Könnten Sie zuvor nicht wenigstens *einige* der Oden loben? Sie gaben doch selbst zu, daß 20 ....

A.: Erst noch den bezeichnenden Seume'schen Bericht über seine Erfahrungen mit Klopstock. Er meldet da:

ZITAT *(Männerstimme, sachlich):* Du weißt, daß ich beim Druck von Klopstocks Oden und seiner Messiade die Handlangerarbeit eines Korrektors verrichtete. Der alte Herr muß wirklich ein autos=epha=ähnliches Ansehen behauptet haben. Er wies diktatorisch auf sein Manuskript, das doch nicht ohne kleine Fehler war. Daraus entstanden Differenzen, oft über Adiaphora. *Er* berief sich auf sein Papier – das aber *wider* ihn zeugte: *sein Fehler ist, daß er in Minutien unfehlbar sein will!*

A.: Genau das war es nämlich! – Aber jetzt einmal ein *wirklich* schönes Stück; damit Sie mir nicht Ungerechtigkeit vorwerfen können:

ZITAT *(Frauenstimme; still, schwermütig):*

Willkommen, silberner Mond.
Schöner, stiller Gefährt der Nacht!
Du entfliehst? –: Eile nicht; bleib, Gedankenfreund!
Sehet: er bleibt. Das Gewölk wallte nur hin.

Des Mayes Erwachen ist nur
schöner noch, wie die Sommernacht;
wenn ihm Thau, hell wie Licht, aus der Locke träuft,
und zu dem Hügel hinauf röthlich er kömmt.

Ihr Edleren! Ach, es bewächst
Eure Maale schon ernstes Moos!

O wie war glücklich ich, als ich noch mit Euch
sahe sich röthen den Tag, schimmern die Nacht –
ach, Du redest umsonst, vordem gewaltiges Kelchglas,
heitre Gedanken mir zu ……

A.: Und *keine* Würdigung Klopstocks wäre ja vollständig, wenn sie nicht wenigstens *eine* seiner Oden über den *Eislauf* brächte! Nur einige Zeilen aus der schönst=längsten von allen, der ‹Kunst Tialfs›:

ZITAT *(Männerstimme; gedrängt=energisch)*:

Wie das Eis hallt! Töne nicht vor: ich dulde das nicht!
Wie der Nacht Hauch glänzt auf dem stehenden Strohm!
Der Jüngling liebet das Mädchen; sie liebet ihn;
sie feyren heute des ersten Kusses Tag!

Nur eyn Gesetz: wir verlassen nicht eh den Strohm,
bis der Mond an dem Himmel sinkt!
Weit ist die Reise zum Tanz in der Halle! –
Wir sangen's und lehnten uns links an die leisere Luft.

Wir sangen der Eisgangslieder noch viel.
Vom Weste, dem Zerstörer, ach!
Wenn die Blume des nächtlichen Frostes welkt;
Von der Tücke des verborgnen warmen Quells!

Von der bahnvernichtenden Flocke:
ah, sie verscheucht den Waller auf bestirntem Kristall!
Noch sangen wir vom ersten Tritte, mit dem auf dem Teich Ida
Zitterte. Klein war ihr Fuß und blinkend ihr Stahl.

Sie hatte des Stahls Band mit silberbereiftem Laube,
und röthlich gesprengten fliehenden Fischen gestickt.
Die Lieder sangen wir; jetzo dem Widerhalle der Wälder;
jetzo den Trümmern der alten Burg.

Wir kamen zum regelreichen Tanz in der lichten Halle.
Dem lärmenden Heerd, auf dem die junge Tanne sank.
Wir kosteten nur mit stolzem Zahn von der Halle Tanz;
und schliefen, zu der Nacht den Tag, gesunden Schlaf!

B.: Na *end*lich! *Da*hin wollte ich Sie haben!

A. (berichtigend): Ich möchte aber darauf *hin*weisen, daß es sich hier nur um eine, – um Lessings Ausdruck zu gebrauchen – ‹*künstliche Prosa*› handelt: ich best*ehe* auf dieser sehr richtigen Definition, weil ich sie nachher noch entscheidend zu *brauchen* gedenke! –

Über die 500 Seiten von Klopstocks ‹Kirchenliedern›, neue und erneuerte alte, lassen wir den Schleier christlicher Nächstenliebe fallen! –

Und nicht minder über seine, während der Arbeit am ‹Messias› zwischendurch entstandenen ‹Biblischen Dramen›, den ‹Salomo› und den ‹David›. Den Inhalt des ‹Tod Adams› gibt Mendelssohn – und völlig ausreichend! – spöttisch so an: »Adam stirbt; und alle seine Angehörigen sind äußerst betrübt darüber«.

B. (unwillig): Ja; meinetwegen: aber gehen Sie nicht *doch* ein bißchen willkürlich vor?: warum haben Sie nicht mit der ‹*Hermann*=Trilogie› begonnen, die doch turmhoch dar*über* steht?

A. (bremsend): Ooo: Vorsicht! – Auch über diese ‹Bardiete› kann man *höchst geteilter* Ansicht sein! Meinen Sie, daß ein Mann wie *Schiller* ohne Not am 20.5.1803 darüber an Goethe urteilte:

ZITAT *(Männerstimme; entrüstet=nachdrücklich):* Es ist ein *kaltes, herz*loses, ja *fratz*enhaftes Produkt! *Ohne* Anschauung für den Sinn; *ohne* Leben und Wahrheit. Und die paar *rühr*enden Situationen, die es enthält, sind mit einer Ge*fühl*losigkeit und *Kälte* behandelt, daß man ganz *indigniert* wird!

B.: Ja aber *woher* dann – ich komme immer *wieder* darauf zurück!

–: der phrenetische *Beifall*, der seine Bücher bei ihrem Erscheinen stets begrüßte?

A.: Dieser ‹Beifall› wurde von Stück zu Stück immer mühsamer und pflichtmäßiger. Wohl feierte ihn rauschend der teutsche ‹Hainbund› – aber Sie sahen schon vorhin, an den Beispielen Voss und Miller, wie diese bereits nach ganz wenig Jahren abrückten. Und zu den andern zeitgenössischen Dichtern war sein Verhältnis noch wesentlich unerquicklicher. Ich erinnere nur an die famose Geschichte, wie er dem jungen Goethe nach Weimar brieflich Vorwürfe machte, wegen seines und des Herzogs ‹Lebenswandels›. Dabei ist ja auch sattsam bekannt, daß »Goethe dem Herzog die Hälfte seiner Existenz gegeben hat« – leider! Und ergo antwortet Goethe auch ganz ruhig:

ZITAT *(Männerstimme; sachlich):* »*Verschonen* Sie nur künftig mit solchen Briefen, lieber Klopstock. Sie *helfen* nichts; und machen uns immer ein paar böse *Stun*den. Also *kein Wort mehr* zwischen uns über diese Sache: *glauben* Sie mir, daß mir *kein Augenblick meiner Existenz überbliebe*, wenn ich auf *alle* solche Briefe, *alle* solche Anmahnungen antworten sollte.«

A.: Das war natürlich für den Fünfzigjährigen, seit nun schon guten 30 Jahren unfehlbar gewordenen Literaturpapst, zu dick; schnaubend vor Zorn und Verachtung schrieb er zurück:

ZITAT *(Männerstimme; erstickt zischend):* »Ich *erkläre* Ihnen hierdurch, daß Sie den Beweis meiner Freundschaft nicht *wert* sind!«

B.: Na ja .....: *ist* es denn aber auch nicht viel, wenn sich so ein Kirchenvater der Poesie um einen jungen, anscheinend auf schiefer Bahn befindlichen, Kollegen kümmert?

*A.: Halt*halt!: wenn Sie *so* anfangen wollen, dann drehe *ich* den Spieß *um!*: Was hatte Klopstock denn schon groß mit 50 Jahren geleistet, das *auch nur annähernd* vergleichbar gewesen wäre: dem Götz; dem Werther; dem Urfaust; dem Prometheus=Schwager Kronos=Wanderers Sturmlied? *Nein*nein: das beruhte klopstockischerseits auf völliger Verkennung der Größenverhältnisse!

Gern : *Jeder* soll etwas von sich halten; und die private Geschichte unserer Großen ist in dieser Hinsicht *gestrichen voll* der *unangenehmsten Affenstreiche:* aber *Klopstock* hält so ziemlich den Rekord!

Nicht nur, daß er sich schon mit 24 Jahren öffentlich in einer Ode also beweihräucherte:

ZITAT *(Frauenstimme; hahnenhaft=verprahlt):*

Am Thor des Himmels sprach ein Unsterblicher:
eilt, heilige Stunden, die ihr die Unterwelt
aus diesen hohen Pforten Gottes
selten besuchet, zu *jenem Jüngling,*
der Gott, den Mittler, Adams Geschlechte, singt!
Deckt ihn mit dieser schattigen kühlen Nacht
der goldenen Flügel, daß er eynsam
unter dem himmlischen Schatten dichte.

Was ihr gebart, Stunden, das werden einst,
weißsaget Salem, ferne Jahrhunderte
vernehmen …

A. (abstechend nüchtern): Aus dem schollernden Odenklang ins gemein=Sterbliche übersetzt: Oben im Himmel veranlassen Engel, daß unten, Klopstock, zur Anfertigung des Messias, die entsprechende Ruhe, und Schatten hat; tja. –

Und wie weit das erst im *Alter* ging, verraten aufs Gräßlichste seine eigenhändigen Briefe aus dem Jahre 1800 – da war er 76! – an den damaligen Rektor der alten Schulpforte. Da hatte Jener, Heimbach war sein Name, eine schlichte Feierstunde zu Ehren des berühmten ehemaligen Schülers veranstalten wollen: *sogleich* schickt ihm Klopstock die Prachtausgabe seines ‹Messias› mit folgender, selbstgefällig=öliger Gebrauchsanweisung:

ZITAT *(Männerstimme, pretiös=gespreizt):* »Lassen Sie das Buch auf *folgende* Art in die Bibliothek bringen: Ä=Sie wählen unter Ihren Jünglingen, welchen Sie für den *Besten* halten; *bitten* Sie diesen, in *meinem Namen* das Buch zu tragen. Vielleicht mögen Sie ihm auch *die* Wenigen zu Begleitern geben, die gleich *nach* ihm die *Besten* sind.«

A. *(ironisch):* Blumen soll der dann auf das Grab eines alten Lehrers säen; und dabei leise den großen Namen – das heißt: Klopstock's – nennen. Einige Wochen später werden dann gleich 12 (in Worten: zwölf!) Klopstock=Gedenktage hintereinander verabredet; und in wahrhaft *widerlicher* Überhebung ordnet er diese *Feiern für sich selbst eigenhändig bis ins Kleinste*, an:

4 ‹Pförtner› werden zu je 3 Vorlesungen aus dem Messias ausgewählt – natürlich die Frömmsten, und überhaupt *‹Besten›*, was *ihm* identisch schien; und von denen man denn auch später, wie billig, *nie* mehr etwas gehört hat. Jedem davon wird eine große goldene Medaille zugesagt – die noch nicht einmal Klopstock *selbst* stiftet, sondern ein Freund hergeben darf!

ZITAT *(Männerstimme; kammachern=selbstgefällig):* »Jeder liest also dreimal *vor;* und *jede* der 3 Vorlesungen geschieht an einem anderen *Tage*. Die Alumnen wählen unter sich den jedesmaligen *Vor*leser. Dieser hat die Wahl der zu lesenden *Stellen*. Der Lehrer, welcher die *Woche* hat, gibt die *Medaillen*.«

A. *(höhnisch):* Scheinbar genügte ihm *selbst diese* zwölftäge Mammutfeier *noch* nicht!: Sogar die *Vor*bereitungen dazu weiß er mit sinniger Meisterschaft der Selbstverehrung vorzuschreiben:

ZITAT *(Männerstimme; selbstbewußt):* Ich *denke*, daß die Wählenden nicht *übel* thun werden, wenn sie sich von *denen*, welche sie für *wählbar*, – oder auch nur von denen, die sich *selbst* dafür-halten, *vor* der Wahl manchmal *vorlesen* lassen.

A. *(bissig):* Und jetzt kommen erst seitenlange Anweisungen, wie seine stümprigen Hexameter zu betonen und deklamieren seien. »Sich selbst«, wie Jean Paul es anläßlich der Komödie witzig formulierte: »als sein eigenes Reliquiarium voll heiliger Knochen anbetend.«

B. *(seufzend):* Oh wehohweh!: hätten Sie mir *die* Anekdote nicht barmherzig ersparen können?

A. *(munter):* Aber *nicht* doch! Sie gehört schon zum Gesamtbilde des kleinen großen Mannes.

B.: Wieso klein; wieso groß?

A.: »Er war klein von Person« beschreibt ihn Goethe; »aber gut gebaut. Sein Betragen ernst und abgemessen. Er schien sich als Mann von Wert und Stellvertreter höherer Wesen zu betragen.«

A.: Also ‹klein› diesmal im körperlichen Sinne. – Und nun, warum, trotz aller bisherigen Einwände, *doch »Groß«?*

A.: 50 Jahre war er, als er endlich jenen unseligen Messias fertig hatte. »Durchlaufen hab ich die furchtbare Bahn« sagte er selbst am Ende; und es ist noch weit wahrer, als er es ohnehin meinte.

Endlich ist er sie *los*, die ‹Eiserne Maske› verschollen = religiöser Schwärmerei; und wenn auch die Hand gefährlich ver*dor*ben ist – er ist die Hand- und Fußschellen los; und kann sich, aufatmend, zu *anderem* wenden.

B.: Moment: *hat* er sich denn bewußt ‹frei› gefühlt? *Hat* er ‹erlöst aufgeatmet›?

A.: Natürlich hat er den Messias *nie* irgendwie desavouiert; weder öffentlich, noch in Briefen, noch im stillen Kämmerlein. Aber man merkt sehr *wohl*, wie es sich in ihm ‹freiheitlich regt›; und sei es nur an dem großen, sich ganz unverkennbar als ‹Fluchtbewegung› manifestierenden, Auswanderungsprojekt ....

B. *(einfallend):* Das ist aber *wieder* ein ganz neuer Aspekt! Zu dem vaterländischen Barden, für den *ich* ihn immer gehalten habe, tritt also nicht nur der ‹*Wehrdiens*tverweigerer Klopstock›, sondern auch noch der ‹*Auswand*erer Klopstock›? Der dem angeschwärmten ‹Vaterland› flugs den *Rücken* kehren will?!

A. *(kalt): Wun*dert Sie das? Sagen wir lieber *umge*kehrt: *welcher deutsche Dichter* hätte sich im Lauf seines Lebens nicht *mindestens einmal* mit Emigrationsplänen getragen?! – Und im Falle Klopstock war es nicht etwa nur ein flüchtiges Gedankenspiel; sondern viele Monate hindurch entwarf und vorbereitete man sorgfältig die Pläne .....

B. *(fragend einfallend): Man?*

A.: Ja, es war eine ganze ‹Künstlerkolonie›, die nach Tahiti auswandern wollte: Matthias Claudius und Gerstenberg; Voss und Stolberg; und noch ein Dutzend Andere beschafften sich präzise Auskünfte bei dem Weltreisenden Forster; und leiteten die notwendigen diplomatischen Schritte ein. Und wenn dann letzten Endes auch nichts daraus geworden ist, für unsern Klopstock bleibt der Vorgang immer symptomatisch: er wollte nämlich instinktiv auch gleichzeitig von dem ‹Messias› weg; dem überdimensionalen Vampirunwesen, das ihm die besten Kräfte ausgesogen hatte – oder, wie er ja zweifellos geschrieben haben würde, »die besseren Kräfte«.

B.: Immerhin: wenn die nun kommenden, mit schon halb erschöpften Mitteln unternommenen Werke, selbst *Sie* »groß« nennen müssen – dann läßt das ja einen Rückschluß auf das ursprünglich Vorhandene zu!

A.: Oh ja; einen be*trüb*lichen Rückschluß! Denn man muß sich unwillig sagen: was hätte *der Mann* leisten können, wenn er seine eigentliche Begabung *nicht verkannt* hätte! – Nunmehr, ab 1775 etwa, wendet er sich nämlich endlich *dem* Gebiet zu, auf dem er das *Höchste* hätte liefern können: der *Prosa!* Der einzige Trost ist noch der, daß, wie ich vorhin schon sagte – und es trifft nicht minder auf Hölderlin zu, wie auf August Stramm! –: daß die Herren in dem, was sie als ‹Gedichte› deklarieren, eigentlich ja nur gute Prosa geben: Kryptoprosaisten sind sie, Einer wie der Andere!

B. *(ablehnend):* Ich kenne Ihr Faible für die Prosa zur Genüge.

A.: Und *ich* werde Ihnen umgehend einige Stückchen zu schmecken geben, daß Sie *selbst* einmal wieder am Primat des Gereimten zu zweifeln beginnen sollen! –
Also der ‹Messias› ist *raus:* Klopstock kann sich *Ernst*hafterem zuwenden!

B. *(kopfschüttelnd unterbrechend):* Es klingt doch immer wieder verflucht ketzerisch, wenn Sie den Messias so cavalièrement abtun!

A.: Wenn wir einmal überflüssig Zeit haben, will ich ihn herzlich gern in Ihrer Gegenwart, und stundenlang, nicht nur *‹abtun›*; sondern auf gut irokesisch *zerstümmeln!* – Aber, verständigen wir uns: ich glaube, ich darf behaupten, daß *kein* Mensch auf der Welt lebt, der eine *tiefere* Ehrerbietung vor dem dichterischen Genius fühlen könnte, als *ich!* Und Sie sollen sogleich den Beweis erhalten: ich spreche von der ‹Gelehrtenrepublik›!

B. *(betroffen): Diesem* zweifelhaften Produkt? Über das Männer wie Wieland oder Herder ihren *Unmut* nicht zu bergen wußten?

A. *(unbeirrt):* Am 14. Mai 1773 versandte Klopstock gedruckte Exemplare einer öffentlichen Ankündigung: daß er demnächst eine Schrift herausgeben werde, ‹Die teutsche Gelehrtenrepublique›, *und zwar auf Subskription!*

B.: War das damals etwas so Seltenes?

A.: Oh ja; bei dichterischen Werken so ziemlich der erste Fall seiner Art. – Die Vorausbezahlung war auf 1 Louisd'or gesetzt: rund 80 D=Mark heute – und verlegerischerseits sehr geschickt *das* Gerücht in Umlauf gebracht worden: daß man damit nicht sowohl das *Buch* bezahlen, als, bei dieser Gelegenheit, den *Verfasser*, für seine Verdienste um Religion, Vaterland und deutsche Dichtung, schicklich belohnen sollte. »Hier drängte sich nun Jedermann hinzu« beschreibt es Goethe, »selbst Jünglinge und Mädchen, die nicht viel aufzuwenden hatten, eröffneten ihre Spaarbüchsen; Männer und Frauen trugen zu dieser heiligen Spende bei; und es kamen vielleicht tausend Pränumeranten zusammen«.

B.: Eintausend?: war das damals eine so erstaunliche Zahl?

A.: Abgesehen davon, daß in jener Zeit die Auflagen meist nur nach *Hunderten* zählten – Goethe hat sich *geirrt:* es waren *3600* zusammengekommen! Die Unternehmung dem Autor und dem Verleger also vollkommen gelungen. Und recht sehr aufschlußreich ist es, diese 3600 statistisch=*geografi*sch aufzuschlüsseln!

B.: Nach welchen Gesichtspunkten?

A. (gefällig): Nun, zum Beispiel: daß sich in Göttingen 342 Käufer fanden .....

B. (unterbricht erleuchtet): Achso! Ja, *das* ist ganz lustig: darf ich weiter raten? ...

A. (heiter): Jabittebitte – wenn Sie sich die Mühe *mach*en wollen? – Aber kalkulieren Sie *scharf*. Und vergessen Sie k*ein*en Umstand, der Ihnen helfen könnte; etwa die *Größe* der Städte – oh, das kann ja geradezu *tief*sinnig werden!

B.: Ja; ungefähr wie bei'm ‹Quiz›, was? – Hmm – – an zweiter Stelle also – ä – – – *(entschlossen):* ich *wag*'s: *Ham*burg!

A. (bedauernd): Leider nein: Die *Ost*blockstaaten liegen davor: Mitau mit 140.

B. (niedergeschlagen): Das ist aber *auch* absurd: *Dara*uf soll man kommen? – Ich rate *nicht* mehr.

A.: Ja; es *ist* schon eine nachdenkliche Liste.
*Nord*deutschland stellte am meisten. Im *Süden* die paar Uni-

versitätsstädte. Im Ausland natürlich die Metropolen: Kopenhagen mit 37; Amsterdam, Lissabon, London. – *Niemand in Paris!* – *Alles* beschämten durch ihren Eifer die *Russen*: Riga, Reval, Leningrad: dort waren es immer noch 19!
Ganz frappierend *wenig* Käufer stellten sich in *den* Orten ein, wo Klopstock sich gern und oft *auf*gehalten hatte; in Zürich; Magdeburg; Langensalza. – *(Mit unheimlicher Zärtlichkeit fortfahrend – das Faktum ist ja auch zu süß!)* In seiner Geburtsstadt, in Quedlinburg, *subskribierte: Niemand* !

B. (murmelnd): ..... gilt nichts in seinem Vaterlande: Hm hm hm –: verrückt! –

A.: Da standen sie nun allerorten in Europa, die Klopstock=Fans; und entzifferten betroffen den barocken Titel:

ZITAT *(Männerstimme; betroffen):*

Die teutsche Gelehrtenrepublik;
ihre Einrichtung; ihre Gesetze; Geschichte des letzten Landtags. / Auf Befehl der Aldermänner durch Salogast und Wlemar.

B.: Es *ist* doch aber auch ne schnurrige Erfindung! Ich habe zwar nur *ein*mal, *früh*er, hineingerochen; kann aber Goethes Resümee vollauf verstehen: »Die Bestürzung war allgemein!«.

A. (scharf): Und *ich* will Ihnen ein *anderes* Urteil entgegenhalten: *von eben demselben Goethe!* Allerdings *nicht* 40 Jahre danach, abgekühlt und gravitätisch hindiktiert, sondern blutfrisch begeistert, sofort nach der ersten Lektüre, in einen Brief an Schönborn hingestürmt, am 10. Juni 1774:

ZITAT *(Männerstimme; glühend erregt):* Klopstocks herrliches Werk hat mir neues *Leben* in die Adern gegossen! Die *einzige* Poetik aller Zeiten und Völker, die *einzigen* Regeln, die möglich sind! *Das* heißt Geschichte des Gefühls, wie es sich nach und nach festiget, und läutert; und wie mit ihm Ausdruck und Sprache sich bildet; und die biedersten Aldermanns=Wahrheiten von dem, was edel ist und knechtisch am Dichter. Das alles aus dem tiefsten *Herzen*, *eigenster Erfah*rung, mit einer *bezaubernden Simplizität* hingeschrieben! *Hier* fließen die heiligen Quellen bildender Empfindung lauter aus vom Throne der Natur!

A.: Und Sie sehen aus diesem einen einzigen Beispiel das *Frag*würdige aller späten Autobiografien: Denn *Recht*?!: hatte der *junge* Goethe! Der alte höchstens in*so*fern, daß der Mißerfolg im Publikum sich als verhängnisvoll für alle folgenden Bücher Klopstocks erwies. *So* sehr war seine Popularität verscherzt, daß an das für Anfang 1775 geplante Erscheinen eines *zweit*en Teils, überhaupt nicht mehr zu *denken* war: *weinen* müßte man über die Stumpfheit einer Nation, der *wieder* ein Werk Klopstocks zum Opfer fiel; nannte doch sogar ein Herder sie unbegreiflich = wegwerfend »Knabenwerk und Spiel«!: Hätte man nur 30 Jahre *früh*er die ersten Gesänge des *Messias* so kalt aufgenommen: *das* wäre für alle Teile fruchtbringender gewesen!

Und ist doch ein *Buch*, die Gelehrtenrepublik, in dem, neben den gewichtigsten theoretischen Anweisungen, *solche* Stellen stehen .....:

ZITAT *(Männerstimme; sinnend und elegant)*:

Die Luftschlösser des Gelehrten:

Den Entwurf zu einem Buche machen,
das Neues enthält,
(– mit Schnelligkeit mit Feuer mit Ungestüm! –)
und zugleich glauben, man werde den Entwurf ausführen –
ist innige Herzenslust, und viel mehr, als Vergnügen.
So hab ich ihrer nicht wenige heut entworfen –
und morgen die Hoffnung aufgegeben, sie zu schreiben:
vergessen sind sie!
Doch bin ich darum *weniger* glücklich bey den Entwürfen gewesen?

B. *(pfeift bedächtig):* Hüii: *das* ist allerdings – ja doch: *glänzend!* *Das* könnte ohne weiteres in einem Aforismenbuch *Nietzsches* stehen!

A. *(trocken):* Das scheint Ihnen das höchste Lob zu sein? *Ich* dreh es mal *um*, ja?: Manche Nietzscheaforismen könnten mit Ehren in solcher Nachbarschaft, wie etwa dieser hier, bestehen ......:

ZITAT *(Männerstimme; langsam; die groteske Situation sichtbar machend):*

Die Blinden:

Saßen zwey Blinde bey einer Schilderey.

Der Eine fühlte auf der unrechten Seite herum; sagte: ‹Ist niedrig Buschwerk; wird etwa für einen Weidmann geconterfeyt seyn.›

Der Andre fühlte auf der rechten Seite herum; sagte: ‹Hügel sind's; etliche nur; all das andre ist Ebne.›

Trat noch ein Blinder, ihr guter Gesell, herein; ließ sich den Zwist erzählen; fühlte auf dem glatten Rahmen herum; sagte: ‹Was?! Stilles ebnes Meer ist's, worin sich die liebe Sonne spiegelt!› –

Hatten die Blinden einen andern guten Gesellen: der konnt sehen.

Da sie selbigem nun den Zwist der Länge nach hatten erzählt, sprach er: ‹Bin hergewandert, Euch zur Musica einzuladen, weil mir ein trefflicher Geiger ankommen ist. Habt wohl eh davon sagen hören, daß unter Zeiten der Himmel voller Geigen hinge?: Da hat er eine herabgenommen, so spielt er! – Aber die Streitigkeit?: So kommt doch; ich mag die Schilderey nicht ansehn; sie betrübt mich nur – 's ist Hermann, der von seinen eignen Blutsfreunden ermordet wird! – Aber kommt immer: der Mann wartet in der Laub auf uns, und still ist's, und Mondschein auch.›

Doch sie spotteten nur des Sehenden; fochten das Ding fernerhin unter sich aus; und ließen ihn allein zum Geiger gehen.

A.: Ich wollte nur, wir hätten Zeit, um ‹Rohrdommels Verhör› verlesen zu können. *Stun*denlang könnten wir so fortfahren; und hätten dann selbst den *dichterischen* Gehalt des Werkes nur *ganz unvollkommen* ausgeschöpft!

B.: Wo hab ich damals nur meine Augen gehabt?

A.: Und die Ohren; *und* die Finger. – Was für eine ganz eigene Welt regt sich nicht schon im ersten, dem ‹legislativen› Teil, der die ‹Kerngesetze› enthält. Immer wird erst das Gesetz angeführt; und darunter das wichtigste Stichwort des Kommentars ....:

ZITAT *(Männerstimme; diktatorisch. Der Kommentar gemurmelt = verklingend):*

Von den jungen Gelehrten:

Hat ein Jüngling, den die Denkmale nicht schlafen lassen, welche länger als Erz dauern, seine erste Schrift mit feuriger Unruh, und lauten Herzschlägen gearbeitet; sie aber gleichwohl, ohne eine Thräne dabey zu vergießen, ins Feuer geworfen: so bekommt er das Eichenblatt, wenn er auch noch kein Zünfter ist!

(gemurmelt): .... Merkzeichen, welche den künftigen großen Schreiber wittern lassen ....

A.: Wahrscheinlich *verste*hen Sie jetzt, warum Jean Paul die Sprache der ‹Gelehrtenrepublik› bewundernd »athlesch = mager« nennen konnte. – Der polemische Teil richtet sich vor allem gegen die ‹Nachtwächter› – also die Kritiker; die Klopstock grundsätzlich als »dumm« galten, »schlecht, boshaft, anmaßend, schamlos«. / Dann bekämpft er die übermäßige Verehrung und Nachahmung der ‹Ausländer› ......:

ZITAT *(Männerstimme; wuchtig = selbstbewußt):*

Von Völlerey und Trunkenheit:

1. Wer sich in einer ausländischen Schrift berauscht hat – es

sey Wein oder Weingeist darin gewesen; sie sey kühl hinuntergegangen, oder sie habe geraucht – *und* taumelnd von ihr auf der Gasse herumwankt, und laut schreyt – (murmeln kann er wie er will) –: daß er diese Schrift allen Deutschen Schriften vorziehe?: Über *dem* rufe man gleich auf der Stelle und ohne Säumnis »Jo Duthe!«; und stoße ihn, ohne Aldermänner und Herold abzuwarten, über die Grenze!

2. Wer, – ob er gleich zu Hause bleibt, und nur murmelt – sich täglich in den Schriften der neuen Sofisten, zum Exempel Voltärens und seiner Säuglinge, besäuft; und zwar *der*maßen, daß er fünf= bis sechsmal beym Stuhle liegend, und den Rausch ausschlafend gefunden worden ist: der wird bey den Nachtwächtern auf Gnade und Ungnade eingesperrt; und ihm seines gewöhnlichen Gesöffs, wie auch Papiers zum Speyen so viel er will, gelassen.

A.: Und wenn Sie sich recht vergegenwärtigen, wie etwa unsere viellaufenden ‹Taschenbuchreihen› zu 80 Prozent nur Ausländer bringen – dann kann man seine Indignation heute wieder gut verstehen!: Warum druckt man da nicht einmal diese ‹Gelehrtenrepublik› wieder ab? *Das* ist ein Buch, dem die Ausländer *ganz wenig* an die Seite zu setzen haben! / Als Letztes endlich kämpft Klopstock für die Reduzierung der – seinerzeit freilich hypertrophierten – klassischen Filologie. / – Ein unausschöpfliches Stück!

B. (nachdenklich): Sagen Sie mir doch *Zwei*erlei:
Einmal: wäre es nicht denkbar, daß jetzt ein *Christ* käme, der Ihre Reihenfolge wieder umkehrte: die ‹Ge*lehrt*enrepublik› als ‹abstrus› verwirft; und den *‹Messias›* gerührt wieder als die Krone des Werkes rühmt?

A. (unwillig): Nein: das ist *nicht* denkbar! Denn der *Christ* müßte dann schon – Sie haben ja selbst entscheidende Textbeispiele genug gehört! – lediglich vom *Weltanschaulichen* her urteilen:

Dann vielleicht! / Vom *Künstlerischen* her gibt es nur *eine* Entscheidung: da ist die ‹Gelehrtenrepublik› der *Kron*diamant – ein Orloff, ein Pitt, ein Kuh=i=Nur! – *(abfällig):* und die ‹Messiade›? Welchem Mineral vergleiche ich *die*? –: Ja: vielleicht ‹Speckstein›.

B.: Gut. Aber jetzt setze ich Ihnen die Pistole *arg* auf die Brust: *Zwei*tens!: W*äre* es nicht positiver gewesen, *‹redlicher›* – Sie entschuldigen, mir fällt im Augenblick kein diskreteres Wort ein! –: wenn Sie dann heute Abend mit der Besprechung der ‹Gelehrtenrepublik› *begonnen* hätten?!

A.: Auch *das nicht*! Es wäre ins*o*fern ‹unredlich› gewesen, als es einen *falschen* Klopstock proklamiert hätte. Im Bewußtsein unserer Gebildeten ist ‹Klopstocks=Messias› ein solches versteinert=untrennbares Begriffspaar geworden, wie etwa ‹Darwin?: DermitdemAffen›. D*iese* verruchte Gleichung seines Namens mit dem des ‹Messias› galt es zunächst *aufzulösen* – und zwar auf die *allerredlichste* Art: durch *Text*proben! Vergleichen Sie doch selbst das bodenlose Gewäsche des Messias – und die erratischen Blöcke der Gelehrtenrepublik, scharfkantige Riesentrümmer, von denen jeder einzelne eine Landmarke ist!

B. *(noch ausweichend):* Ach; jetzt fällt mir eben noch etwas *Anderes* ein; etwas, das ich erst in *jüngster Zeit* als Kriterium der Geister schätzen gelernt habe: *wie* stand Klopstock eigentlich zur großen französischen Revolution von 1789? Hat er sich da ‹bewährt›? Wie sich etwa Voss bewährte; oder der – viel gefährlichere, als man gemeinhin annimmt – Charles Dickens der ‹Zwei Städte›?

A.: Natürlich hat er sich *grausam blamiert!* Zuerst begrüßte er, sich unklar an dem maulaufreißenden Wort ‹Freiheit› begeisternd, den komischen Nationalkonvent – später, als die Sache blutig=ernsthaft wurde, versagte der ans ‹göttliche Recht der Obrigkeit› zu glauben Erzogene. *Kind*lich war er da; *un*erfahren; sah *alles* Unrecht auf jakobinischer Seite: Und vergaß ganz die ‹Oubliettenв› der Bastille; die ‹Lettres de cachet›; oder das – 1789 dem Buchstaben nach noch unaufgehobene Gesetz: »daß der Grandseigneur, ermüdet von der Jagd heimkehrend, das Recht habe: 2 seiner Leibeigenen den Leib öffnen zu lassen; um in deren Blut und rauchenden Eingeweiden die ermüdeten Füße zu erfrischen.«

B. *(ungläubig):* Ob das wahr ist?

A.: Also begrüßt Klopstock später alle Maßnahmen *gegen* die Revolution. Und wenigstens *das* eine Gute lernt er – obwohl verdächtig spät für ein denkendes Wesen: *früher* fêtierte er hymnisch den Barbaren Hermann, dem er Frau Thusnelda blutrünstig=vaterländisch so entgegenröcheln ließ:

ZITAT *(Frauenstimme; theatralisch=meiningerhaft; walkürenhaft=hochbusig):*

Ha!!
Dort kömmt er. Mit Schweiß, mit Römerblute,
mit dem Staube der Schlacht bedeckt: *so* schön war
Hermann niemals! *So* hat's ihm
nie von dem Auge geflammt!

Komm! Ich *bebe* vor Lust! Reich mir den *Adler,*
und das *triefende Schwert!* Komm: athm' und ruh hier
aus in meiner Umarmung
von der zu schrecklichen Schlacht!
Ruh hier, daß ich den Schweiß der Stirn abtrockne,
und der Wange das Blut!: Wie glüht die Wange!
Hermann!: Hermann!!: *So* hat Dich
*nie*mals Thusnelda geliebt!

A. *(bedächtig fortfahrend):* Nun, im endlich belehrten Siebzigsten Jahre, grollt er die *»belorbeerte Furie«* also an:

ZITAT *(Männerstimme; grimmig):*

Von allen Spielen ist das verlierendste

der Kriegeshalbkunst trauriges Würfelspiel:
denn welcher Wurf auch falle, fällt doch
selber dem Siegenden Tod und Elend!

B.: Eine nachdenkliche Mahnung, für *alle* Zeiten passend.

A.: Hierhin gehört, ganz organisch, auch, daß »der Erzfeind« Voltaire hieß. Der trocken=geniale Verfasser des unsterblichen ‹Candide›; der sich mutig in die – nach Klopstock eines Dichters unwürdigen – Tageshändel mischte: ich nenne hier nur den ehrwürdigsten der Fälle: Calas! Im Verhältnis zu *solcher* Wirksamkeit, wirkt *Klop*stock nur *wider*lich und serv*il*! Oder seine rührende mathematische und technische – nicht nur *Unw*issenheit; sondern *Ab*neigung: wie konnte er nicht stundenlang über die, damals eben neu erfundenen, *Luft*ballons spotten – der Himmel sollte anscheinend ausschließlich seiner Engelhierarchie vorbehalten bleiben.

B.: Er endete aber doch wenigstens finanziell gesichert?

A. (achselzuckend): Gewiß, durch ausländische Pensionen!

B.: Äußerlich geehrt?

A. (einschränkend): Naja; was *das* anbelangt, da spielte ihm seine Fantasie manchmal die rührendsten Streiche: er hatte lange von einer ‹Deutschen Akademie› geträumt – in der er seine Gelehrtenrepublik wohl zu verwirklichen gedachte; der kaiserliche Briefwechsel ist stolz dem Buche als Anhang beigedruckt – und Josef der Zweite sandte ihm sein in Gold gefaßtes, mit Brillanten besetztes Miniaturporträt. Sofort schwärmte Klopstock allen Freunden von der »einzigen Auszeichnung« vor – bis er 4 Wochen später, das gleiche »verheißungsvolle Geschenk« bei einem Pferdehändler in Itzehoe entdeckte: *Darauf*hin wurde er stiller. Bis er endlich, ein Achtziger, dem jüngeren Freunde nur noch vorstammeln konnte: »Schönborn?: Suchen Sie nicht so alt zu werden, wie ich!«

B.: Und *damit* nun wäre Klopstocks Bild *abge*rundet; seine Wirksamkeit *been*det?

A.: Nein. – *Zweier*lei *muß* ich noch erwähnen, und wenn die Sanduhr *noch* einmal abläuft: Im Winter 1788 auf 89 hatte er sich mit einer Arbeit beschäftigt, den ‹Denkmalen der Deutschen›, von denen ich Ihnen nur zwei der wenigen, erhaltenen, Bruchstücke hersetzen will:

ZITAT *(Männerstimme; knapp; lakonisch):*

1. *Britanniens Eroberung.* Hengst und Horst sprangen aus zween Kiulen ans Ufer –: nach siebzig Jahren hieß Britannien England!
2. *Die 10 Feldzüge.* Von Ariovist bis Hermann thaten die Römer 10 Feldzüge nach Deutschland: einen gegen Hütten; zween zur Schau; einen geflüchteten; fünf siegende; keinen erobernden; den letzten ohne Wiederkehr.

A.: Das finden Sie nebenbei *auch* in der ‹Gelehrtenrepublik›! Und einige hundert solcher unvergleichlichen Stücke – recht eigentlich mit dem Griffel eines Tacitus ausgeführt! – ließ er, zusammen mit einem Werk über den Siebenjährigen Krieg Friedrichs des Großen, dem leipziger Verleger Göschen anbieten.

B.: Das war allerdings die pikanteste Materie von der Welt: ein Werk von *Klopstock?* Über *Friedrich den Großen?!*

A. (sachlich): So mag auch Klopstock gedacht haben; und nicht minder sein Bote. Göschen jedoch fand sich bemüßigt, allerlei Einwendungen zu machen – und Klopstock *verbrannte* auf diese Entscheidung des überheblichen Literaturjobbers hin sein unersetzliches Werk: *Das wäre auch so ein eigenes Kapitel: was ‹unsere Großen Verleger›, von Cotta an bis zu dem Neuesten, uns schon gekostet haben!

B.: Dabei lassen die sich so gern ‹Hegemeister des Geistes› schimpfen – ts ts: es ist doch allesalles Wind! – Also mit *diesem* Fiasko nun ist Klopstocks Laufbahn betrüblich *beendet?*

A.: Gottlob noch nicht! – *Noch* erschienen in seinen letzten Lebensjahren die – nur dem Oberflächlichen seltsamen –

‹Grammatischen Gespräche›; von denen ein Mann wie August Wilhelm Schlegel urteilte:

ZITAT *(Männerstimme; zart=steif):* Unter allem, was Klopstock geschrieben hat, haben nach *meinem* Gefühle die ‹Grammatischen Gespräche› die meiste Anmuth. Er war schon 70 Jahre alt, als er sie herausgab: die Heiterkeit und empfängliche Regsamkeit erscheint darin *ungemein liebenswürdig!*

A.: Und Schlegel hätte getrost *weiter* gehen können! Denn noch einmal eröffnet sich ein ganz einzigartiges, abstrakt=regsames Reich: da unterhalten sich etwa die ‹Dichtersprache› und die ‹Kunstwörtlichkeit›. ‹Urtheil›, ‹Empfindung› und ‹Einbildungskraft› rechten mit den Geistern der 4 wichtigsten Sprachen, den Mädchengestalten Galliette, Ingless, Teutone und Hellänis ....

B. (ergänzend): Heute müßte er noch eine Americana und Sowjetskaja mit hinzunehmen .....

A.: Die *Versfüße* plaudern und prahlen durcheinander, der Daktylus gegen den Anapäst. Und *begeistert* können Sie dem *schlechthin grotesk=genialen* Gespräch lauschen des *Te*ha und *Pe*ha mit der ‹Wasistdas*was*dasistwashaftigkeit›, der ‹Questcequecestquecaeitude› – oder, wie es am Ende boshaft gewischelt wird: der ‹Wasistdaswasdasist*wasch*haftigkeit›!
Und Klopstock geht diesmal *ganz* aus sich heraus: *viele* hundert Seiten werden einer *neuen deutschen Ortografie* gewidmet! *Nicht* schreibt er länger »*Pf*erd und *Pf*ründe«, sondern entschlossen »*F*erd und *F*ründe«. »Ferwexlung« mit »F« und »X«. Und *die*jenigen, die den Begriff »Klassiker« grundsätzlich mit ‹konservativ› »ferwexeln«, dürfen, schockiert, Stellen wie diese lesen:

ZITAT *(Frauenstimme):* Mir ist eine nicht geringe anzal fererer unserer mutterschprache bekannt ....

A. (einfallend): Aber das muß man *gedruckt* sehen: alles *klein* geschrieben! Anstatt »sanft« mit dem schwer aussprechbaren »n«

wird es künftig »samft« heißen. Statt »ist denn« schreibt man, apostrofiert, »ist'enn«. Und, wenn's der Rhythmus verlangt, riskiert er statt »Hamburg« glatt ein abbreviiertes »Ham«! – Hören Sie wenigstens noch den *Anfang* eines jener scharmanten Gespräche:

ZITAT *(In der nun folgenden kleinen dramatischen Szene werden die bisher beschäftigten 4 Sprecher wie folgt eingesetzt:*

a) die Ansage der redenden Buchstaben übernimmt der bisherige Sprecher ‹B›: zur genauen Kennzeichnung erscheint alles, was er zu sagen hat, in großen Buchstaben.

b) Die Rolle der ‹Aussprache› übernimmt die bisherige ‹Zitatmännerstimme›.

c) Sämtliche ‹Buchstaben› – und sie sind alle hochstimmig=schnippisch und fürwitzig=schulmädchenhaft zu sprechen – übernimmt die Frauenstimme. (Einzelne Varianten in Tonfall und Betonung werden jedesmal gesondert angegeben.)

d) Den ‹Reim› übernimmt der bisherige Sprecher ‹A›.):

DIE AUSSPRACHE: So höret denn endlich einmal auf, Mitlaute; und machet dem Lärme, und dem Geschrey ein *Ende*, daß man ein Wort in *Ruhe* mit Euch reden kann. Doch ich *weiß* es, warum Ihr nicht zu schweigen seyd: Ihr könnt der Freude über die *neuen Namen* nicht satt werden, die Ihr bekommen habt ....

A. (rasch hineinmurmelnd): dem Kenner eine Anspielung auf Lautiermethoden à la Basedow, Pestalozzi, Krug .....

ZITAT:

DIE AUSSPRACHE *(strafend fortfahrend): Setzt* Euch, Mitlaute!

DAS ESS: Wenn Du willst, daß wir es thun sollen, so sprichst Du *anders* mit uns! Du mußt sagen: setzet Euch, Blaselaute; Bebelaute; Stotterer!

DAS ENN: *Ich* bin der Nennlaut!

DIE AUSSPRACHE: Das ist ein sonderbarer Name: wir benennen, denke ich, doch Alle?

Das Enn: Ich weiß zwar *selbst* nicht, warum ich so heiße: aber *das* ist einmal gewiß, daß ich *sehr* oft in der Sprache vorkomme, und also *nicht wenig* zu thun habe!

Die Aussprache *(halblaut):* Nur zu viel.

Das Enn *(fürwitzig):* Der Franzose *näselt* mich: *so* zierlich macht es der Deutsche *nicht* mit mir!

Die Aussprache: Er bildet sich ein, daß er das doppelte Äußerste vermeiden müsse: Töne welche zu tief aus dem Halse heraufkommen, verraten ihm Barbarey; und Töne, die man mit Selbstgefallen in die Nase hinauftreibt, *über*feine Kultur.

Das Ess: Schweigt; laßt mich reden: wo blieb ich denn? – Ich habe es: Ihr Stotterlaute; Du Mampflaut .....

Das Emm *(fällt ein):* Auch *ich* verstehe meinen Namen nicht; aber es ist mir *doch lieb*, daß ich einen für mich allein habe.

Das Ess *(strafend): Was* mampfest Du da?: *Schweig!* – Du, Zitterlaut; Du, Zischer; und, o, Du *Sau*selaut! – *(verschämt):* dieser Letzte bin *ich*!

Das Ka: *Uns vergißest* Du? *Du* denkst: wenn *Du* nur da bist, so sind *Alle* da! – Ich bin einer von den Gacklauten!

Die Aussprache (*schaltet sich in den Zank ein):* So werdet denn endlich ruhig, und setzt Euch: Ihr Sauser und Brauser, ihr Zitternden und Bebenden, ihr Stotterer, Mämpflinge, Gackser und Ohrenbläser.

Das Ess *(pikiert):* Was *willst* Du denn?! Wir *sitzen* ja schon. – *(Man hört vor der Tür ein Gepolter)*

Die Aussprache *(befremdet):* Was ist denn *das* vor eyn Gelärm, nach dem Ihr Euch umseht?

Das Ess: Der *Reim* will herein; und sie wollen's ihm nicht *zu*lassen.

Der Reim *(erst etwas fern; dann nahe wie die Übrigen):* Ich *will* und ich *muß* hinein! Kommt, steht mir *bey*, meine Begleiter: ihr *weib*lichen müßt *bitten*; und ihr *männl*ichen, ihr *droht*! Soll ich Euch unter all meinen Schaaren und Heeren um*sonst* ausgesucht haben?! *Helft* Ihr mir bald hinein? Kommt, kommt: Saso = Naso, Mante = Tante, Susse = Fusse, Volto = Polto!

DIE AUSSPRACHE *(verdutzt = halblaut):* Wer *sind* diese Alle?

DAS ESS *(überheblich):* Es sind die *Kling*ler, vor welchen die *Rede*kunst zu warnen pflegt.

DER REIM *(jetzt ganz nahe):* Trolle = Molle, Lire = Bire, Omba = Tromba = Bomba!: Wo bleibt Ihr, ihr männlichen? Kommt: Steht mir bei!: Crown = own; Heaven = driven; Strength = Length!

DAS ESS: Wo willst Du denn *hin*, Aussprache?

DIE AUSSPRACHE *(dégoutiert):* Ich trete nur ein wenig zu*rück*. Die schreyende Eintönigkeit fährt mir durch alle *Glie*der. –: Was *willst* Du hier, Reim?!

DER REIM: Sound = round = drown'd!: Ich will mich in meiner musikalischen *Größe* zeigen! Will den *Übel*klang, den man mir andichtet, weil man *Gras* wachsen hört, und weil, ich weiß nicht *welches* alte Volk auch so gehört haben soll – ich will den erhorchten *Übel*klang als *Wohl*klang ausrufen: *das* will ich hier!

DIE AUSSPRACHE: Wohlklang oder nicht: die Mitlauter gehen Dich nichts *an*! Unter*brich* uns jetzt nicht weiter. Komm *wieder*, sobald der *Aus*ruf vor sich gegangen ist.

DER REIM *(triumfierend):* Ihr habt's *gehört*, und sollts bezeugen, daß sie mich nach dem Ausrufe *vor*lassen will: Sound = round = drown'd! *(er lacht flämisch auf):* Ho ho ho ho

B.: und schlägt einen Purzelbaum in die Nacht hinaus ......

*A.: Da*nach – denn unsere Aufgabe, den *wahren* Klopstock darzustellen, ist *erfüllt*! – schlagen wohl auch *wir* am besten unseren Purzelbaum in den Nachtäther hinaus. – Aber als abschließendes Pausenzeichen erklinge noch eine zeitlang das alte Lessingsche Epigramm ....

ZITAT *(Männerstimme; anzüglich spitz):* Wer wird nicht einen

*Klop*stock *lo*ben ? / : Doch wird ihn Jeder *les*en ? : *Nein ! / –* :
Wir wollen *weni*ger er*hob*en, / und *fleißiger gelesen* sein !
(dringend; aber schon leiser): Wer wird *nicht* einen *Klop*stock *loben ? ! /* :
(verhallend): Doch wird Ihn Jeder lesen ? ? ? ?

WIELAND

oder

die Prosaformen

Sprecher:

A.: ältlich; zum Dozieren geneigt.
B.: jung; feurig = ungeduldig; Dazwischenredner.

B.: So; das tägliche Brot wäre wieder einmal verdient. Die Abendnachrichten abgehört – oh, diese Abendnachrichten: lassen Sie uns irgend ein Theorem bestreiten, daß ich wieder Mensch werde!

A.: Warum so ungehalten?

B.: Man kriselt im nahen Osten. Es wehrpflichtet sehr. Die Großmächte poltergeistern. Politikerfräcke fledermausen: es wird wieder einmal Nacht.

A.: Sie glauben nicht an Entwicklung? Menschheit? Weltvernunft?

B.: Bei mir kommen Sie an den Rechten mit Ihrer Weltvernunft: 6 Jahre Soldat und Kriegsgefangener, Monsignore! – Und Entwicklung?: moralisch und künstlerisch ist die Menschheit nicht um einen Deut weiter, als zu Zeiten des ‹Proconsul›!

A. (begütigend): Ein hartes Urteil. – Gewiß, gerade in letzter Zeit hat man es vielfach ausgesprochen, daß selbst der *Einzelne* gar keine Entwicklung habe. Daß etwa jeder Schriftsteller eigentlich nur *ein* Buch – eben das erste – schreibe; und alle anderen, bis zum letzten, nur Varianten des gleichen Themas seien.

B.: Welche Lästerung! Wäre es nicht ein Einwand gegen einen Schriftsteller, wenn man behauptete, er habe sich nie ‹geändert›, nicht ‹entwickelt›?

A.: Eben deklamierten Sie aber noch selbst gegen die ‹Entwicklung der Menschheit›. –

B.: Der *Menschheit* allerdings! Aber niemals der großen *Einzelnen:* oh, warten Sie; ich will Sie umgehend widerlegen .....

A. (berichtigend): Nicht *mich*, bitte; ich bin selbst kein Freund jenes modischen Diktum.

B.: Desto besser; arbeiten wir also endlich einmal zusammen. – Warten Sie – *(murmelnd):* Beispiele, wie sich namhafte Dichter im Lauf eines langen Lebens wandelten .....: Jean Paul nein. Scott blieb von Anfang an bei der Großballade. Klopstock?: oh weh! .... meingott, so helfen Sie mir doch; Sie lesen doch schließlich 30 Jahre länger als ich!

A.: Ja, das ist einer der wirklichen wenigen Vorzüge des Alters, *(seufzend):* an denen es ansonsten wahrlich nicht reich ist. – Aber es gibt schon ausreichend Belege, um die erwähnte dumm=einseitige Behauptung nach Belieben umstoßen und wieder aufrichten zu können:

Denken Sie an Cooper: kann man einen krasseren Unterschied finden, als zwischen seinem ersten preßgläsernen ‹Gesellschaftsroman› ‹Precaution› – Gnade uns Gott, wenn er aus *dem* den Rest seines Werkes hätte ‹entwickeln› wollen! – und dem düster=rüstigen, die ganze Jäger= und Sammlerstufe der Menschheit verkörpernden ‹Lederstrumpf›; einem der *ganz* großen Archetypen der Literatur, dem Kenner durchaus gleichrangig mit Parzival, Ahasver, Faust.

B.: Dank Ihnen, daß Sie *den* Namen nannten; das Anathema gegen alle ‹umbrella=people›: *darauf* hätte ich auch kommen können.

A. (fortfahrend): Aber wir sind keineswegs auf God's own country angewiesen; wir haben in lieben Deutschlands Mitten ein ganz anderes, noch gewichtigeres, Großbeispiel. Exemplarisch *deswegen*, weil nicht nur ein langes, achtzigjähriges Leben vorliegt; sondern wir vor allem vom sechzehnten an die öffentlichen – auch heute noch Jedem leicht zugänglichen – Belege einer ausgebreiteten schriftstellerischen Tätigkeit vor Augen haben. Exemplarisch nicht minder, weil dieser Mann ein *Dichter* von bedeutender Kraft war. Weil er einer der *ganz* raren Fälle ist, wo *intellektuelle Poesie* verwirklicht wurde – etwas, dessen Existenz gemeinhin, und nicht zuletzt von den Phosphoristen und Blaublümlern unter den Dichtern selbst, *bestritten* wird. Am *allerwichtigsten* deswegen, weil er zuerst das dem selbst schreibenden Prosafachmann meist am schwersten lastende Problem der Struktur erörterte, und seine Theoreme mit praktischen Beispielen belegte: durch ihn wurde das *handwerklich Mitteilbare* der Dichtung – das ohnehin viel umfangreicher ist, als man annimmt – mit einem Schlage verdoppelt.

B. (ungeduldig=neugierig): Und wie heißt schließlich und endlich Ihr Wundermännchen?

A. (strafend): Wohl war er ein ‹Männchen› – das heißt körperlich. Aber es kann ja nicht Jeder ‹Sechs Fuß hoch aufgeschossen, / ein Kriegsgott anzuschaun› sein: die Literatur hat andere Maßstäbe für Tauglichkeit, als die SS!

B. (lachend): Seien Sie nur wieder gut. – Sie müssen doch selbst begreifen, wie Einem die Geduld ausgehen kann, bei Aufzählung so viel leckerster Verdienste. Ein Beispiel *für* uns soll er auch noch sein: und Sie verlängern Ihren Hymnus unerbittlich – Sie sehen, ich habe Ihre boshafte Bemerkung über mein ‹Deklamieren› vorhin, noch nicht ganz verdaut.

A.: Sind wir also jetzt quitt. – Und der Name ist: Christoph Martin Wieland.

B. (betroffen): Wieland? –: Hm. – *(nach einer Pause):* Ein berühmter Name, gewiß; aber wie ich gestehen muß, mir nur eine Schattengestalt. Die Literaturgeschichte – die alte Jungfer mit der spitzen roten Nase, und den falschen schwarzen Lokken, steif und brüchig, wie abgebrannte Streichhölzer – hat ihn doch längst so endgültig ‹abgetan›, daß Sie schon viel und gewichtiges Material werden beibringen müssen, um ihn auch nur wieder ernsthaft diskutabel zu machen – geschweige denn, ihn so hoch zu stellen, wie Sie zuvor andeuteten?

A. *(ruhig):* Wir stehen uns also – darauf wollen wir Ihren Einwand reduzieren – *ungleich* gegenüber: *Sie* kennen ihn gar nicht; *ich* bin buchstäblich mit ihm aufgewachsen. Gern will ich Ihnen Belege und Material aller Art vortragen; nur müssen Sie mich sogleich unterbrechen, wenn ich ins Dozieren geraten sollte – mit 60 gebärdet man sich nur allzu leicht unfehlbar.

B.: Daran soll es nicht fehlen; ich behalte mir ganze Bergzüge von Einwänden vor. – Als Erstes würde mich interessieren, inwieweit Wieland ein Beleg ist, gegen jene tolle Behauptung von der Entwicklungslosigkeit des Schriftstellers.

A. *(bedächtig):* Das erste halbe Dutzend Bände ist hochkirchlich = orthodox; von geradezu *widerlicher* Frömmigkeit durchtränkt .....

B. *(einfallend):* ..... ein bei Ihnen ungewohnt starkes Beiwort; das hier speziell besagen will? .....

A. *(seufzend fortfahrend):* ..... Ich bekenne es ungern –: *so* fatal fanatisch ist der junge Mann, daß er Andersdenkende nicht nur öffentlich in Rezensionen angreift; sondern sogar einen harmlosen ‹Anakreontiker› brieflich bei dessen Amtsvorgesetzten denunziert!

B.: Brrrr! Das ist dick! Am liebsten würde ich jetzt gar nichts mehr hören.

A. *(geduldig):* Sie hätten aber Unrecht. Denn gegen Mitte = Ende Zwanzig, nach ausgiebigem Studium von Swift, Voltaire, Lukian, beginnt ihm das Christentum blasser und verdächtiger zu werden: er findet das dem Manne angemessenere Element der Aufklärung – ‹La Lumière› wie ich lieber zu sagen pflege – oder, mit Wieland selbst zu reden: »Nur, wer das Licht nicht scheut, / der ist mit mir verbrüdert.« Er war an einen Kreuzweg der Geister gelangt .....

B. *(einfallend):* Und wer wurde im Altertum schon an Kreuzwegen verehrt?: Hekate unterm Bleichmond; Schattengeziefer; Dunkelmännereien aller Art .....

A.: An sich durchaus verführerisch = interessante Kulte; aber an so prominenter Stelle muß man sich eben entscheiden. Aus dem *Schwärmer und Heuchler* Wieland wird jedenfalls der *‹Freigeist› und Spötter* Wieland; ja, sogar der ‹Erotiker› – obwohl wir Heutigen ihm in diesem letzten Punkt getrost ‹tauige Keuschheit› bescheinigen dürfen. Noch später setzt dann die ruhige Kühnheit der Alterswerke ein.

B. (zusammenfassend): Also vom Christen zum bestenfalls Deisten; und von da weiter zum Kosmotheoros: das sind keine kleinen Sprünge. Wie kam er dazu?

A.: Auf dem natürlichsten aller Wege: 1733 wird er in einem *schwäbischen Pfarrhaus* geboren. Und es ist gar erbaulich, die Jugend des großen Prosabildners zu verfolgen: wie er da, frühzeitig vom pflichtbewußten Vater dressiert, wunderkindhaft die alten Sprachen schluckt. Mit 13 Jahren wird die unreife Boa Constrictor nach einer der renommierten Schulen jener Zeit emballiert: Klosterbergen bei Magdeburg.

B.: Mir war eigentlich immer nur ‹Schulpforta› geläufig.

A.: Es ist schon praktisch das Gleiche: biblische Lektionen nehmen den größten Teil der Lehrstunden in Anspruch. Unmögliche sogenannte ‹Realien›: Latein bleibt eben Latein; und die Weltfremdheit wird überall brüllend sichtbar. Wer zuviel fragt, wird auf die Hölle als unvermeidliche Konsequenz solcher Unehrerbietigkeit hingewiesen: »God's in his heaven / : all's right with the world«!

B.: Also eine der ‹Ordensburgen› der ‹Anderen Seite›. Und wie reagiert das Kind auf solche Knebelung mit alten Wischlappen?

A.: Es gelingt den magdeburger Priesterkönigen, den naseweisen Intellekt total niederzuknüppeln. Rührend sieht es aus den Kinderbriefen heraus: die Angst vor der Hölle; die verschüchterte Selbstpeinigung. Gottlob dauert solche ‹Innere Mission› nur 3 Jahre.

B.: ‹Nur›?: na, ich danke schön! – Kommt jetzt wenigstens eine Erleichterung?

A.: Ostern 1749 darf er die Anstalt verlassen; und wird von den wohlmeinend=versteinerten Eltern zu einem Verwandten nach Erfurt gegeben. Professor Baumer soll Wieland eigentlich ein Jahr lang in der Philosophie perfektionieren – aber Baumer ist ein witziger satirischer Kopf, der sich längst aus barocken Lehrgebäuden in angemessenere Turnhallen des Geistes gerettet hat. Schonend=neugierig besieht er sich den blutjungen Verwandten; und erspäht vielleicht sogar den blinkernden Intellekt in Jenem. Jedenfalls, sei es Fürsorge, sei es Freude an verstörender Bosheit, er hält Wieland vorsichtig den ersten Köder angemessener Nahrung zum Zähnedurchbeißen hin: er liest ihm ein Privatissimum über den ‹Don Quijote›.

B.: Nicht unfein. Aber nach dem Vorangeschickten fürchte ich, Wieland hat die Wohltat nicht zu würdigen gewußt?

A. (bestätigend): Nichts minder. Er, ganz jungfräulich=kalter Seraph, entrüstet sich nur über den abgeschliffenen Weltmann – statt sich bei dem Entfesselungskünstler zu bedanken.

B.: Logischerweise wird das Halbkind also in seiner hochmütigen Abwehr noch versteift. Wann kommt denn nun der erste menschliche Zug?

A.: Oh, er erfolgt prompt: im Sommer 1750 kehrt er ins Elternhaus zurück; und findet dort eine ältere Kusine vor: Sophie Guttermann. Die hat soeben ein zweijähriges solides Großverhältnis mit einem reifen italienischen Leibarzt hinter sich gebracht, das allerdings nicht zur beabsichtigten Ehe führte: von dieser sexuell und intellektuell hochgezüchteten Neunzehnjährigen – Orchidee in der Jugend, Kartoffelblüte im Alter – wird unser Junge natürlich rettungslos umgeworfen.

B. (fragend): Wie alt ist Wieland jetzt?

A.: Kaum Siebzehn. – Sophie entdeckt natürlich unverzüglich die pikant=reinliche Liebe des schwärmerischen Jünglings .....

B. *(einfallend):* ..... ‹boyish poet=love› hat Edgar Poe, nach dem ätherischsten aller irdischen Gefühle gefragt, es formuliert .....

A.: Also genau unser vorliegender Fall. Oder, wie Wieland es ausdrückt: »Wer sich in dem Augenblick, da er die *Hand* der Geliebten küßt, eine höhere Seligkeit vorstellen kann: der hat nie wahrhaft geliebt!« – *Wie* ernst, *wie* selten diese Liebe *seinerseits* gemeint war, geht daraus hervor – nicht, daß sie ihn zum Dichter machte; das ist wohl habituell so – aber daraus: welches *Thema* Wieland angriff. Während eines Spazierganges mit Sophie, als die vom Landaufenthalt gelangweilte junge Dame seine Ansichten über nichts Minderes als Gottunddiewelt kurz zu wissen verlangt, entwirft er ihr den Plan eines umfangreichen Lehrgedichts, ‹Die Natur der Dinge›; und, was weit *mehr* ist: er führt es in 6 Gesängen auch aus!

B.: Unheimlich und rührend. Es bedarf geringer Profetengabe, um vorauszusagen, daß er dies, sein um 2 Jahre älteres, schönes und geistreiches Mädchen *nicht* bekam?

A.: Natürlich nicht. – Nach 4 Monaten eines einzigen Sommerglücks muß Wieland die Universität beziehen; jahrelang die Kreuz die Quer studieren – er kann sich zu nichts Festem entschließen. Am Ende geht er als Hauslehrer in die Schweiz.

B.: Warum ausgerechnet dorthin?

A.: Das hing eng mit der damaligen deutschen Literatur zusammen. Bodmer war das Zentrum einer großen Schule – der etwas weniger schlechten von den beiden –; Klopstock war schon längere Zeit bei ihm gewesen; dessen sämtliche Epigonen, darunter auch Wieland, schlossen sich an: also geht der begabte junge Mann gleichermaßen nach Zürich.

B. *(nachdenklich zitierend):* »Schön ist, Mutter Natur, Deiner Erfindung Pracht ....«

A. (abwehrend): Jaja; der zu Unrecht berühmte ‹Zürcher See›: lassen wir das für heute! – Dort also wird Wieland in Bodmers Haus mit offenen Armen empfangen. Und der unangenehme Nestor weiß in seinen Fehden das neue Talent überaus geschickt als Winkelried einzusetzen: Wieland mußte die Wasserflut von Bodmers ‹Noachide› in einer gesonderten Schrift heftig rühmen; andererseits Gottsched unnachsichtig bekämpfen. An eigenen Werken entstehen ‹Psalmen› und ‹Empfindungen eines Christen›; ‹Gesichte von einer Welt unschuldiger Menschen› wechseln ab mit ‹Briefen Verstorbener an ihre noch lebenden Freunde›: er ist aggressiv, wie der fanatischste Mönch.

B.: Hat diese gereizte leidenschaftliche Tätigkeit lange angehalten?

A.: Immerhin einige Jahre. Dann entführt ihn der gute Genius der deutschen Literatur am Gängelbande der Brotarbeit – einer Hauslehrerstelle in Bern – aus dem unheilvollen Dunstkreise Bodmers.

B.: Und er ist unterdessen wie alt geworden?

A.: So Drei= Vierundzwanzig; und .....

B. (unterbrechend): Einen Moment, bitte. Ich hätte gern noch etwas Grundsätzliches über seine Körperlichkeit gehört. Einem zweimetrigen Schwergewichtler muß man ja – und sei es in erotischen Dingen – Einiges zugute halten: über was man bei ihm achselzuckend hinwegsieht, wäre bei einem Schwächling schon Laster.

A.: Wieland war ein hagerer kleiner Mann. Nach seinen eigenen Worten von »zarter Maschinerie«; eine »Treibhauspflanze, durch Stubenluft und Frauenpflege verzärtelt«. »Einst hat man mir bei mangelnder Bewegung das Sägen empfohlen«, berichtet er: »allein nur einmal habe ich es versucht; und dann lange Zeit nicht einmal mehr *hören* können, daß man säge, ohne zu schaudern.« Auch sein Gesicht schien beim ersten

Anblick unbedeutend; denn die Augen waren klein und trübe, die Haut blatternarbig. Seine Gebärdung allerdings voll Feuer, und – für den Philister – befremdlich *schnellwechselnd:* er dachte und lebte, mit gewöhnlichen Sterblichen verglichen, eben allegro und furioso. Äußerst empfindlich gegen und abhängig von: Wetter und Landschaft. Einmal, als er nicht schreiben kann, erklärt er verdrossen: »Ich dachte es wohl! Eben habe ich den Barometer angesehen: er ist noch um keine Linie gestiegen; immer noch 27 Zoll: da *kann* mir's mit meiner Arbeit nicht gelingen: ich brauche *aller*wenigstens 27 Zoll 6 Linien!«

B.: Also auch er ein ‹Spiel von jedem Druck der Luft›. – Aber so interessant und wichtig das Faktum auch ist: das *meinte* ich mit meiner Frage nicht. Ich wollte vielmehr wissen: Wird denn nun ihm, dem doch immerhin leidlich gesunden, unverdorbenen jungen Mann, nicht allmählich unheimlich bei all dem Platonisieren?

A.: Mit der Jugendliebe Sophie ist er zerfallen, als ihn eines Tages die Nachricht erreicht: daß die die sichere Partie eines Sekretärs vorgezogen hat. Erst macht sich der Arme tatsächlich noch Vorwürfe, daß er sich den Verlust als ‹Strafe Gottes für seine Freigeisterei› selbst zugezogen habe .....

B. (gerührt unterbrechend): Ts: also ist das nicht schrecklich? Man kann ja nur den Kopf schütteln!

A.: Aber jetzt, verursacht durch die wohltätige Entfernung vom geschäftigen Bodmer und die allgemeine Niedergeschlagenheit, kommt ein sehr wichtiges Interregnum der Abspannung. Zwar er selbst erkennt Nutzen und Wohltat solch wahrhaft ‹schöpferischer Pause› zunächst gar nicht, sondern klagt: »Ich verschlummere wider meinen Willen einen guten Theil meiner Existenz; ich fühle, daß mein Leib immer schwächer wird, und sowohl meine Augen als mein Gehirn sehr oft versagen.«

B.: Also ein ausgesprochener Heilschlaf; und dringend notwendig nach den vorausgegangenen Ekstasen.

A.: Und allmählich mischen sich auch angenehme Träume in diesen Schlaf: ‹Frauenzimmer› erscheinen: erst eine 44-jährige, die ihm *sehr* nahe tritt. Junge Mädchen dann, ein ganzes Serail: alle unter Tarnnamen in seinen Gedichten und Briefen auftretend. Abschließend endlich die Affäre Julie Bondeli: wollen wir sie auslassen?

B.: Wenn sie wichtig ist, bitte nicht.

A.: Wichtig ist sie schon; da das Motiv später im Werk wiederkehren wird. – Langsam also schiebt sich die berner Diakonustochter in den Vordergrund. Und schmunzelnd können wir sämtliche Stadien verfolgen; die erste Reaktion: »Ein *schreckliches* Mädchen! Nichts ist der Schnelligkeit ihrer Zunge zu vergleichen, der man mit den Gedanken einfach nicht folgen kann.« / Drei Wochen später: »Sie hat Verdienste; aber sie sagt mir nicht zu.« / Einen Monat darauf: »Die letzten 14 Tage sind die einzigen, die ich hier gelebt habe. Ich war alle Tage bei Jungfer Bondeli.« / Und nach weiteren 4 Wochen knapp: »Ich liebe Julie!«.

B. (lachend): Keine ungewöhnliche Entwicklung.: War sie *sehr* hübsch?

A.: Das *ist* es eben! Julie war zwar eine der geistreichsten Frauen, nicht nur ihrer, sondern vielleicht aller Zeiten – aber von einer wahrhaft *grauenerregenden* Häßlichkeit! Heute noch können Sie in Lavaters berühmter ‹Physiognomik› nachschlagen: Sie werden in Ihrem Leben schwerlich einen abschrekkenderen Kopf gesehen haben!

B.: Also *wieder* ein extremer Kasus – aber doch immer nur Übergang, oder irre ich mich?

A.: Es ist zwar hinreichend kalt formuliert; aber: ja. – Er wird vom Vater in seine Heimatstadt Biberach zurückberufen: soeben ist ein Posten dort freigeworden. Wieland erhält ihn;

tritt ihn an; und wird als vielbeschäftigter ‹Stadtschreiber› sogleich in die Kabalen der dortigen ‹Abderiten› verwickelt.

B.: Ah, da ist der sprichwörtlich gewordene Titel ja endlich.

A.: Den wir aber, bitte, erst noch beiseite lassen wollen. – Wichtig ist, daß er auf dem benachbarten Schloß Warthausen den Grafen Stadion kennen lernt; bei ihm dessen Privatsekretär, Herrn de la Roche, und – wie sich das alles schickt und findet: auch dessen Frau Sophie, geborene Guttermann.

B.: Ach: die Jugendliebe?

A.: Jawohl. Und Wieland gerät recht rasch in eine ganz wunderliche Stellung zwischen Mann und Frau: mit dem Mann befreundet er sich ehrlich; in die Frau verliebt er sich ein zweites Mal – und so intensiv, daß das bisher brieflich immer noch fortgesetzte Verhältnis zur schweizerischen Julie darunter leidet.

B.: Glaub's gern: die Eifersucht einer häßlichen Philosophin ist zweifellos feinfühlig und spitzfindig.

A.: Und der Bruch vollzieht sich umgehend. – Hier im glänzenden Warthausenschen Schlosse nun, lernt Wieland die zeitgenössische ausländische Literatur erst eigentlich kennen. Hört, was in Philosophie und Dichtung geschehen ist, von Swift und Fielding an, über Voltaire und Rousseau. Schicksalhaft sieht er auf der einen Seite die glänzenden Vertreter der Aufklärung; und lernt auf der andern, im Verlauf der städtischen Händel: »Geist und Intriguen des Pfaffenthums ganz genau kennen und verabscheuen; und das brachte mich Voltairen um vieles näher«.

B.: Das Pendel schlägt nun also nach der *andern* Seite aus?

A.: Das ist wohl unvermeidlich. Er wird ja nun langsam 30; hat Welt und Menschen, Berufstätigkeit und Bücher, Männer und Frauen, erfahren; und will auch wieder selbst produzieren – aber da kommt er zwangsläufig in die größte Verlegenheit. Er drückt es selbst so aus: »Ich fühle nur zu sehr, wie schwierig und fast unmöglich es ist, mit guter Art in diese Unterwelt zurückzukehren, nachdem ich mit Reisen in eine andere debütiert habe; und zu wagen, ein Mensch zu seyn, nachdem ich den Seraph und Inspirierten gemacht habe.«

B.: Wie emaniert sich dieses ‹Mensch = sein› literarisch?

A.: Er ist dahin gekommen, Metaphysik als unfruchtbare Träumerei für sich abzulehnen; dafür sucht er die Verhältnisse des Lebens und der Gesellschaft desto richtiger zu bestimmen. Das Christenthum ist ihm nicht mehr unfehlbare Offenbarung; sondern eine brauchbare Sittenlehre unter mehreren anderen. Er hat gelernt, daß Sinnlichkeit *und* Sittlichkeit ganz gut zusammen bestehen können: das ist der Geist, den von nun an seine Produkte atmen werden.

B.: Da wird er ja nicht schlecht angestoßen sein; sowohl bei den früheren supernaturalistischen Freunden, als den einstigen, ihn belächelnden, Feinden?

A.: Und es geschieht ihm nicht unrecht, wenn jetzt auf ihn – der einst den armen Uz beim Bischof angeschwärzt hatte – die Verdammungsurteile doppelt dicht herniederhageln. Die Zeitungen werfen ihm abwechselnd ‹epikurische Schweinheit› vor, ‹Hedonismus› und ‹unanständige Erzählungen, unsittsame Situationen, welche kein ehrbarer Mensch, der noch Achtung vor den Sitten habe, billigen könne›; er ‹spotte aller Ehre und Pflicht›. Und man begnügt sich natürlich nicht mit der rein literarischen Verketzerung; sondern bemüht sich, den christlicherseits zur eigenen Beruhigung scheinbar unerläßlichen Nachweis zu führen, daß ein Nicht*gläubiger* zwangsläufig auch ein Nichts*würdiger* sein müsse.

B.: Jetzt sind sogar *Sie* bitter geworden. – Erzählen Sie lieber von seinen Arbeiten.

A.: Noch nicht. Lassen Sie uns erst sein Leben zu Ende bringen: nur wenn man den Boden kennt, aus dem sie erwuchsen, kann man die Pflanzen beurteilen. – Natürlich ist die schriftliche Fixierung der biberacher Mikrohändel nichts für ihn; und er verwünscht die »unseligen Geschäfte«, die »miserable Art zu seyn« auch ausgiebig in Briefen an die Freunde: »Noch 1 oder 2 solche Jahre, und ich bin unwiederbringlich verloren!«.

B.: *Mußte* diese alberne Brotarbeit denn unbedingt sein? Das ist doch wieder der gleiche Fall wie bei Goethe: ein fürwitziger Pegasus, der sich freiwillig ins Joch begibt.

A.: Das wäre ein neues weites Feld für Betrachtungen; begnügen wir uns für heut mit der einfachen Tatsache. – Jedenfalls lebt er dort, »einsam in einem Hause, dessen weite Gemächer von niemand bewohnt sind, als von mir selbst, einer dummen Magd, etlichen alten mageren Ratzen, und einem Gespenst, das, uralter Observanz gemäß, alle Nacht um 12 Uhr unsichtbar auf einer geheimen Treppe vom Rathause in die Kanzlei herabsteigt. Aber wenn ich auch zuweylen schwermüthig werde, und, mit dem Strumpfband in der Hand, mich nach einem tauglichen Nagel umzusehen anfange, so besinne ich mich doch allemal so lange, bis wieder nichts daraus wird.«

B.: Also höchste Zeit zum heiraten; zumal er ja jetzt ‹im Brote› ist.

A.: Aber sehr bezeichnend, wen und wie! – *Alle* Typen hatte er geliebt: Jungfrauen und ältere Witwen; Philosophinnen und Fromme; Preziöse und Graziöse, eine seltsame Galerie. Nun, im 32. Jahre, verbindet er sich mit einer mäßig wohlhabenden augsburger Kaufmannstochter, einem anspruchslosen Mädchen: und der lebensweise Mann wußte sehr wohl, was er tat.

B.: Also seinerseits reine ‹Vernunftehe›. Nichts von ‹geistiger Gefährtin›, ‹Mitarbeiterin›, und wie die verführerischen, dem Künstler äußerst gefährlichen, Schlagworte alle heißen?

A.: Klein und unauffällig war Frau Dorothea. Und so schüchtern, daß sie ihren Mann aus Verehrung zeitlebens nur mit

‹Sie› und ‹Herr Hofrat› anredete – während er sie natürlich duzte.

B. (lachend): Hört es, ihr modernen Künstlerfrauen, und spiegelt Euch darin!

A.: 14 Kinder, von denen 9 am Leben blieben, gebar ihm diese Frau – gedenken wir auch ihrer nicht ohne Bewegung. Sie wird es mit dem reizbaren, geistig stets in für sie unzugänglichen Welten befindlichen, Mann nicht leicht gehabt haben!

B.: Wie lange leistet Wieland der Vaterstadt denn solche unbezahlbaren Schreiberdienste?

A.: 7 lange Jahre hindurch. Dann erhält er, nunmehr durch seine Schriften bekannter geworden, einen Ruf als Ordinarius für Philosophie an die Universität Erfurt. Erst freut er sich idealisch der Gelegenheit direkten Einwirkens auf die Jugend; aber gleich zu Anbeginn erfährt er die Folgen seiner neuerdings so ‹lockeren› Schriften: ein Mitprofessor, der Augustinermönch Jordan, schwärzt ihn, durch geheime religiöse Kanäle, etwa den Beichtvater der Kaiserin Maria Theresia, in Wien an; und Wieland muß einen offiziellen Rüffel nach dem andren einstecken.

B.: Soll er nur schleunigst weg von da. Welches Vehikels bedient sich sein Schicksal diesmal?

A.: Er hat unter anderem auch einen ‹Staatsroman› geschrieben, den ‹Goldenen Spiegel›, in welchem einem mittelschlechten Fürsten das Ideal eines vollkommenen vorgetragen wird – natürlich in den Orient verlegt, und mit devoten Stellen: alles Heil kann einem Volk nur von oben kommen. Wichtig wird das Buch für Wieland, weil die regierende Herzogin = Mutter von Weimar dadurch auf ihn aufmerksam wird; und – sie sucht eben verzweifelt einen geeigneten Erzieher für ihre beiden Prinzen – die Universität um Überlassung Wielands bittet.

B.: ‹Überlassung› ist gut!

A.: So steht es in Briefen und Büchern. – Man ‹überläßt› ihn ihr; Wieland selbst ist auch heilfroh, gelehrtem Kesseltreiben und dem ewigen Reden für den Tag zu entkommen: 1772 zieht er, der erste des großen klassischen Kreises, in Weimar ein.

B.: Und nun dürfen Sie etwas rascher vorgehen; diese Titanen sind ja – zumindest schattenhaft – bekannt genug.

A.: Desto besser. Wenn ich auch hervorheben möchte, daß es eine fromme Lüge ist, wenn man dem deutschen Volk rührend zu schildern versucht, wie jene Großen dort in bestem Einvernehmen, geistreicher Geselligkeit, beisammen gelebt hätten: der Kenner weiß, daß die, oft äußerst giftigen Katzbalgereien und Affenstreiche kein Ende nahmen; und schließlich doch Jeder völlig isoliert – mit dem Andern verfeindet, oder bestenfalls höchst zweideutig ‹befreundet› – in seinem gut schließenden Schneckenhause saß.

B.: Ein Beleg mehr für die Widersinnigkeit aller sogenannten ‹Künstlerkolonien›. – Und in Weimar ist Wieland dann also auch gestorben?

A.: Ja. Vierzig Jahre hat er dort verlebt. Aber eines ist noch wichtig: im Jahre 1798 kauft er sich, in Sehnsucht nach ländlicher Einsamkeit, das Gut Osmannstädt; ermöglicht durch einen großangelegten Pump bei seinem Verleger Göschen.

B.: Halt: ‹landschaftlich›! Das hatte ich vorhin zu fragen versäumt – dabei ist es ja maßlos wichtig! –: welcher Art ist ‹seine› Landschaft? Was für eine Großumgebung braucht er zum Produzieren?

A.: Er erwirbt gerade dieses Gut: »weil es in einer bergichten und waldichten Gegend liegt: das letztere ist bei mir conditio sine qua non; denn ein niedrig liegendes möchte ich nicht geschenkt.« – Zwar studiert er gleich ‹ökonomische Handbücher›, und korrespondiert mit Klopstock über Rebenpflanzungen; aber – Dichter sind nun einmal leider unpraktische Leute; haben auch, wenn sie ihr ‹Schriftsteller-Soll› redlich erfüllen wollen, gar keine Zeit für anderes – er kann das geliebte ‹Osmantium› nur 5 Jahre lang halten; dann muß er froh sein, es ohne Verlust wieder abstoßen zu können. Dennoch: wenn es ihm auch nichts an Geld und Gut eingebracht hat, es hat ihm grüne Ruhe, Lust zur Arbeit, leichte anregende Sorglichkeiten, geschenkt. Noch am Tage des gerührt=unwilligen Abschieds sagt er, beim letzten Gang durch die lieb gewordenen Pflanzen: »Ich habe diesem Osmannstädt doch viele selige Stunden zu verdanken. Die ersten 2 Jahre war ich im Genusse aller Art. Dieser reinen Natur= und Genußfülle entkeimte die schönste Blüte meines Alters, mein ‹Aristipp›, der ohne diesen stillen Selbstgenuß, ohne dieses heitere Land= und Gartenleben, nie empfangen und geboren wäre: er ist mein Liebling.«

B.: ‹Aristipp›?: nie gehört.

A.: Sehen Sie: und Sie fragen noch, warum ich melancholisch bin.

B.: Tieck; Blaubart; erster Akt.

A.: Ich wollte lediglich feststellen, ob Sie ihn folgsam gelesen haben. – Aber wieder zu Wieland. Ob er gleich, nun schon siebzigjährig, in die Stadt zurückziehen muß: *eines* hat er sich vom neuen Besitzer doch noch ausbedungen. Und es ist kein geringes Zeichen, *wie* er an dem Platze gehangen hat: er will dort begraben sein. Zusammen mit seiner Frau und Sophie Brentano, einer zärtlich geliebten Enkeltochter seiner Jugendgeliebten, die in seinem Alter, wie Goethe es uns vorsichtig bescheinigt, »eine wunderliche Rolle gespielt hat«. – Und so ist es auch geschehen: ein dreiseitiger anspruchsloser Obelisk bezeichnet die Stelle; nur Daten stehen darauf, und die von Wieland selbst vorausschauend entworfene Inschrift: »Liebe und Freundschaft umschlang die verwandten Seelen im Leben, / und ihr Sterbliches deckt dieser gemeinsame Stein«. Ich habe manche Stunde dort gesessen, ganz im Grünen, im schlichten eisernen Gitterkreis .....

B. (einfallend): Der Goethe also noch nicht den Gefallen getan hat, »als Hufeisen unter den Rossen französischer Husaren zu blinken«, wie er Eckermann gegenüber geschmackvoll zu prophezeien anhub?

A.: Oh, nein. Wenige Meter entfernt, unter Büschen, fließt die rührend schmale Ilm in einer Auswärtskurve vorbei – es *ist* schon eines unserer Nationalheiligtümer, nach dem Jeder einmal im Leben wallfahrten sollte, um sein ‹Om mani padme hum› zu sagen.

B.: Womit wir zwangsläufig bei Wielands *literarischer* Bedeutung angelangt wären. Aber unterscheiden Sie dabei bitte ganz scharf: was hat er *seiner* Zeit bedeutet. Und, : was kann er uns *heute* noch sein. Zwei ganz verschiedene Dinge, die dem Liebhaber gern durcheinander geraten.

A.: Wielands Einfluß auf seine Zeit war außerordentlich groß; so, daß er keinem unserer gefeierten Klassiker in dieser Beziehung irgend nachsteht – der ‹Wald, den man vor lauter Bäumen nicht sieht› stammt etwa von ihm. Allerdings las ihn sein Publikum fast nur um seines ‹Witzes›, seiner ‹Grazie›, seiner ‹Erotica› willen – alles Dinge, die man, zumal Leser der ‹gehobenen Gesellschaftsschichten›, bisher nur an den damals weltbeherrschenden französischen Schriftstellern ähnlich gekannt hatte. Rühmt ja eine Französin, die Frau von Staël, den ‹Oberon› nicht wenig – was ihm in den Augen eines Kenners allerdings allen Wert benehmen könnte. – Außerdem erhielt Deutschland durch ihn den idealen Zugang zu den Resultaten der Aufklärung .....

B.: ‹La Lumière› wollten Sie doch stets sagen .....

A.: Dank für die Erinnerung ..... sowie Information über alle brennenden Zeitfragen. Wie gierig hat er nicht verfolgt, und mit instruktiven Essays kommentiert: die Erfindung der Luftschiffahrt! Eintausend Druckseiten widmet er der großen französischen Revolution von 1789, die er durch alle ihre Phasen, die schönen und schrecklichen, getreulich begleitet: wobei besonders sein sicheres Auge merkwürdig ist, mit dem er, in sehr frühem Stadium der Dinge, die unvermeidliche Militärdiktatur voraussagte, und tatsächlich den Namen des Diktators richtig angab: Napoleon – eine Tatsache, an die dieser dann, als er 1808 den Alten vor sich kommen ließ, sogleich anknüpfte.

B.: Also, wie es schon von Wagner heißt: »Gold, Ehre, Ruhm, gesundes langes Leben«?

A.: Oh nein. Gewiß: er ist 80 geworden; und leidlich bemittelt war er auch – zumindest hat er nie Hunger oder sonst elementare Notstände gekannt .....

B. (einfallend): ..... ein bedenkliches Manko: *muß* man nicht als Mensch, der für Viele sprechen soll, dergleichen zutiefst erfahren haben?

A.: Einerseits ja ....

B. (einfallend): Andrerseits also nein?

A.: Jetzt erst einmal zu Ehre und Ruhm: er ist, als so ziemlich Einziger des weimarer Zirkels, *nicht* geadelt worden. Und die Orden, die er erhielt, kamen aus Napoleons Hand, und der der Russen. – Und wenn auch die unerhörte Geschmeidigkeit und Vokalharmonie seiner Sprache das passiv=rezipierende *Lesepublikum* berückte: die *Kollegen* lehnten ihn fast einstimmig ab; und zwar, wie es leider zumeist der Fall ist, rein vom Inhalt her, aus weltanschaulicher Empfindlichkeit.

B.: Können Sie ein paar Beispiele bringen?

A.: So viel Sie wollen. – Mit Goethe zerfiel er gleich mehrmals, und nicht nur mit dem jungen, à la ‹Götter, Helden und Wieland›, eine derb=berechtigte Satire auf dessen doch immer wieder einmal durchbrechende Unduldsamkeit.

B.: Ich dächte, er hätte in dieser Hinsicht doch wirklich gelernt, großzügig zu sein?

A.: Das schon. Aber er warnte oft vor einem Abgleiten seiner

‹Richtung› in physiologisch=kalte Pornographie. Und nicht ohne Grund mußte er sich wehren, wenn ihm etwa der Verfasser der ‹Gedichte im Geschmack des Grécourt› – des ‹unzüchtigsten Buches der ganzen deutschen Literatur›, wie Grisebach es nennt – ihm seine Kiesewetterverse mit einem ‹Salve confrater!› öffentlich zueignete. Allerdings konnte er sich dabei auch böse vergreifen, so wenn er dem jungen genialen Heinse ‹ausgelassenste Geilheit› und ‹Unfläthereyen› vorwarf; worauf dieser ihm dann, und sehr richtig, eine angemessene Abfuhr erteilte. – Aber vor allem die sukzessiven ‹Gruppen› unserer Literatur stellten sich ausnahmslos gegen ihn: die ‹Hainbündler›, trutzig die Hüte auf sämtlichen Köpfen, benützten bei ihren Zusammenkünften grundsätzlich seine Bücher als Fidibus.

B.: Wehrte er sich? Oder ließ er die Widersacher kläffen?

A.: Oh, er führte, wo es nottat, schon eine recht spitze Feder: seine ‹Bunkliade›, wo er einen Roman des Nicolai'schen Verlages absticht, ist ein Meisterstück gelehrter Injurie, und kann sich durchaus Lessings ‹Vademecum› an die Seite stellen. – Claudius hat privat und öffentlich stets tiefen Widerwillen gegen ihn geäußert – was Wieland damit vergalt, daß er den finanziell schwer Kämpfenden zur Mitarbeit an seinem berühmten, gut zahlenden, ‹Teutschen Mercur› einlud. – Aber auch als dann die Romantik aufkam, fiel man über ihn her. Warf ihm Plagiate vor; und Ehrfurchtslosigkeit vor dem ‹heiligen Dunkel› wie die Schlegels es wollten.

B.: Je nun, umgekehrt: wo ist die Ehrerbietung des Dunkels vor dem ‹Heiligen Licht›?

A.: Nun, immerhin: sie hatten, wenn auch arg von der Seite, den entscheidenden Punkt getroffen. Allerdings hätten sie Wieland nicht attackieren, sondern ihn zum Anlaß einer bedeutenden verallgemeinernden Feststellung nehmen sollen.

B.: Nämlich welcher?

A.: Wie es von Natur aus *gefühlsbetonte* Menschen gibt, so gibt es – obwohl wesentlich seltener – auch *reine Intellektuelle.* Wir wollen jetzt an diesen Tatbestand keine erbaulichen Betrachtungen knüpfen; höchstens die eine, daß – dank vor allem der technischen Entwicklung – der letztere Typ bei uns ständig im Zunehmen begriffen ist: *und* gleichzeitig beginnt sich die Kunst in solcher Richtung zu bewegen!

B.: Was *ich* begrüße. Denn bisher ist es ja leider ausschließlich Mode gewesen, nur den ‹Geistig Armen› als der Herstellung von Kunstwerken für fähig zu erachten – was sag' ich ‹Herstellung›?: ‹Magie› heißt es ja in jenen dämmrigen Kreisen, ‹Inspiration›, ‹Mundstück Gottes sein› –: da ist es wahrlich einmal an der Zeit, den Geist zu seinem Recht kommen zu lassen!

A.: Und eben hierfür ist Wieland ein glänzender Beleg! – Sein Held ist durchweg der Intellektuelle. Der hochgebildete Einzelne. Ausgesprochen diesseitig: Ablehnung, bestenfalls euhemeristische Begutachtung, jeglichen Unendlichkeitsfimmels. Politisch und soziologisch hoch interessiert; aber vorsichtig in der aktiven Einmischung. Alles überragen gesellschaftsphilosophische und künstlerische, präziser: literarische, Probleme. Und seine Spannweite ist hier überaus groß: er kennt alle Spielarten des Intellektuellen, den nasenhaft frechen Literasten, und den ehrlich=überarbeiteten Wortkünstler. Vom Schwärmer Peregrinus Proteus an; über den großen, unverächtlichen Christusgegner und =konkurrenten Appolonius von Tyana; bis zum Weltmann Aristipp; und dem rebellischen, zur Emigration gezwungenen Höhlen=Literaten Diagoras von Melos. Freundschaft gibt es, ja, aber eigentlich nur vom Kopfe her. Dafür ist ein weiteres Zentralproblem: die Liebe.

B.: Wie sieht ‹seine› Frau aus? Das heißt: *der* Typ, der sich, wie wohl bei jedem Schriftsteller, in alle seine Bücher eindrängt?

A.: Auch das ist ganz bezeichnend! Wenn sich etwa Jean Paul die hinfällig=weiße Jungfrau=Lilie erwählt, die vor Feinsinnigkeit zu erblinden versteht – so ist es bei Wieland die hochgewachsene schlanke *Hetäre.* Sehr klug, sehr hübsch, sehr sachlich, sehr selbständig. Ideal für Tisch und Bett; aber natürlich nicht zum heiraten. Schauspielerinnenhaft verständnisvoll – was aber eben an dieser Stelle ins Morbide umschlagen kann: so gehen sie durch seine Werke, die unvergeßliche Dioklea oder Laïs.

B.: Da hätten wir also den Intellektuellen und seine ebenbürtige Partnerin als ‹Helden›. Was ist die Staffage? Statisten und Landschaft?

A.: Bei der kleineren Gruppe ist es Kulisse und Maschinerie der Feenmärchen im Stil Ariostos und Bojardos. Auch die gleiche karnevalistisch=tausendundeinnächtige Bevölkerung. Bezeichnend für Wieland seine ‹Schlösser›: immer wieder gerät der Held durch prunkvolle, meist verdächtig offenstehende Portale – geöffnet vielleicht von Händen, die seit Jahrhunderten im Grabe liegen? – in hohe hallende Säle, labyrinthische Zimmerfluchten, kostbar golden eingerichtet, glänzend und einsam. Schiller bestätigt es in einem Brief an seinen dresdner Freund Körner: »Wieland hat eine gar sonderbare Neigung um Fürsten zu wohnen. Seine Tochter und Reinhold ....«

B. (fragend): ..... der Kant=Kommentator? .....

A.: Ja; sein Schwiegersohn. Die also: »versicherten mir, daß dies vorzüglich der Pracht der Möblierung zuzuschreiben sey, die er in ihren Zimmern finde. Dafür hat er eine ganz besondere Schwäche.«

B.: Ein *äußerst* interessanter Zug: der Labyrinth=Komplex in Reinkultur. Und *leer* müssen die Zimmerfluchten sein, also gefährlich=bevölkerbar – demnach wäre also *hier* seine ‹schwache Stelle›? *Hier* setzt die Nabelschnur an, die ihn mit dem unterbewußt Traumhaften verbindet? – Hm hm. – –

Aber Sie sagten, das wäre erst die ‹kleinere Gruppe›: wo ist der bedeutendere Teil von Wielands Werk räumlich angesiedelt?

A.: Südlich. Tempel und weiße Häuser in einer stereotyp=mediterranen Landschaft. Immer ist klares Wetter: eine starke Sonne; ein wenig individueller Mond – kein dämonisch mitspielendes Himmelswesen, sondern simple Nachtleuchte. Haine: keine verdächtig=wirren Wälder. Alles fast ohne Schatten. Hauptlokalität Griechenland und die umliegenden Ortschaften. Ein äußerst wichtiges Griechenbild nebenbei: weder ‹apollinisch› noch ‹dionysisch›, sondern – ich wähle den Titel seines eigenen Hauptwerkes, ‹aristippisch›; ein Standpunkt, den außer ihm nie wieder Jemand eingenommen hat. Das Ganze belebt scheinbar nur von Literaten und deren listigen Domestiken. Das *Volk*, dessen Arbeit, dessen Sorgen und Gebärden, sind Wieland unbekannt – und auch uninteressant – gewesen; obwohl er Volks*versammlungen* und =aufläufe wiederum trefflich zu schildern weiß: eben wenn das Einzelwesen verschwindet, und die bekannte Hydra erscheint, die dann allerdings auch für den Intellektuellen wichtig, meist bedrohlich, wird.

B.: Lassen Sie mich zusammenfassen: religiös also völlig indifferent. Politisch reiner Betrachter; bestenfalls vorsichtiger Kommentator. In der Philosophie nicht nur Kant, sondern überhaupt *jeder* Metaphysik abhold. Ein blitzender Intellekt, der mit verwegen geballten Worten manchmal steife Ideale umkegelt; im Praktischen jedoch katastrophen*feindlich* ist: der typische, *geistig allem, körperlich wenigem*, gewachsene homo sapiens. – Soweit gut und recht. Ich frage aber: was hat er *sprachlich* geleistet? Was kann er heute noch dem guten *Leser* sein; und was – wie Sie andeuteten – dem aktiv Schreibenden?

A.: Vom Klang seiner Sprache will ich Ihnen eine kurze Probe geben – obwohl es ausgesprochen unfair ist, ein Werk von 54

Bänden, an einer knappen Stelle demonstrieren zu wollen: Hören Sie:

Schon hatten morgens früh, beym festlichen Gelerm / der Glocken, scharenweis die Bürger von Palerm' / an Sanct Kathrinens Tag zur Mette sich versammelt; / die Glocken hatten ausgebammelt, / vorüber war der Zug mit Kreuz und Fahn', / und Priester stimmten schon, der Heiligen zu Ehren / mit reichen Stolen angethan, / an wohl beräucherten Altären / ihr Dominus vobiscum schnarrend an: / als Sinibald, ein junger Pflastertreter / aus Tancreds edlem Blut (sonst nicht der größte Beter!), / an Guido's Arm, in seinem Sonntagsstaat, / von Neugier angelockt mit in die Kirche trat. / Man merkte wenigstens an seiner Weltkindsmiene, / ihn ziehe nicht die heilige Kathrine, / wie schön sie auch von eines Taffi Hand, / in einem Kranz von goldnen Engelsköpfen, / am Hochaltar' in Lebensgröße stand. / Wiewohl die Kunst in ihm sonst einen Gönner fand, / jetzt schien er wenig Lust aus Taffi's Werk zu schöpfen: / so sehr beschäftigte die schönere Natur / den Kennerblick, der hier sich gern verwirrte, / und, gleich dem Schmetterling auf einer Blumenflur, / um hundert fromme Schöne irrte, / die, sitzend oder auf den Knieen, / ihn wechselweis', unwissend, an sich ziehen; / denn jede schien allein die Sorge zu beseelen, / an ihrem Rosenkranz sich nicht zu überzählen. / Von ungefähr – doch ist von ungefähr / in Narrenschädeln selbst wohl jemals was geschehen? / Sogar, wenn wir am irrsten gehen, / führt eine Wolkenhand uns ungesehn einher – / indem er also, *nicht* von ungefähr / im Kreuzgang irrt, fällt eine starke Helle / aus einer schimmernden Capelle / ihm ins Gesicht, wohin der Zulauf größer war / als anderswo, weil hier, dem Christenvolk zur Freude, / die Heilige des Tags in ihrem reichsten Kleide, / mit goldner Kron' auf ihrem flächsnen Haar, / von Perlen schwer und funkelnd von Geschmeide, / im Galastaat zu sehn und heute gnädig war. / Der

Jüngling geht hinein, tritt nahe zum Altar / und wird, indem er sich nach neuer Augenweide / herum sieht, im Gedräng der andachtsvollen Schaar, / in einem offnen Betstuhl knieend, / bei eines Wachsstocks Schein ein schönes Kind gewahr. / Den Engeln Guido's gleich von lauter Himmel glühend, / lag sie auf ihren Knien, der schönen Hände Paar / empor gefaltet, da; die großen blauen Augen / zu ihrer Heiligen entzückt und angelweit / eröffnet – um in frommer Kindlichkeit / die Gnaden dieses Tages auf einmal einzusaugen. / Wiewohl ein dünner Flor ihr liebliches Gesicht, / den Lilienhals und selbst die schönen Hände deckte, / so schien doch alles, was er nicht / verhüllte oder doch verräthrisch nur versteckte, / von einer Schönheit, die so wenig als das Licht / sich selbst verbergen kann ..... / Aus jedem Zuge sprach das zarteste Gefühl, / von künft'gen Küssen schien ihr kleiner Mund zu schwellen, / und stets verrieth der Gaze leichtes Spiel / des jungen Busens sanfte Wellen. / Von alledem sah unser Jüngling – nichts! / Und wenn, im Glanz der reinsten Feuersphäre, / von tausend Engelchen des Lichts / umschwommen, wie in einem Flammenmeere, / den Mond zu ihrem Fuß, ums Haupt den Sternenkranz, / die Mutter Gottes selbst vor ihm erschienen wäre: / ihn hätte kaum, mit allem ihrem Glanz, / die himmlische Erscheinung mehr geblendet, / als, bloß von eines Wachsstocks mattem Licht / beleuchtet, ihm dies irdische Gesicht / Besonnenheit und Selbstgefühl entwendet. / Er stand, wie Einer, der nicht hörte und nicht sah, / bezaubert und vergeistert da; / und ob er gleich aus tausend Augen schaute, / mit jedem Blick sie ganz in sich hinein zu ziehn, / dann wieder ganz in sie sich einzusenken schien / und kaum zu athmen sich getraute, / so hätt' er doch, wenn's auch sein Leben galt, / von ihrer Bildung und Gestalt / in seinem Taumel nichts Genaues sagen können. / Und, o des Wunderwerks der schönen Sympathie! / Kaum glitschte, ohne daß sie wußte / warum, ihr warmer Blick von Sanct Kathrinen ab / und tauchte (weil er doch auf etwas tauchen mußte!) / auf Sinibald – der, wie von Merlins Stab / versteinert, nur durchs Feuer seiner Blicke / ein Zeichen, daß er lebe, gab – / so zog sie diesen Blick so hastig schnell zurücke, / so schnell und so beschämungsvoll, / als hätte sie gesehn, was man nicht sehen soll: / ihr reizendes Gesicht, von Andacht sanft durchglühet, / wird plötzlich lilienweiß und lodert gleich geschwind / noch röther auf. Ein Stich scheint ihr durchs Herz zu fahren, / doch ein so süßer Stich! Das gute, fromme Kind, / dem nie in ganzen sechzehn Jahren / dergleichen widerfuhr, ist für die Ursach blind / und denkt, was kann mir das bedeuten? / Ein heimlicher Instinkt scheint gleichwohl sie zu leiten, / und, ungewarnt von ihrer Schützerin, / blickt sie erröthend wieder hin / und heilt den ersten Stich – sogleich mit einem zweiten. / Bei allem Taumel seiner Sinnen / läßt Sinibald – der sie so brünstiglich, / als wär' an ihr ein Ablaß zu gewinnen, / betrachtet – keinen Blick entrinnen, / der sich von ihr zu ihm hinüber schlich: / und, da zur Lindrung seines Schmerzens / die Augensprache hier das einz'ge Mittel war, / so stellt er ihr die Triebe seines Herzens / so nachdrucksvoll in dieser Sprache dar, / daß sie, wiewohl darin noch gänzlich unerfahren, / doch schnell (kraft einer wunderbaren / geheimen Deutungskunst) so viel davon verstand, / zu fühlen, daß sie ihn nicht merken lassen dürfe, / wie angenehm sie seine Sprache fand. / Ein strenger Blick (ihr schien's zum wenigsten, sie werfe / den strengsten, der ihr möglich war, ihm zu) / setzt nun ihr kleines Herz in eine kurze Ruh; / und, aller ferneren Zerstreuung zu entgehen, / fängt sie mit Eifer an, den Rosenkranz zu drehen. / »Gewiß, es ist mit mir nicht, wie es soll,« / spricht sie zu sich, bestürzt und unruhvoll; / »Ich werde doch nicht etwa gar erkranken? So laulich, so zerstreut, von weltlichen Gedanken / so angefochten und gepreßt, / so – daß ich's selbst nicht weiß – war ich in meinem Leben / an keinem Sanct=Kathrinenfest: / die Heil'ge mög' es mir vergeben!« / Zu ihrem großen Trost entläßt / in diesem Augenblick das ite missa est / für dieses Mal die sämtlichen Verwandten / der Brüderschaft, die Sanct Kathrinens Fest / zu Ehren hier ihr Wachs verbrannten. / Unruhig lief nach ihrem Unbekannten / Rosinens Auge hin und her, / und fand ihn – nicht; er war auf einmal weggeschwunden. / Ihn hatte kurz zuvor ein alter Zeiselbär / von einem Oheim aufgefunden. / Rosine, die (vielleicht der Möglichkeit zulieb, / den Flüchtling irgend aufzuspähen) / von allem Volk beinah die Letzte blieb, / (wiewohl aus bloßem Rachetrieb, / wenn sie ihn fände, stracks sich von ihm wegzudrehen) / muß, da der Küster schon mit seinen Schlüsseln klirrt, / doch endlich, ernst und stumm und in sich selbst verirrt, / mit ihrer Magd nach Hause gehen. / Es war die Magd, die sich Frau Clare nannte, / die Amme erst, hernach die Gouvernante, / nun, da das Fräulein einem Mann / entgegenreift und selbst ihr Halstuch stecken kann, / geheimer Herzensrath der reizenden Infante; / ein gutes flinkes rundes Weib, / von Kopfe leicht, doch etwas schwer von Leib; / kurz, wo Rosine ging, da watschelte Frau Clare, / mit ihrem Rosenkranz am Gürtel, hinter drein. / Der junge Herr im langen gelben Haare / und goldnen Wamms, der heute linker Hand / am zweiten Pfeiler vom Altare / die ganze Messe durch ihr gegenüberstand, / war ihrem Scharfblick nicht entgangen. / Sie hatte, wie ihr däucht, sogar / verschiedne Blicke aufgefangen, / wobey ihr Herz nicht ohne Argwohn war. / Rosinens vorgebogner Hals / und unruhvoller Blick, als nach gesungner Messe / der junge Herr auf einmal in der Presse / verloren ging, war Claren ebenfalls / nicht unbemerkt und unglossiert geblieben; / doch that sie nicht, als ob sie was gesehn; / und, während dem nach Hause gehn / sprach Keine nicht ein Wort, (wiewohl sie vor Verlangen / zu fragen dürsteten) weil jede anzufangen / und ihren Vorwitz zu gestehn / sich schämte. – »Sahst Du ihn an meinen Augen hangen? / Wer war's? Wie nennt er sich? Begreifst Du einen Grund, / warum er ohne Gruß so schnell davon gegangen?« / Dies schien Rosinens Blick, dies schien ihr Rosenmund / (der immer halb zum Fragen offen stund / und immer schwieg) die Amme stets zu fragen; / und, o, was hätte diese nicht zu sagen, / verböt' es nicht der Tante Gegenwart! / Die Tante, die, aus Mangel guter Säfte, / lebendig tot für alle Weltgeschäfte, / indessen sie der Mittagstafel harrt, / im Sorgenstuhl, zur Schonung ihrer Kräfte, / begraben liegt, und Litaneien schnarrt. / Kathrinentag, der sonst im ganzen Jahr / von Alters her der kürz'sten einer war, / wird für ein schönes Kind, das mit dem nächsten Lenzen / erst Sechzehn zählt, durch einen solchen Zwang, / bei solchem Zeitvertreib, nun freilich mächtig lang. / Zusehends wird auch ihr Gesichtchen länger, / und von erstickter Seufzer Drang / das knappe Mieder immer enger. / Es war ich weiß nicht was, das Einem seltsam bang / und schwer macht, in der Luft. Bei Tische / war auch nichts, wie es soll, die Maccaroni kalt, / das Fricassé ein ekelhaft Gemische, / das Rebhuhn zäh, und die Oliven alt. / Des Abends, wie dem trägen Stundenglase / der Sand entschlüpfte, nahm das Übel sichtbar zu ..... / »Was ist dem Mädchen?« fragt die alte taube Base; / »Was fehlt Dir, Kind?« – »Ein gräulich Kopfweh,« spricht / das Fräulein. – »Armes Ding! So nimm das kleine Licht / und geh und lege Dich zu Bette! / Frau Clare soll so lange bey Dir seyn, / bis Du entschläfst: das sind die Früchte von der Mette! / Du weißt, ich gab nicht gern den Willen drein. / Frau Clare: führe Sie das liebe Kind zu Bette / und geb ihr siebenzig von meinen Tropfen ein.« / Dies war es just, (die Tropfen ausgenommen) / was Beiden fehlt; der Rath kann nicht erwünschter kommen. / Das Fräulein ist mit Claren kaum allein, / so fühlt sie sich schon weniger beklommen. / Man zieht sich aus; die Amme präludiert; / der Zwang wird mit dem Mieder aufgeschnürt, / das Herz kriegt Luft, die Schüchternheit verschwindet, / und, wie man erst den rechten Faden findet, / wird, ohne Schlaf, beynah die halbe Nacht / mit süßem Plaudern hingebracht. / Von wem, : als von dem Herrn im langen gelben Haare / und goldnen Wamms, der heute linker Hand / am zweiten Pfeiler vom Altare / die Messe durch ihr gegenüber stand? / Frau Clare kennt ihn gut: er ist ein Herr von Stand / und reich dabey, und Guido ist sein Name; / und, daß der Mann für ihre junge Dame / bis an den Hals in Liebe steckt, / hat sie beym ersten Blick entdeckt. / »Fi!« (lispelt ganz in Glut das Fräulein) »solche Dinge / zu sagen! Dein Geplauder treibt / mir alles Blut wie Feuer in die Wangen!« / »Eiei, mein Schatz, was Arges sagt' ich dann? / Wer wird von einem Wort auch gleich so Feuer fangen? / Der Mädchen innerstes Verlangen, / wie fromm sie sind, ist doch zuletzt – ein Mann. / Was hat sich's da zu schämen und zu prangen? / Die Ehen werden ja im Himmel selbst gemacht; und, ist der Tag erst aufgegangen, / so folgt dem Tag natürlich – eine Nacht. / Doch – eine Nacht, worin wir nichts versäumen, / wird billiger verschlafen als verwacht: / drum, trautes Kind, für heute gute Nacht, und laß Sie sich was Angenehmes träumen!« / Ob diesen Wunsch Rosine wahr gemacht, / ist unbekannt. Von Sinibald hingegen / sagt die Legend': er habe ihrentwegen, / sobald er seinen Oehm vom Halse sich geschafft, / den ganzen Tag verwandt, bey Nebelduft und Regen / die Straßen auf und ab zu fegen, / und, wo ein Haus Vermuthung zu erregen / und halbweg würdig schien, solch einen Schatz zu hegen, / hab er beynah sich blind und steif gegafft, / ob seiner hungernden Begierde / ein günstig Fenster nicht sich endlich öffnen würde; / und, da zuletzt bey später Tageszeit / der Angelus ihm laut in's Ohr geschlagen, / hab' er, erschöpft von

Müdigkeit, / mit schwerem Haupt und leerem Magen, / sich heimgeschleppt, auf einen sammtnen Schragen / sich hingestürzt, nach Ruh' für seine Herzenswunden / zum Himmel aufgeschaut und – leider! – nichts gefunden. / Doch, sparet immer noch, ihr Mädchen von Gefühl, / die Thräne, die bereits in Eurem Auge zittert, / für Jemand auf, der Mitleids mehr bedarf! / *Der* Schlange Biß ist wahrlich nicht so scharf, / die man mit Lust im Busen hegt und füttert! / Der Sinibald, der dort verzweiflungsvoll / vom Schragen in den Stuhl, vom Lehnstuhl auf den Schragen / sich wirft; nicht schlafen kann; sein Schicksal anzuklagen / nicht müde wird, ist zwar – ein wenig toll; / alleyn sein Übel macht ihm allzuviel Behagen, / als daß er Euch im mindsten dauern soll. / Ihr denket, eine Nacht von vierzehn langen Stunden, / worin kein Schlaf in seine Augen kam, / sey eine schlimme Nacht? Er hab' in seinem Gram / sie ganz gewiß unendlich lang gefunden? / : Nichts weniger! Sie flog mit ihren vierzehn Stunden / ihm wie in einem Traum vorbey. / Ein Mensch, der in der Schwärmerey / des Liebeswahnsinns einen Stollen / an seinem Bett umarmt und heilig glaubt, er sey / an seiner Göttin liebevollen / milchweißen Busen, wie die schöne Galathee / an Acis Hals, in Wonne hingequollen, / begehrt wohl nicht, daß wir mit seinem Weh / noch großes Mitleid tragen sollen! / Er spricht mit ihr von seiner Gluth so frey, / als mit sich selbst; er glaubt sogar zu sehen, / daß sie nicht ungerührt bey seinem Leiden sey. / Ihr redend Auge scheint ihm etwas zu gestehen, / und, wenn sie es erröthend wegzudrehen / versuchen will, mit unsichtbarer Hand / ein Amor es auf ihn zurück zu drehen. / So nährt die Phantasie den süßen Liebesbrand: / und wenn dann auch, sobald ihr Zauberband / von seiner Stirne fällt, das holde Luftbild wieder / zu nichts zerfließt; so läßt im stillen Mondenschein, / die Panacee für alle Seelenpein, / die Hoffnung, sich auf seinen

Busen nieder / und webt ihn unvermerkt in neue Träume ein.

Ich empfehle Ihnen, das ganze prächtige Stück, ‹Clelia und Sinibald, oder die Bevölkerung von Lampeduse› nachzulesen. Dazu die verwandten: ‹Idris und Zenide›; den berühmteren, aber um 1 Klasse minderen ‹Oberon›; den ‹Neuen Amadis› zumal, den Lessing immer wieder aufs neue fleißig durchstudierte, und dabei anerkennend von »Wielands glücklicher Wörterfabrique« sprach. – Obwohl ‹Clelia und Sinibald› formal wohl eine elegante Spitze bilden.

B.: Hörte sich gar nicht übel an. – Ist seine Prosa auch so – ich möchte sagen: *nervös*?

A.: Sie haben *fast* das richtige Wort gefunden: natürlich ist Wieland nervös, wie nur je ein Intellektueller; zappelig im Kaffeerausch – Alkohol trank er nie. Aber eben *das* zusammen mit einem blitzartig arbeitenden Gehirn, dessen Gangliensystem ein Netz nicht von Einbahnstraßen sondern von Autobahnen war, ergibt dann das Feuerpulver seiner Prosa, die nur dem oberflächlichen Leser weitschweifig erscheinen kann, einem, der die vielen, oft raffiniert getarnten literarischen und historischen Anspielungen nicht zu würdigen versteht: man muß *viel wissen, selbst Intellektueller sein*, um Wieland genießen zu können. Wie empfindlich er gegen Ortsveränderungen war – eines der ganz typischen Merkmale dieser speziellen Spielart von Gehirnriesen – ist urkundlichst belegbar aus einem Brief des Sechzigjährigen. Im Jahre 1772 nämlich war ihm ein Herzenswunsch in Erfüllung gegangen: Lessing – der Wielands erste serafische Periode in den ‹Literaturbriefen› mit vollstem Recht und unerbittlich lächerlich gemacht hatte – der große Lessing selbst also, schrieb ihm nunmehr in den schmeichelhaftesten Ausdrücken, und forderte den Jüngeren zur Unterhaltung einer laufenden Korrespondenz auf. Befremdlichsterweise antwortete Wieland auf einen solchen

Brief nicht; und gab 20 Jahre später, als das Blatt ihm wieder in die Hand fiel, folgende Erklärung dafür ...:

B.: »Lessings Brief hat mir eine seltsame Freude gemacht; denn es ist ein wirkliches und wunderliches Phänomen, daß ich *einen solchen Brief* so ganz vergessen konnte. Es ist nur durch die ganz eigene und idiokratische Wirkung, die eine sehr große *Veränderung meiner äußeren Lage* auf mich zu machen pflegt, erklärbar. Eine jede solche Veränderung ist für mich eine Art von Tod zu einem neuen Leben, wo meine Seele ungefähr eben das erfährt, was, nach Platons Hypothese, die Seelen erfahren, die aus den hyperuranischen Räumen in die gröbere Körperwelt präcipitirt werden – ein theils plötzliches, theils allmähliches *Vergessen des vorigen Zustandes* – welches mir in meinem Leben hauptsächlich zweymal begegnet ist: da ich im J. 1759 aus der Schweiz in die Biberach'sche Kanzley, und da ich Ao. 1772 aus Erfurt an den Weimarischen Hof versetzt wurde. Daher erklärt sich, daß ein so schmeichelhafter Brief und eine so verbindliche Einladung zu Fortsetzung des angefangenen Briefwechsels ohne Folgen blieb!«

A. (nachdenklich): Wehe also dem armen Dichter, der in seinem Leben allzuoft ‹umziehen› muß – womöglich noch in ihm unangemessene oder gar widerwärtige Orte, Landschaften, Klimate. Das leuchtet wohl ein, daß sich bei dem mörderisch=guten Gedächtnis dieser Menschenklasse auf Grund der reinen Überfüllung mit Kleinbildern, ‹24 × 36› – die evtl. jederzeit, falls für ‹ein Buch› erforderlich, wieder hervorhol–, ja, sogar überscharf ‹vergrößer›=bar sein müssen! – daß man, sage ich, in solcher Situation den endgültigen Zerfall der (sich ohnedies pausenlos nach allen Seiten in ‹Werke› auflösenden) Persönlichkeit nur durch radikalste ‹Verdrängung› – »Tod«, wie Wieland sich ausdrückte; noch richtiger wohl: ‹partiellen Selbstmord› – immer wieder hinauszuschieben hoffen kann. Allerdings dürften, als Nebenprodukte dergleichen semi=suicider Prozesse, Erscheinungen wie Groll, Gereiztheit, Nervosität, unvermeidlich werden.

B.: Hat sich diese ‹Nervosität› nicht etwa in einer Flüchtigkeit im Arbeiten ausgewirkt?

A.: Keineswegs. Ich sagte schon: Wieland war exemplarisch fleißig. Nie ward er müde zu bessern, zu ergänzen, umzubilden. Die meisten seiner Werke schrieb er mehrmals ganz ab und um – *mit der Hand*; vergessen Sie das nie! So allein den ‹Oberon›: *viermal*! Von dem gleichen Stück bekennt er einmal: »Ich habe drittehalb Tage über einer einzigen Stelle zugebracht, wo im Grunde die Sache auf einem einzigen Worte, das ich brauchte und nicht finden konnte, beruhte. Ich drehte und wandte das Ding und mein Gehirn nach allen Seiten, weil ich natürlicherweise gern die nämliche bestimmte Vision, welche vor meiner Stirn schwebte, auch vor die Stirn meiner Leser bringen möchte, und dazu oft von einem einzigen Zuge oder Reflex Alles abhängt.« Der alte Goethe wußte sehr wohl, warum er schrieb: »Es ist nicht zuviel gesagt, wenn wir behaupten, daß ein verständiger fleißiger Literator allein aus den stufenweisen Correcturen dieses unermüdet zum Besten arbeitenden Schriftstellers die ganze Lehre des Geschmacks würde entwickeln können.«

B.: Alle Achtung! Wieso hatte er aber so viel Zeit? Ich denke er war – zumindest im Anfang – Prinzenerzieher?

A.: Das wurde sehr schnell eine reine Sinekure; so schnell freundete er sich mit der Herzogin Amalie an, daß er mit ihr sogar den Aristophanes las – Hörerinnen mögen sich von einem intimen Freunde erklären lassen, was das heißen will. Außerdem lebte er ziemlich abgeschlossen, ganz auf das Werk konzentriert; so intensiv, daß er, auch bei Unterhaltungen, an wenig anderes zu denken vermochte. Deswegen wirft Schiller ihm »Eitelkeit und Eigenliebe« vor. Oder der junge Leisewitz – als Hainbundmitglied ihm ohnedies abgeneigt – schreibt seiner Braut: »Ich bin ein paar Stunden bei Wieland gewesen – mag ihn aber nicht weiter kennen. Einen so elenden Mann von so großen Talenten habe ich noch nicht gesehen. Man würde Eurem Geschlecht Unrecht tun, wenn man seine Eitelkeit weibisch nennte: sie ist mehr als kindisch! Er hat nur 2 Gegenstände, von denen er spricht, das ist er und Wieland.«

B. (lachend): Nicht unwitzig; aber natürlich erbärmlich falsch gefolgert. Es ist doch weiter nichts, als die häufig auftretende *Werkbesessenheit.* Und der in Stunden der Erschöpfung – man vergesse doch ja nie, daß man den Dichter *nur* in solchen kennen lernt: im Vollbesitz seiner geistigen Kräfte pflegt er nämlich an Büchern zu arbeiten! – es ist, wiederhole ich, der, in Stunden der Abgespanntheit nur zu begreifliche Wunsch, durch die Injektion des Lobes immer wieder versichert zu werden, daß die grausam entsagungsvolle Arbeit nicht umsonst ist. Diese vielberufene Effekthascherei ist so wenig ‹Eitelkeit›, daß sie vielmehr rührend wirken sollte! – Hat er sich denn um niemand anders, als sich selbst gekümmert? Verständlich wäre es, wenn auch betrüblich für uns gewöhnliche Erdenbürger; und in gewissem Sinne natürlich ‹unmenschlich›.

A.: Es war so wenig ‹unmenschlich›, daß er mit Recht von sich sagen konnte: »Alles, was Menschen angeht, betrachte ich als *meine* Angelegenheit; und kann mich schrecklich über ein Unrecht ereifern, das vor dreitausend Jahren einem Betteljungen zu Babylon geschehen ist.« Und daß er, anstatt in Gesellschaft Komplimente zu drechseln, sich lieber einschloß und Wortkunstwerke herstellte, über die sich seit Jahrhunderten schon die Besten freuen: dafür wollen wir ihm lieber *danken*, als uns darüber ereifern! – Außerdem vernachlässigte er die heranwachsende Generation keineswegs: zu wem flüchtete die Malerin Caroline Bardua in den Keller, als die Franzosen in Weimar einrückten? Wie hat er nicht durch Wort und Tat den trotzigen Seume protegiert, ihn, der doch wahrlich ‹Europens übertünchte Höflichkeit nicht kannte›! Und wie aufmerksam und klug er die allerneuste Literatur, sogar in statu nascendi, verfolgte, mag diese Anekdote belegen: In großer weimarer Gesellschaft stand Einer mürrisch und einsam in der Fensternische; die jungen Damen kicherten, die alten Herren mokierten sich über ihn. Da griff der 80jährige Wieland ein: »Laßt mir *den* ungehudelt« riet er: »*Der* wächst uns noch einmal allen über den Kopf!«

B.: Und Jener hieß?

A.: Arthur Schopenhauer: oh, der alte Wieland wußte schon, was gut war!

B.: Lassen wir jetzt aber die literarisch völlig insignifikanten Menschlichkeiten beiseite: Sie deuteten an, daß Sie ‹das Wichtigste› erst gestreift hätten: darf ich fragen?

A.: Lassen Sie mich noch einer für Deutschland sehr wichtigen Arbeit Erwähnung tun: er war der Erste, der 22 Stücke Shakespeares in Übersetzung vorlegte; allerdings, mit der einen Ausnahme des ‹Sommernachtstraums›, in Prosa; aber mit Anmerkungen, und als Vorarbeit immer schätzbar.

B.: Wie? Hat auch er, wie so viele unserer armen ‹Großen›, ums liebe Brot übersetzen müssen?

A.: Nein; er konnte sich seine Lieblinge aussuchen, und behaglich = sorgfältig an die Arbeit gehen, ohne bei jeder Zeile die Schinderei zu verfluchen, oder einen elenden ‹Termin› einhalten zu müssen. Er hat sich den Cicero in aller Ruhe vornehmen können; vor allem aber seinen Liebling Lukianos, bei dessen Übertragung ihm, nach eigenem Geständnis, »der Glaube an Seelenwanderung bis zur Täuschung wuchs«.

B.: Uff: alles schön und gut; aber ich – durch so viel Neues fast schon geistig aufgebraucht – warte immer noch auf Ihr ‹Wichtigstes›; obwohl ich selbstverständlich begreife, daß Sie sich das Bedeutendste bis zum Schluß aufgespart haben – aber jetzt lassen Sie das Schwert bitte fallen: ich schlage willig den Zopf nach vorn: ?

A. (lachend): Aber Sie sollen doch nichts weniger als dekapitiert werden! Im Gegenteil: neue Erkenntnisse bieten sich an .....

B.: ..... bieten Sie; bieten Sie .....

A.: Wieland sah, gerade zu seiner Zeit, den Mißbrauch der Prosaformen überhand nehmen; und, was die Sache noch gefährlicher machte, in verführerischsten Beispielen. Da erschien etwa ein ‹Werther›, ein geniales Werk, das sich als ‹Briefroman› deklarierte – was man lediglich daran merkt, daß ab und zu ein ‹lieber Freund› apostrophiert wird, den man ansonsten nicht im Geringsten näher kennen lernt.: Dabei ist es doch gerade das primitivste Kennzeichen eines Brief‹*wechsels*›, daß sich zumindest *zwei* – wenn nicht gar mehrere – gleichwertige Individualitäten in ihren diversen Erlebnisreihen entfalten sollen! Der ‹Werther› ist ein *Tagebuch*; ganz simpel! – Oder der ‹Reise = und Entwicklungsroman› des ‹Wilhelm Meister›: wie grimmig hat es Wieland nicht betont, daß dergleichen nichts anderes ist, als die Entschuldigung für einen mangelnden Plan ?! Für Goethe ist die Prosa nie ein Konstruktionsproblem gewesen; sondern breites Sammelbecken für heterogenste, bei längst verschollenen Anlässen entstandne, Aufzeichnungen: wo die ‹Handlung› stockt, werden einfach alte, vor 20 Jahren geschriebene Novellen aufgeklebt, Gelegenheitsgedichte untergebracht, Aforismensammlungen eingeschoben.

B.: Das ist wahr; das hat auch mich immer gestört: dieses Mißverhältnis zwischen den vielen ‹schönen Stellen›, und ihrer rumpelkistenhaften Unordnung. – Wieland nun ist, darauf wollen Sie ja vermutlich hinaus, das gerade Gegenteil?

A.: Wir wollen kurz, aber systematisch vorgehen: so wie für Jeden von uns seine Welt in Subjekt und Objekt zerfällt, in inneres und äußeres Erleben: so wollen wir auch hinsichtlich der Abbildung dieser Erlebnisbereiche durch Prosaformen, gleich 2 große Gruppen unterscheiden. Die erste, ‹innere›, versucht die möglichst genaue Wiedergabe von *Gehirnvorgängen* vermittels besonderer Anordnung von Prosaelementen .....

B.: »Mir wird von alledem so dumm .....«

A.: Rasch ein Beispiel: Joyce's vielberufener ‹Innerer Monolog› versucht die Wiedergabe unseres zäh dahinquirlenden Gedankenstromes .....

B.: Ah so; *das* meinen Sie? Ja, natürlich. Aber wieso ist das eine ganze *Gruppe* von ‹Inneren Ereignissen›?

A.: Je nun, da gibt es so manchen, klar unterschiedenen, Spezialfall: den ‹Traum› etwa; oder der Vorgang des ‹Sich=Erinnerns›; die alle wenig mit dem durchaus mythisch orientierten Dahindenkeln von Joyce zu tun haben. – Aber gehen wir zur zweiten großen Gruppe über – die eigentlich die *historisch erste* ist! – den Nachbildungen *gesellschaftlicher* Gepflogenheiten. Denn der Mensch findet und erkennt sich, ob in seiner prähistorischen oder individuellen Entwicklung betrachtet, zuerst einmal als Gruppenwesen, ehe er zum Nachdenken über sich selbst gelangt. Und da Wieland, ich erwähnte es bereits, dahin gekommen ist, kein wichtigeres Anliegen zu kennen, als die gesellschaftlichen Beziehungen der Menschen zueinander zu untersuchen; so hat er alle seine Kräfte, in bewußter Beschränkung, nur dieser zweiten Gruppe gewidmet.

B. (seufzend): Geben Sie lieber wieder Beispiele: »Ich bitt' Euch, Freund: es ist tief in der Nacht .....«

A.: Sie werden mich sogleich verstehen: Der Erzähler im lauschenden Hörerkreis – abends am Lagerfeuer des Neandertalers; oder in der Spinnstube, beim ‹Lichten› – nimmt vorweg die Prosaformen von Anekdote, Märchen, Erzählung, Novelle, Roman.

B.: Zugegeben.

A.: Also beginnt auch Wieland zunächst einmal *damit.* Der steifgliedrige, didaktische, weit überschätzte ‹Agathon› ist noch ganz alte Schule. Dann allerdings beginnt er sogleich aufs Scharmanteste zu variieren: der ‹Don Sylvio› und der ‹Danischmend› sind schon temperamentvollster Stilkünste übervoll, von deren entzückenden Tempi jeder Moderne lernen könnte. Manchmal zerlegt er die Handlung ins anekdotisch=Zersprochene: die unvergänglichen Abderiten krähen und dahlen ihren Stadtstaat voll; und Schach Gebal setzt seine Wahrheit der Dichtung des ‹Goldenen Spiegels› entgegen. – Damit sind aber die gesellschaftlichen Relationen des Menschen keineswegs erschöpft: die elementarste Art der Mitteilung ist das *Gespräch.* Betrachten Sie's zunächst als Mittel der Kommunikation zwischen Hordenmitgliedern: man hat praktisch denselben Lebensraum, ungefähr die gleichen Erlebnisse; über die Abweichungen verständigt man sich durch Diskussion, Rede & Gegenrede, Lob und Frage und Widerspruch. – Das jetzt auf die Prosa übertragen: das Gespräch ist die für uns ‹natürlichste› Form, uns gegenseitig ‹Stoff› zu übermitteln, strittige Fragen zu klären; etwa die ideale Form für eine Biographie.

B.: Wie meinen Sie das?

A.: Indem ich – –: nehmen Sie zum Beispiel unseren Dialog hier: unser Informations= oder Streitgespräch könnte man zu einer idealen Wieland=Biographie ausbauen, wenn man zusätzlich herbeiholte: einen Kenner der Zeitgeschichte; einen Altphilologen; einen Christen; *eine Frau* vor allem, und einen Autor! Alle die müßten Fragen stellen; Einwände machen; aus ihrer Sfäre Einzelheiten beitragen; psychologische Klärungen herbeiführen helfen: aus dem sorgsam und kunstvoll zusammengestellten Mosaik solcher, scharf gesonderter Geister, würde sich ein viel besseres Gesamtbild Wielands ergeben, als es der Essay eines Einzelnen je vermöchte, oder eine Biographie alten Schlages.

B.: Aha. Und Wieland hat dergleichen versucht?

A.: Zweimal sogar. Das erste Mal im ‹Peregrinus Proteus›, wo er einen seltsamen Schwärmer mit dessen geistigen Antipoden und Zeitgenossen Lukian zusammentreffen läßt. Ein zweites Mal im ‹Agathodämon› – beide Bücher nebenbei höchst merkwürdig durch ihre Auffassung des Urchristentums.

B.: Hat er noch weitere ‹alte Formen› erprobt – vorausgesetzt, daß es noch welche gibt?

A.: Ich möchte ausdrücklich hervorheben, daß alle diese Formen keineswegs ‹überholt› oder ‹veraltet› sind. Für die zugehörigen Themenkreise sind und werden sie immer sein, die optimale, also stets zu wählende, Erledigungsart. – Selbstverständlich gibt es noch mehrere: was tun Sie, wenn Sie sich mit einem, seit Jahren räumlich weit von Ihnen getrennten, lieben Freunde unterhalten möchten?

B.: Ich schreibe ihm einen Brief.

A.: *Sehr* richtig: und schon haben wir *wieder* eine ganz neue Prosaform!

B.: Langsam, langsam: ist es nicht letzten Endes nur eine Art Gespräch?

A.: Oh, der Unterschied ist fundamental!: Beim Gespräch teilen Sie Beide den gleichen Lebensraum miteinander – also *Ort* –; ebenso die gleichen Stadtereignisse: wenn Bomben darüber abgeworfen werden, haben Sie praktisch die gleichen Sensationen. – Wenn jedoch das Problem vorliegt, *zwei* gleichwertige, aber geographisch und erlebnismäßig weit von einander geschiedene Lebensräume organisch in Beziehung zu einander zu setzen: da bietet sich zwanglos die formal vorbildliche Lösung des sogenannten ‹Briefromans›. Aber, verstehen Sie mich recht!: es *müssen mindestens zwei* gleichberechtigte Landschaften und zeitlich parallele Erlebnisreihen vorliegen! Dann, und *nur* dann hat der Briefroman überhaupt einen Sinn.

B.: Ah, jetzt verstehe ich Ihre Bemerkung über den kostbaren ‹Werther› erst richtig – die ich vorhin, ich will es nur gestehen, für sehr anmaßend hielt. Im ‹Werther› ist also *der* Fall eingetreten, daß ein großer Künstler sich absolut in der Form vergriffen hat: man hört ja *nur* Werther; von *zwei* einander das Gleichgewicht haltenden mächtigen Landschafts= und Erlebnisgruppen ist überhaupt keine Rede. Goethe hat die Briefform völlig unnützlich geführt? Er hat zur ‹Erledigung› *eines* Menschen, *einer* Landschaft, eine Form benützen wollen, die für *zwei* Menschen, *zwei* Landschaften zuständig ist?

A.: Genau das! Und dergleichen ist beileibe nicht nur auf Goethe beschränkt; viele Schriftsteller sind und waren der Meinung, daß es lediglich auf sie und ihren ‹freien Willen› ankomme, welche Formen sie sich für ihre Produkte erkiesen wollen. Ich nenne nur Scotts ‹Redgauntlet›, dessen erste Hälfte ausgesprochener und guter Briefroman ist: bei der zweiten hat er es dann scheinbar satt gekriegt, und, wie sonst bei ihm üblich, ganz edel=simpel weiter erzählt. – Wie anders dagegen Wieland! Nach ein paar kurzen, unbedeutenden Handübungen gelingt ihm im höchsten Alter das unnachahmliche Großmosaik des ‹Aristipp›: von mehreren Schauplätzen her empfängt der Leser jeden Brief selbst; in immer erneuter Gegenwart; aus Kyrene und Athen spricht es zu ihm; schönste, kunstvoll sich entwickelnde Menschlichkeiten sind ins bedeutend Historische und Kulturgeschichtliche gewoben; organisch selbst die, nur dem Unkundigen langweiligen, in Wahrheit unschätzbaren Erörterungen über Anabasis und Politeia: der ‹Aristipp› ist, wie der einzige ‹historische›, so auch der einzige ‹Briefroman›, den wir Deutschen besitzen, und mit Ehren vorzeigen können.

B.: Sie wissen genau, was Sie damit behaupten?!

A.: Niemand besser, als ich! Es ist hier nicht der Platz und die Zeit, das Fachwerk des großen Buches im Einzelnen nachzukonstruieren; das mag der Interessierte für sich allein vornehmen – und *jeder* Prosafachmann *sollte* daran interessiert sein, von Wieland zu lernen; einem Manne, durch dessen Schreibtisch wir Schriftsteller unsern ersten Meridian ziehen müßten. – Nur das geringste Beispiel: wie, meinen Sie, hätte ein solcher Briefroman zu beginnen?: *An wen* schriebe der Held am besten, das heißt, am bezeichnendsten, découvrierendsten, zuerst? An die Geliebte?

B.: Das würde ich *nicht* raten: da verfälscht man sich unweigerlich ins Sentimentalisch=Heroische.

A.: Die Eltern? Den Lehrer?

B.: Auch nicht. Die Eltern sind fremde, unbegreiflich erlebnisüberladene Vorgeneration. Und der Lehrer?: dem gegenüber gibt man sich gar zu gern – und sei es auch nur, um dem alten Mentor eine rechte Freude zu machen – als Musterschüler, als Primus. – Wie wäre es aber: mit dem *Freunde*?! Dem Gleichaltrigen; verständnisvoll=Elastischen; keck=Ergänzenden?

A.: Und also schreibt Aristipp den ersten Brief an Kleonidas von Kyrene, seinen Freund! – Hier, als Berechner der äußeren Form, hat Wieland Vorbildliches, und bisher noch längst nicht Gewürdigtes geleistet. Bücher wie dieser gigantische Briefroman vom ‹Aristipp›, die dem Fachmann reinlich das Stahlskelett der Trägerkonstruktion zeigen, und *gleichzeitig* dem Leser eine Fülle intrikatester ziseliertester Geistigkeiten und schönster Menschlichkeit geben, eine Bereicherung im wahrsten Sinne der tria corda des Ennius, gehören in allen Literaturen zu den größten Seltenheiten, und sollten von jeder Generation immer wieder studiert werden.

HERDER

oder

vom Primzahl=Menschen.

Sprecher:

A.: } Männerstimmen
B.: }
C. Frauenstimme *(ein hermafroditischer Alt, stellvertretend für das männ=weibliche Herders)*

A. *(spricht langsam, in ergebener Traurigkeit, und mit der schweren Monotonie eines Großen. Ein kleiner Echoraum dahinter):* »Obwohl gewöhnlicherweise keine Grab= und Lobschrift zu bemerken pflegt, *wie lange ein Mensch sich selbst überlebt habe*, so ist dies leider eine der größesten und nicht seltenen Merkwürdigkeiten menschlicher Lebensläufe. *Lange* kann man, wie die Gestalt seines Grabmonuments, mit lebendigem Leibe umhergehen: der Geist ist von einem gewichen; man ist der Schatten und das Andenken des vorigen Namens.

Vielerlei Ursachen können zu diesem frühen Tode beitragen, Eigenschaften des Geistes und des Herzens: zu große Wirksamkeit; zu träge Geduld; Erschlaffung sowohl als Überspannung; zu schnelles Glück; zu lange dauerndes Unglück.

(Pause; dann weiter, tonlos, wie oben): Diesem Morden menschlicher Kräfte und Verdienste stehet ein anderer entgegen, den man *den feinsten Selbstmord* nennen möchte; er ist umso bedauernswürdiger, weil er nur bei den erlesensten Menschen stattfindet, und ihr köstliches Uhrwerk nach und nach zertrümmert: Menschen nämlich von äußerst zartem Gefühl haben ein Höchstes, wonach sie streben; eine Idee, an welcher sie mit unaussprechlicher Sehnsucht hangen. Wird ihnen diese Idee genommen, wird dies schöne Bild vor ihren Augen zertrümmert, so ist das Herzblatt ihrer Pflanze gebrochen – der Rest steht mit welken, unkräftigen Blättern da.

(In steinerner Gleichgültigkeit): Vielleicht gehen mehr Erstorbene dieser Art in unserer Gesellschaft umher, als man es anfangs glauben möchte: eben weil sie am meisten ihren Kum-

mer verbergen; ..... *(allmählich leiser werdend):* und das Gift ihres langsamen Todes, als ein trauriges Geheimnis ihres Herzens, selbst dem Freunde verhehlen .....«

(leise vorüberschleichend der Grabesklang
eines zersprungenen Gongs)

* * *

B. (fest): Johann Gottfried Herder. Am 25. August 1744, gegen Mitternacht, »auf die Wüste der Erde geworfen«. Zu Mohrungen in Ostpreußen, »der kleinsten Stadt im dürren Lande«. Kind einfachster Eltern: der Vater Glöckner und Kantor; die Mutter Tochter eines Hufschmieds. Eines von Fünfen: die unentbehrliche Gelehrsamkeit ist also zu erhungern – er trank zeitlebens »aus geliehener Tasse«.

A.: Ein Erstes = Entscheidendes: in Preußen gilt, wie immer und anscheinend unvermeidlich, die Allgemeine Wehrpflicht: in die Wiege schon hat ihm, dem Brauch der guten alten Zeit gemäß, die Musterungskommission die rote Kragenbinde eines präsumptiven Korporals gelegt.

B. (ergänzend): .... »Das Rote Halsband« hat er es später, abscheugeschüttelt, genannt.

A. (fortfahrend): Gottlob ist er klein und von schmaler Gestalt; dazu am rechten Auge die Tränenfistel. Dennoch – und es ist die wörtliche Bescheinigung seiner Frau ....

C. (mitfühlend): »Dennoch lebte er mehrere Jahre hindurch in beständiger Unruhe. Welchen Eindruck das Gefühl dieser täglich obschwebenden Gefahr ....«

B. (beschwichtigend): ..... nämlich des Einberufungsbefehls; man verzeihe die primitiven Anschauungen unserer Großen: es hat, leider, Keiner davon jahrelang ‹gedient› – – *(mit furcht-*

barem Ernst): sonst sähe unsere ‹klassische Literatur› vermutlich *anders* aus: vollständiger; weniger weltfremd ....

C. *(fortfahrend):* ..... »Was diese Gefahr, die ihn auf ewig von den Studien entfernt, und seine vorherrschende Neigung unterdrückt haben würde – denn wie lechzte er nach geistigen Aufschlüssen! – auf sein zartfühlendes Gemüt wirken mußte, läßt sich eher empfinden als beschreiben. Diese frühen Eindrücke militärischer Gewalt und Sklaverei flößten ihm eine lebenslängliche Abneigung gegen den preußischen Staat ein.«

A.: Ein russischer .... *(Pause; dann, betont wiederholend):* ...... *russischer* Regimentschirurg ist es, der ihn mit sich nimmt, nach Königsberg; allwo er, einzig jenem Wohltäter zu Gefallen, Mediziner werden will – bei der ersten Sektion in Ohnmacht fällt; und dann doch lieber rasch zu Theologie & Filosofie hinüber wechselt. Mit 19 Jahren bereits ist er Unterlehrer am Königsberger Gymnasium. – Da, endlich!: kommt die Erlösung: 1764, also mit 20 Jahren, erhält er einen Ruf als Kollaborator, später Prediger, nach Riga.

C. *(fraulich mitfühlend):* »Vor seiner Abreise sollte ihm noch etwas Schmerzliches widerfahren: von dem preußischen Militärgericht wurde ihm noch der Eid abgefordert ‹zurückzukehren, wenn er als Soldat requiriert würde›. – Ob er ihn wirklich abgelegt hat, oder er nur dazu aufgefordert worden, weiß ich nicht. Nach dem zu schließen, wie er zuweilen daran gedachte .....

(leise beginnt irgend ein prominenter ‹Präsentiermarsch› den erzwungenen Meineid zu akkompagnieren)

.... *mußte* er es wahrscheinlich tun; denn mit dem tiefsten Unwillen sprach er davon. Das bekannte er, 40 Jahre später, noch: daß er manche Eindrücke dieser Sklaverei, wenn er sich ihrer erinnere, mit teuren Blutstropfen abkaufen möchte! Er sagte an der preußischen Grenze seinem Vaterland ein bitteres Lebewohl.« ... *(Kleine Pause).*

A. (schwelgerisch; in das blechbläsern stampfende Notengetümmel hinein): Aber jetzt?!: Riga!!

(Die Musik geht organisch=zwanglos über in den ‹Roten Sarafan›, noch in die nächsten Worte von B. hinein.)

B.: Ein aparter Ort dieses Riga: Hansekontore; eine deutschsprachige Oberschicht von Beamten, Lehrern und Kaufleuten; die eigentliche Bevölkerung Letten – und, als Hinterland, das Riesenreich, ‹Ein Sechstel der Erde›.

A.: Denn Riga ist *russisch!* Und der junge Herder – nun frei, mit erweiterter Brust, feurig und herrlich lernbegierig –: blüht auf! Sieht sich um, mit immer funkelnderen Augen. Notiert die bunte Fülle »Der Denkart der Völker bin ich nachgeschlichen«,: vergessen wir nie, daß diese Begegnung mit Letten und Russen es ist, die ihn kosmopolitisch auflockert; und sein Ohr fähig macht, als Erster die »Stimmen der Völker in Liedern« vernehmen zu können.

B.: Und der »Jüngling mit den etwas triefenden Augen«, wie der väterliche Freund Hamann ihn benennt, wird gern ein guter russischer Patriot: *zu* häufig, um sie wegfilologisieren zu können, begegnen wir Notaten der Abneigung gegen alles Deutsche; als Prozeß geistiger Ablösung sehr begreiflich und nützlich. »Der Lette will nicht in den Himmel, sobald Deutsche da sind«, schreibt er sich grimmig nickend auf; und übersetzt gern die schwermütigen Dainos ....

C.: »Tochter, ich flieh nicht die Arbeit: / vor dem bösen Deutschen flieh ich, / vor dem schrecklich bösen Herrn! /
Arme Bauren!: an dem Pfosten / werden blutig sie gestrichen / Arme Bauren in den Eisen; / Männer rasselten in Ketten; / Weiber klopften vor den Türen, / brachten Eier in den Händen, / hatten Eierschrift im Handschuh: /
Unterm Arme schreit die Henne, / unterm Ermel schreit die Graugans, / auf dem Wagen blökt das Schäfchen, / unsre Hühner legen Eier? / : alles für des Deutschen Schüssel!

Schäfchen setzt sein fleckig Lämmchen? / : das *auch* für des Deutschen Bratspieß. / Unsrer Kuh ihr erstes Öchschen? / : das *auch* für des Deutschen Felder. / Mutter hat ein einzig Söhnchen? / –: *den auch an des Deutschen Pfosten!*«

A.: Er spürt, er erträumt sich Wirkungsmöglichkeiten – »Entwurf einer Schule für Kurland« heißt etwa einer; und der erste Essay ist seinem Regentenideal, *Peter dem Großen*, gewidmet ....:

B. (nachdenklich aber rasch = dreiviertellaut): »Wenn je ein Monarch den Namen des *Großen* verdiente, so ists Pjotr Alexejewitsch! Er war Selbstherrscher und Haushälter seines Reichs, ein allenthalben umher wirkender Genius; der hier anordnete, dort schuf und lenkte, dort anregte, lohnte, strafte: ein erhabener Wilder! Vater, Künstler und leidenschaftlicher Liebhaber seines unvollendeten Reiches ......« *(weiter; im klärenden Selbstgespräch):* »Was für Aussichten überhaupt, diese Gegenden von Osten, wenn erst einmal der Geist der Kultur sie besuchen wird!: Die Ukraine wird ein neues Griechenland werden. Der schöne Himmel dieses Volks, sein lustiges Wesen, seine musikalische Natur, sein fruchtbares Land undsoweiter: werden einmal aufwachen. Seine Grenzen werden sich bis zum Schwarzmeer hin erstrecken; und von da hinaus durch die Welt: Hier will ich etwas versuchen! Hier studieren ....«

A. (die zur Selbstklärung notierten Themen aufnehmend): »Was die Deutschen hier geschadet haben. / Daß es Völker im Orient gebe, von denen man lernen müsse. / Über die zoomorfischen Gottheiten der Slawen ...« *(langsam energischer werdend):* .... »Aber ausführen? Sind dazu keine Wege möglich? – Jetzt noch nicht; später vielleicht, durch Einfluß am Hofe: Umgang mit Großen; Überredung des Generalgouverneurs; Gnade der *Kaiserin*; Neid und Liebe der Stadt?! .... *(Laut):* O Zweck, großer Zweck! Nimm all meine Kraft, Eifer, Begierden: *ich gehe durch die Welt – was hab ich in ihr, wenn ich mich nicht unsterblich mache?!*«

B. *(nüchtern):* Er träumt sich also – formulieren wir den Dünkel des geborenen Wortweltenerbauers getrost so –: als Kultusminister der Zarin Katharina – und schon der bloße *Gedanke* an die Möglichkeit, kann auch heute noch einen ehrlichen Kerl berauschen!

A.: Zumindest aber ersieht man aus solchen Plänen, daß er nicht mehr, wie einst in Preußen, scheu die Augen zu Boden schlägt, und vor jedem Briefträger zittert: *frei* trägt er den Kopf durch Riga! Geschätzt als beliebter Lehrer; mitreißender Prediger – obwohl er als solcher eine Perücke tragen muß, um älter und ehrwürdiger zu erscheinen. – Zunächst auch noch geehrt, als geistreicher ‹junger Autor›.

B.: Denn schon früh, mit 16, gelingen ihm die ersten gedrängt=dunklen, »bedeutend=rauhen«, Gedichte – das erste gedruckte Stück ist die »Ode an Cyrus«, den Zaren Peter. Jetzt entstehen die ersten größeren Arbeiten, die »Fragmente zur deutschen Literatur« und die »Kritischen Wälder« – und sogleich horcht das gelehrte Deutschland auf!

A.: »Haben Sie je einen Kopf gekannt,« schreibt Wieland, »in welchem Metafysik und Fantasie und Witz, und griechische Literatur und Geschmack und Laune, auf eine abentheuerlichere Weise durcheinandergähren? – Ich bin begierig zu sehen, was noch aus ihm werden wird: ein ausgemachter Narr; oder, viel wahrscheinlicher, *ein sehr großer Schriftsteller!*«

B.: Denn Wieland hatte, entzückt, das seltenste aller literarischen Fänomene genau erkannt: den polyhistorisch angelegten Geist, dem gleichzeitig die Worte übers Papier fallen, wie ein dichtes Gestöber von Feuerflocken. Und hier im Fall Herder, oder nie, ist der Ort, die Unglücklichen entscheidend zu rechtfertigen: *es ist nicht leicht, ein Polyhistor zu sein!*

A.: Rarste Gedächtniskraft gehört dazu, und die ‹Kunst des Archives›. Zuckende Rastlosigkeit; oder, genauer: Nervosität als gesunde Naturanlage. Die Fähigkeit Bibliotheken zu bewohnen; und ausdauernder Mut vorm Papier: es ist weit leichter zu ‹kämpfen›, als 1, auch nur mittelmäßiges, Buch zu schreiben!

B.: Der Polyhistor?: das ist der eigentliche Synoptiker, der in genialer Schau erkennt, wo *Querverbindungen* möglich sind; sei es zwischen einzeln=schnurrigen Fakten, oder ganzen Wissensgebieten; fruchtbarste Beziehungen, primzahlhaft=verzwickte, an die zuvor Niemand dachte. Tritt hierzu nun noch hohe Feinheit von Ohr und Zunge; und die – durch Fleiß nicht *erwerb*= aber entscheidend *schul*bare – Fähigkeit, Worte zu ‹vollkommenen Ehen› zu zwingen: dann ergibt sich das dem Kundigen – vielleicht *nur* dem Fachmann? – hinreißendste Schauspiel.

A.: Es gehört, metaforisch gesprochen, freilich ein ‹guter Magen› dazu, die konzentrierten Aufgüsse aus ganzen Körben voll Eichenkeimen zu verdauen – denn hier liegt die Begrenzung des Polyhistors: er ist nicht imstande, die Keime auseinanderzupflanzen, und sie aufwachsen zu lassen, zum Eichenkamp, in dessen Schatten noch Jahrhunderte sich ergehen können. – Seltsames Bild: ein Planet, nur mit Wiesen aus kostbaren Kräutern bedeckt ....

B.: Und ähnlich wirkte Herder, beim ersten wie beim letzten Auftreten: befremdet und überrascht war man durch die Fülle des Neuen, den Dauerregen der Anspielungen, die Feinheit der Mikroanalysen über Shakespeare und die Poesie der Volkslieder – und doch ahnte man unabweisbar Wahrheiten, spürte Berechtigungen; und fühlte sich prickelnd angeregt durch den flackernden Stil.

A.: In bedeutender Ergänzung des Lessing'schen ‹Laokoon› hatte Herder die Wichtigkeit hervorgehoben: in der Dichtung des *Ohres*; in der Malerei der *Landschaft*; in der Plastik des *Tastsinns.* – So schildert er, mit dem Naturrecht des gesunden jungen Mannes, Venusstatuen; und es ist mit nichten ‹Geilheit›, sondern das ewige Recht der Hand, das Recht der Haut! :

C. (üppig; aber innig=weiblich): »Der Busen des Weibes ward zart; völliger; gekrönt mit der Rose der Liebe. Solange diese, ein Knöspchen, blühet, und der unreife Hügel zur Ernte wächst, schlingt die Grazie der Jungfrauschaft ihren Gürtel um dieselbe .... Wenn Venus aus dem Bade mit ihrem gebogenen Taubenrücken herauf tritt – doch wie kann ich beschreiben? Und was hilft beschreiben, wenn man nicht selbst stehet, und das schöne Gebürge hinabgleitet? Und wie über der Hüfte sich der Rücken in Weiche verlieret! Das zarte Verfließen ... und die Hüften ..... und das Knie, ohne todtgelösete Knöchel, als wäre es aus weichem Thone geblasen; und die Wade des Fußes, weder hangend, und angeklebet, noch dürftig. Und wie die Schenkel zu Marmorsäulen, so wand Mutter Natur die Adern zu zarten Zylindern, und umschlang sie mit dem ersten Brautkranz der Liebe. Und schonte die Spitze des Bogens. Und ließ am Weibe die Hand sanft hinabfließen in kleine Zylinder. Und bepolsterte sie von innen in jedem sammtenen Mäuschen, und in jedem Blumenbusche der Fühlbarkeit, der auf Gefühl wartet, mit dem ersten Druck der Liebe. Und machte jedes Glied wächsern und beweglich und regsam: den Finger fast zu einem Sonnenstrahl; und die milchgewaschene Höhe der Hand zum ungeteilten und gliedervollen Hügel voll Rege ...« .....

B.: Kurzum: der äolsharfigst=tausendnächtige Jungmännertraum. – Aber dem Publikum eines Predigers begreiflicherweise ..... *(hanseatisch=steif, mit s=t, ges=prochen)* ... »aarch ans=tössich«.

A.: Zudem hat er – zwar berechtigt, aber unvorsichtig – mit jenem von Lessing her geläufigen Professor Klotz in Halle angebunden, der vielleicht nur ein »selbstbewußtes Nichts« war – aber gleichzeitig spiritus rector diverser einflußreicher Nachrichtenmagazine.

B.: Deren Methoden Herder auch prompt verspüren soll: fliegenhaft vervielfacht erscheinen die pöbelhaftesten Kritiken; und die Gegner wissen Tricks, von denen der harmlose junge Mensch, der halb anonym bleiben will, nichts ahnt: man verschafft sich, durch Bestechung der Drucker, den Namen des Verfassers, und die Fahnen seiner Bücher lange bevor sie im Buchhandel erhältlich sind, und man also Zeit hat, ausgiebig Kabalen anzuspinnen.

A.: Und – wie der Bürger so ist – hat man sich in Riga zunächst des schön aufkeimenden, der ‹Stadt Ehre machenden›, Talentes gefreut; so wird man nunmehr wankend: ein »Faun« wäre ihr Herder? Ein »als livländisches Pfäfflein maskierter Satyr«? Immer peinlichere Formen nimmt das Geflüster an; zumal nachdem jene Hallische Journaille, die kein Mittel verschmähte, Herders Orthodoxie zu verdächtigen begann – auch wohl ihre Rezensionen mit, zwar witzigeleganten, aber schier unwiedergebbar schmutzigen Wendungen schloß, Herders Verhältnis zu Hamann betreffend.

B.: Nicht unrichtig, daß er – des unvorsichtig heraufbeschworenen Klatsches ungestüm=satt – sich entschließt, Riga zu verlassen. ‹Vogelstraußpolitik› ist es nicht; oder doch zumindest die eines *mutigen* Vogelstrauß: denn er faßt den Entschluß, sich in die Große Welt zu wagen. Der Schriftstellerei ist er überdrüssig – redet er sich hurtig ein; man hat sie ihm ja auf ewig verekelt .....

A.: .... das ‹ewig› eines jungen, doch sehr erfolgreichen Autors ....

B. (fortfahrend): Am 16. Mai reicht er dem Magistrat sein Entlassungsgesuch ein; das auch schon 4 Tage später genehmigt wird – es ist nicht unbezeichnend, daß er sich schon 8 Tage vor Abfahrt des Schiffes an Bord begibt. Am 3. Juni 1769, dem berühmten Tage des ‹Venusdurchgangs›, lichtet man die Anker, und er kritzelt auf der Reede sein Abschiedsbillet an Madame Hartknoch, die Frau des Verleger=Freundes: »Wie sehr muß ich mich als eine Besonderheit des Himmels ansehen, da bey meiner Abreise solche Zeichen & Wunder geschehen!«

A.: Und schlagartig entsteht – wie immer bei dem Geschlecht der feinsten Wortriesen, die die Epochen ihres Lebens nicht nach *Daten* rechnen, sondern nach den *Großveränderungen des Ortes* – in neuester Umgebung; unter dem Hochgefühl absoluter Freiheit: auf wen wäre jetzt wohl noch Rücksicht zu nehmen?! – die Magna Charta des ‹Sturm & Drang›, donauartig hingeströmt, eines der merkwürdigsten Stücke deutscher Prosa: die Keime zu 300 Bänden, von denen er einst 60 hinterlassen wird, stehen auf den 72 enggeschriebenen Quartseiten jener denkwürdigen Seeträume: Herders Reisetagebuch; geschrieben größtenteils auf den Fluten der Ost= und Nordsee: er ist zu Schiff nach Nantes!

C. (feurig auflachend): »O, glauben Sie: *da* lassen sich Skalden und Barden anders lesen, als neben dem Katheder des Professors! Homer auf den Trümmern Trojas; und die Argonauten; Odysseen und Lusiaden unter wehendem Segel, unter rasselndem Steuer. Die Geschichte Uthals und Ninathomas im Anblick der Insel, da sie geschah: wenigstens für mich sinnlichen Menschen haben solche sinnliche Situationen so viel Wirkung! Und noch ist das Gefühl *der* Nacht in mir, da ich auf scheiterndem Schiffe, das kein Sturm und keine Fluth mehr bewegte, mit Meer bespült und mit Mitternachtswind umschauert, Fingal las, und Morgen hoffte. –
So schiffte ich Curland, Preußen, Schweden, Dänemark, Jütland, Schottland, Holland, England, die Niederlande vorbei.«

B.: Als er am 16. Juli zu Nantes ans Land steigt, braucht er eigentlich nur noch Zeit, schriftstellerische Muße, um die ersten Entwürfe zu Papier bringen zu können – *(nachdrücklich):* – *nur* Muße : aber eben da liegts!

Denn wohl reicht sein Kapitälchen für einen halbjährigen Aufenthalt in Frankreich; und vielleicht ließe es sich auch noch strecken, wenn man – dem anscheinend unvermeidlichen Los aller deutschen Dichter gemäß – Brotarbeiten einschöbe?

A.: Da ergeht unversehens ein Ruf an ihn; das Angebot zu einer einträglichen Stellung; und schnelle Entscheidung tut not: Der Herzog von Holstein sucht einen Reisebegleiter für seinen ältesten Sohn, den Kronprinzen Peter Friedrich Wilhelm. – Freilich, zur Vorbildung für einen präsumptiven russischen Kultusminister wäre der Gedanke einer dreijährigen Europareise gar nicht verwerflich: ist er nicht erst 25?! / Er nimmt kurzerhand an; und tut die Winterreise hinauf nach Eutin.

B.: Da liegt am Weg: Hamburg. Und wer damals als junger Autor in *Hamburg* nicht Halt machte, verdiente ja gestäupt zu werden: da kann man vielleicht die Augen an *Klopstock* stärken; das dortige Theater dirigiert *Lessing*; der große Zweifler *Reimarus* lebt noch; und ein ähnlich junger Autor, ein gewisser Matthias *Claudius*, ist besonders begeistert:

C.: »Herr Herder ist seit 8 Tagen hier: Sie können denken, wie ich gehorcht habe, wenn er von Hamann erzählte; auch habe ich gehorcht, wenn er sonst etwas sprach.« / Und kaum ist Herder 1 Stunde fort, schickt Claudius ihm sein Blättchen hinterher: »Ein Mädchenbusen vor einem Jünglingsmunde, der Küsse witterte, schnell weggerückt: so Herder aus Hamburg! ..... : Ich danke Ihnen recht sehr, daß Sie hier gewesen sind; und wünsche, daß Sie sich in Kiel wohlbefinden – und daß Sie die Nacht der Hinreise ein wenig gefroren haben.«

B.: Das ist einer der erquicklichsten Briefwechsel geworden, der zwischen Herder und Claudius; erquicklich *darum*, weil darin relativ wenig von Literatur gequatscht wird! Etwas, was Schriftsteller untereinander niemals tun sollten. – Mit Lessing, der überhaupt kein großer Briefschreiber war, wird gegenseitiges Lob gewechselt: sie haben immer viel von einander gehalten, die beiden, gottlob räumlich voneinander getrennt lebenden, Großen.

A.: Tja, und nun der neue Posten als Prinzenerzieher. – Jener Peter Friedrich Wilhelm reicht dem neuen Lehrer stumm die Hand: blaß, lang und gelb ist der melancholische Sechzehnjährige; in elendem Gesundheitszustand; und unverkennbar gemütskrank. Sein *Ober*hofmeister, der auch während der Reise sein und Herders Vorgesetzter sein wird, der Geheime Rat von Cappelmann, hat ihm außerdem, im wahrsten Sinne des Wortes, ‹die Hölle heiß gemacht›; ihn geängstet mit finsteren Religionsscrupeln – Niemand kann sich erinnern, den Herrn Rat je lächeln gesehen zu haben. Nach wenigen Wochen schwant es Herder bereits: dies Verhältnis kann nicht lange dauern.

B.: Die Reise geht im Sommer an; über Hamburg, Hannover, Kassel. Eine kleine Pause wird in Darmstadt eingelegt: dort hört ihn in Gespräch und geistreicher Debatte ein junges Mädchen; und lauscht, immer verwirrter und atemloser, Caroline Flachsland heißt sie, dem ungewohnten Gefunkel von Ideen und Worten, die das Abenteuer von einem Mann mit jedem Satz hinfeuerwerkt: *so* unwiderstehlich wirkt der Eros des Intellektes, daß sie sich, als sie ihn zufällig allein in der Fensternische stehen sieht, ein Herz faßt, zu ihm hinhuscht, ihm, rosengesichtig, etwas stammelt – und, nun völlig verwirrt, wieder wegläuft.

C. (verschämt): »Von diesem Tage an sahen wir uns täglich. Ich fühlte ein nie empfundenes Glück – aber auch eine unbeschreibliche Weh= und Schwermut: ich glaubte, ich würde ihn nie wieder sehen. – Den 25. August feierten wir seinen Geburtstag in dem kleinen Kreis der Freunde, bei Mademoiselle Ravanel im Schloß – da gab er mir seinen ersten Brief: ach!«

A.: Auch ihm hat es die temperamentvolle Elsässerin angetan – wir werden die ‹Elektra› Weimars noch näher kennen lernen. Aber zunächst muß Herder weiter: bis Straßburg hält er's noch aus – dann kommt der unvermeidliche Bruch mit dem inquisitorischen Cappelmann. Und obwohl der Prinz selbst sich rührend an Herder klammert – vermutlich der Erste und Einzige, der ihm menschlich begegnete; und gleichzeitig Halt genug war – muß er seine Entlassung suchen.

B.: Rasch das Schicksal des unglücklichen Prinzen vorwegnehmen – er mußte schließlich für regierungsunfähig erklärt, und nach Schloß Plön gebracht werden, wo er noch 50 Jahre in absoluter Abgeschiedenheit vegetierte; kritzelnd, in Büchern blätternd, fern=leichter Musik lauschend, und – gar nicht so seltsam – als *Schachspieler* excellierend. –

A.: Daß Herder sich gerade in Straßburg von der Reisegesellschaft trennte, hatte auch noch einen anderen gewichtigen Grund: eben hielt sich dort einer der renommiertesten Augenärzte der Zeit auf, Lobstein; und von ihm wollte Herder sich endlich die lästige und entstellende Tränenfistel wegoperieren lassen.

B.: Wir besitzen die äußerst anschauliche Schilderung eines Augenzeugen aus jenen Tagen.
»Ich war in den Gasthof ‹Zum Geist› gegangen ...«

A. (einschaltend): .... und welch witziger Zufall: daß sich zwei Solche ‹*Im Geist*› treffen! ......

B. (fortfahrend): ..... »Gleich unten an der Treppe fand ich einen Mann, der eben auch hinaufzusteigen im Begriff war, und den ich für einen Geistlichen halten konnte: sein gepudertes Haar war in eine runde Locke aufgesteckt; das schwarze Kleid bezeichnete ihn gleichfalls; mehr noch aber ein langer schwarzseidener Mantel, dessen Ende er zusammengenommen, und in die Tasche gesteckt hatte. Dieses einigermaaßen auffallende, aber doch im Ganzen galante und gefällige Wesen, wovon ich schon hatte sprechen hören, ließ mich keineswegs zweifeln, daß er der berühmte Ankömmling sey; und meine Anrede mußte ihn sogleich überzeugen, daß ich ihn kenne. Er fragte nach meinem Namen – der ihm von keiner Bedeutung seyn konnte – allein meine Offenheit schien ihm zu gefallen, indem er sie mit großer Freundlichkeit erwiderte; und, als wir die Treppe hinaufstiegen, sich sogleich zu einer lebhaften Mitteilung bereit finden ließ. – Ein rundes Gesicht; eine bedeutende Stirn; eine etwas stumpfe Nase; einen etwas aufgeworfenen, aber höchst individuell angenehmen, liebenswürdigen Mund. Unter schwarzen Brauen ein Paar kohlschwarze Augen, die ihre Wirkung nicht verfehlten, obgleich das eine roth und entzündet zu seyn pflegte ..... und seine Anziehungskraft wirkte immer stärker auf mich!«

A.: Und der hübsche intelligente Junge, Wolfgang Goethe hat er sich präsentiert, hat allen Grund zu solcher Liebeserklärung – denn er *selbst* ist noch *nichts*; Herder dagegen um 5 entscheidende Jahre älter; schon berühmt; im Kampf mit widrigen Schicksalen gehärtet; weitgereist; glitzernder Geistigkeit übervoll: *der kann* schon Anlaß zur schönsten Schülerschwärmerei werden!
So hatte noch keiner seiner weitgerühmten Universitätslehrer zu dem jungen Goethe gesprochen, nicht Gottsched und nicht ‹Vater Gellert›! Das Verhältnis war eindeutig: Herder der *Alles Gebende* – und Goethe *nahm*; nahm mit vollen Händen. Wie hätte er denn auch widerstehen sollen, wenn der Mann, trotz der peinigenden Kanüle im Nasenknorpel, sich erhob; vom Geist gereizt im Zimmer auf und ab lief – er

konnte sich buchstäblich solchermaaßen *die Sohlen wund laufen vor Erregung ! !* – und die Rhapsodie begann :

A. *(feurig) :* »Wenn bei einem Manne mir jenes ungeheure Bild einfällt : hoch auf einem Felsgipfel sitzend, zu seinen Füßen Sturm, Ungewitter, Brausen des Meeres; aber sein Haupt in den Strahlen des Himmels – : *so ists bei Shakespeare !*

(Hart) : Nur freilich auch mit dem Zusatz : wie unten, am tiefsten Fuß seines Felsenthrones, Haufen murmeln, die ihn .... *(verächtlich)* ... pf! : erklären, retten, verdammen, entschuldigen, anbeten, verleumden, übersetzen und lästern – *und die er alle nicht hört !*«

B. : Herder gibt Analysen der vergeisterten Stücke, in seiner ureigensten unnachahmlichen Manier : das *ist* schon ein Gerolle, wenn er den Leser selbst anzureden beginnt :

A. : »Wie vor Meere von Begebenheiten, wo Wogen in Wogen rauschen; so tritt vor seine Bühne ! –

Lear : der rasche, warme, edel=schwache Greis. Wie er da vor seiner Landkarte steht, und Kronen wegschenkt; und Länder zerreißt : siehe der gutherzige Verschwender, der rasche Unbarmherzige, der kindische Vater : *wird* es bald seyn, in den Vorhöfen seiner Tochter, bittendbetend bettelnd, fluchendschwärmendsegnend – – achgott : und Wahnsinn ahnend. *Wird's bald seyn ! :* mit blassem Scheitel unter Donner und Blitz; mit einem Narren; und in der Höhle eines tollen Bettlers : Wahnsinn gleichsam pochend vom Himmel herab : *der* sollte mein Freund *nicht* seyn, der dabei nichts fühlte !«

B. : Und Goethe ist hochbereit, zu fühlen ! : »Die ganze Zeit seiner Cur besuchte ich Herdern, morgens und abends; blieb auch wohl ganze Tage bey ihm : ich verschlang Alles ! Je heftiger ich im Empfangen, desto freigebiger war er im Geben, und wir brachten die interessantesten Stunden zusammen zu.«

A. : Allerdings *eine* unangenehme Erfahrung muß der Herr »Hätschelhans« machen : war er bisher das verzogene Wunderkind gewesen, so stößt er jetzt, zum erst=einzigen Mal in seinem Leben, auf einen Überlegenen!

B.: Auf einen kranken und gereizten Überlegenen dazu noch – *(unmutig grollend):* »Straßburg ist der elendeste, wüsteste, unangenehmste Ort, den ich, – behutsam und bedächtig gesprochen! – in meinem Leben gefunden. Ich will an Menschen nicht denken: hier ist kein Wald, kein Ort, wo man mit seinem Buch & Genius einmal im Schatten liege!«

A.: Er hätte ja auch wahrlich Wichtigeres zu denken und zu schreiben, als einem zudringlichen Schüler alle möglichen Grillen auszutreiben: etwa wenn der ihm, kindlich zufrieden, mit seiner *Siegelsammlung* kommen will: so was soll er sich gefälligst dereinst als Pensionierten=Hobby zulegen! Im Augenblick heißt's lernen und analysieren: Ossian, Homer, Volkslied, die Nationalmärchen der Bibel. – Und wie weiblich=ungestüm Goethe seinerseits den Lehrer umwirbt, zeigen die schönsten Jünglingsbriefe ....:

C. (andringend): »Herder! – Ich zwinge mich, Ihnen in der ersten Empfindung zu schreiben: weg Mantel und Kragen! Ihr Niesewurzbrief ist 3 Jahre alle Tageserfahrungen wert. Das ist keine Antwort drauf; und wer könnte drauf antworten? Mein ganzes Ich ist erschüttert, das können Sie denken, Mann; und es vibriert noch viel zu sehr, als daß meine Feder stet zeichnen könnte.: Herder, Herder, bleiben Sie mir, was Sie mir sind! Bin ich bestimmt, ihr Planet zu seyn, so will ichs seyn; es gern, es treu seyn. Ein freundlicher Mond der Erde. Jetzt eine Stunde mit Ihnen zu seyn, wollt ich mit – ach, bezahlen! ....

Ich lese meinen Brief wieder: ich muß ihn *gleich* siegeln – *morgen*: kriegten Sie ihn *nicht*!!«

A.: Das herrlichste Gebrande von Selbstbewußtsein und Verehrung; die fruchtbarste wilde Demut. Und auch *das* gehört zum Verhältnis, daß der Lehrer vom Schüler *nichts* profitiert;

gewiß, der kommt in den Briefen an seine Braut in Darmstadt auch vor; aber höchstens einmal so: »Goethe? Ist wirklich ein guter Mensch; nur etwas leicht und spatzenmäßig, worüber er meine ewigen Vorwürfe gehabt hat. Ich glaube ihm, ohne Lobrednerei, einige gute Eindrücke gegeben zu haben, die einmal wirksam werden können.«

B.: Das Verhältnis trübt sich sehr rasch: Beide gehören zu jenen interessanten Menschen, die »zum Dank für erlittene Förderung« undankbar werden. Und Goethe hatte außerdem die üble Angewohnheit Jedem, Freund und Feind, in der Hitze des ersten unwilligen Augenblicks eine bitterböse Posse auf den Leib zu dichten – nicht *schonungslos*: *das* könnte man noch begreifen = billigen; ja, es vom Standpunkt des neugierigen Literaturbeflissenen aus, unschätzbar und pikant finden: unsere Großen wußten ja viel mehr Menschlichkeiten voneinander, als wir heute noch erraten mögen – aber die betreffenden Goetheschen Lästerspiele sind *mit nichten rücksichtslos; sondern ausgesprochen hämisch und schief*; sei es das gegen Wieland; oder eben auch der »Vergötterte Waldteufel«, der gegen Herder gerichtete »Satyros«. Der Zigeunerhauptmann in »Plundersweilern« wird's vermutlich auch sein; und selbst Herders Braut muß zur ‹Lenore› im ‹Pater Brey› herhalten.

A.: Aber wenn auch Goethe, im Gefühl der eigenen Kraft und zunehmenden Reife, Herder gegenüber zusehends selbständiger wird; ihm auch einmal ganz offen schreibt, daß er ihn im ersten Grimm »einen intoleranten Pfaffen gescholten« habe – lange noch – *zu lange!* – wird er das anregendste aller Verhältnisse, das er je im Leben erfahren hat, nicht vergessen.

B.: Unterdessen aber hat Herder, dem während der erfolglosen halbjährigen Kur nicht nur die Geduld, sondern, weit schlimmer, auch das Kleingeld ausging, einen *neuen* Antrag erhalten – wieder durch einen jener grillenhaften Zufälle, an den Niemand gedacht hätte: er hatte einem jüngst verstorbenen Kollegen, Thomas Abbt, ein warmes Biogramm nachgeschrieben; und der mit Jenem eng liierte Landesherr, Graf Wilhelm von Schaumburg=Lippe, hat solches Gefallen an der Sprache und den Gesinnungen gefunden, daß er, in dem Schreiber einen neuen kurzweiligen Gesellschafter hoffend, – ihn als Konsistorialrat und Hofprediger nach Bückeburg einlädt.

A.: Und Herder – baargeldlos & fern der Heimat; heiraten will er eventuell auch – entschließt sich seufzend, den russischen Kultusminister noch einmal zurückzustellen – bis an sein Lebensende hat er immer wieder resigniert die »verworrene Schattenfabel« seines äußeren Lebenslaufes klagend bestaunt; nie es dahin gebracht, einzusehen: daß die Größten im Geist äußerlich grundsätzlich *verschoben werden*; es übersteigt die Möglichkeiten der menschlichen Kraft, und unserer Gehirnstruktur, *beide* Bereiche, das innere *und* das äußere Leben, souverän zu gestalten!

Also trifft er, um des leidigen Broterwerbs willen, im Mai 1771 in Bückeburg ein.

B.: Bezeichnend, *wie* der Herr Consistorialrat antritt: staunend werden die Bewohner der kleinen Residenz seiner ansichtig – in einem himmelblauen, mit Gold besetzten Kleide; einer weißen Weste; und einem dito Hut?! – Man sieht, unsere heutige teen=ager Buntheit ist nichts weniger als neu: *Werther* ging noch *ganz* anders!

A.: Und wieder tritt Herder einer neuen Spielart Fürst gegenüber:

dürr und endlos lang, »an Körper der Größte seines Landes«; mit schwermütigem Don=Quijote=Antlitz; dazu exzentrisch wie nur je ein englischer Lord – da ist natürlich die federleichte Person des kleinen schwächlichen Herder sofort im verhängnisvollsten Nachteil, gegenüber einem Brotherrn, der imstande ist, einen Hoch=Weitsprung von Sechs mal Eins Sechzig auszuführen.

B. (einfallend): Das macht mehr aus, als man meint; man stelle sich illustriert eine solche Situation vor! :
der lange Graf und der winzige Moses Mendelssohn wandeln in Bad Pyrmont im tiefen Gespräch. Der Graf sieht sich vor einem 2 Meter breiten Graben, und schreitet versonnen hinüber – während der jüdische Sokrates ängstlich und verlegen diesseits stehen bleibt. Worauf der Graf zurückkehrt, *Jenen auf den Arm nimmt*, mit ihm den Graben überschreitet, ihn absetzt – – und dann so ruhig das Gespräch fortsetzt, als sei nichts geschehen – *ist* das kein ‹handicap› ?

A.: Graf Wilhelm hatte eine durchaus englische Erziehung erhalten; ohne solide Kenntnisse – dafür weltgewandt. Auch Französisch beherrschte er gut; deutsch aber nur gekünstelt, verworren und weitschweifig. Hinzu kam, daß er, bestochen durch das Lob seines Favoriten Abbt, in Herder einen ähnlich geschmeidigen Unterhalter gefunden zu haben glaubte; eine Art ‹Wandelndes Lexikon› und ‹Lustigen Rat›, also einen gehobenen Hofnarren – das Predigeramt war ihm lediglich der Haken gewesen, an dem man die Berufung aufhängen konnte.

B.: Eine Möglichkeit, die Herder – ja; soll man sagen ‹leider› ? – nicht ‹nützte›. Unnütz jedoch, darüber nachzugrübeln : der eigentliche Grund, warum das, durchaus künstliche, Verhältnis nicht dauern *konnte*, lag tiefer; lag in Herders Jugenderlebnissen begründet.

A.: Denn man erwäge nur seinen kompromißlosen Antimilitarismus – wie hat er Lenz'ens ‹Soldaten›, nicht zum mindesten wegen derer grellen Wachtstubenszenen, begrüßt. Ein Mann, der über Preußen urteilte : »daß diese Staaten erst dann glücklich sein würden, *wenn sie aufgeteilt würden* !«, sah sich am Hofe eines Fürsten, der in seinem Lande den preußischen Militarismus noch weit überbot! – Ergo schreibt Herder bald genug an die Braut :

C. *(unmutig):* »Hier ist nichts als Wüterei, Armut und verschlossene stumme Pein: Soldaten entlaufen; Hauptleute schneiden sich die Hälse ab; Pfarren werden um Leihcapitale verkauft, damit man nur wieder Interessen stopfe. Und seit von meiner Reise das Gerücht geht, ist der Name ‹Pfaff› das Liedlein auf hoher darbender Tafel; unsere gute Gräfin, gezwungen und aus Not, uns auch fremde: Helfe Gott uns fort!«

B.: Aber wenn auch Herder, – eingeklemmt zwischen die »heiligen ennüyanten Amtssachen«, und das trostlose Schauspiel eines durch rücksichtslose Aufrüstung mit den neusten Waffen in Grund und Boden regierten Ländchens – sehr bald resigniert an ein neuerliches Entkommen denkt: *ein Gutes* hat seine Situation. Und es ist typisch, daß –, während Lessing kühl von Bäumen urteilen mochte: »*Die* gehören nun eben zu meinem Leben nicht.« – daß *Herder* nicht sein mag, wo kein Wald ist: heißt ‹Au=Tor› nicht im Grunde ‹Wiesen=Narr›? – Zunächst das schön=direkte Zeugnis der Brautbriefe ....:

C. *(träumerisch):* »Wir ritten voller Gedanken zurück, durch die schwarzen Kuppeln der Bäume. Es war Abend; die Sonne ging unter; und der Mond ging auf, im seidenen Nebel des Herbstes – der schönste Mond, den ich gesehen. Allemal, wenn wir auf einer steilen Höhe hinauf, oder einen finstern Wald, wo wir absteigen und das Pferd leiten mußten, durch waren, und sich dann mit einemmal eine Mondgegend, ein weites Strahlenthal, eröffnete, das in Dämmerung floß, war ich in einer neuen Welt. Und so, sprachlos und traumversenkt, kamen wir endlich auf halbem Wege ins Nachtquartier, aßen und schliefen. Morgens, vor Sonnenaufgang, sahen wir die Morgenröte.«

A.: Und nicht unfeine Gedichte entstehen in den Hügeln des Harl, und am Steinhuder Meer, (wo Fouqué später die unsterbliche ‹Undine› ansiedeln wird) ....:

C.: (weich & voll; getrost ein wenig katerhaft=miauend):
»Schönste Sommernacht!
Ich schwimm' in Rosen und blühenden Bohnen;
Und duftenden Hecken und Nachtviolen;
in tausend Düften –
– o, Natur!
Wo kenn' ich Deine Kinder all?
die Bräute alle,
die jetzt sich schmücken und lieben und paaren –
und feiern Brautnacht –
Schöne Nacht:
Wie die Schöpfung flammet und wallt!
Als ob der allanflammende Sonnenvater,
mit welcher Jugendinbrunst jetzt,
die Erd' umarmt –
Und der Himmel brennt:
dort Abendroth: Hier Morgenroth.
Um *meine* Sinn' ist Sommernacht!
Bin nicht zu denken hier – zu seyn; zu hoffen;
leben; und mich zu freun! –
Leben?: Allein?!
Und *allein* mich freun?
Niemand zu sagen, wie schön
im Sommerliebesbrande
Mutter=Natur, du seyst?! ...
Zauberlaube, wo seh ich Dich?
Und *um mich gegossen*
mein sanftes Weib:
Zauberlaube, wo seh ich Dich?!
Rosen= und Mondstrahl um Dich schwimmend,
und liebender Wachtelschlag;
Zauberlaub, und der Knabe hängt
an Mutterarm, an Mutterbrust;

ihr gleich das sanftere Mädchen ....

und ich?:

Zauberlaube,: wie bin ich allein.«

A. (resolut): Hohe Zeit also, daß Herder heiratet!

Trotz aller Bedenklichkeiten – er hatte nämlich hohe *Bücherschulden*, lesewütig wie jeder rechte Literat, und nur der Spießer vermag über den kuriosen Skrupel zu lachen: *es handelt sich ja schließlich um Handwerkszeug!* – nach langem gewissenhaften Zögern also, läßt er sich endlich – am 2. Mai 1773 – von Caroline heimführen: die ist voll ungestümer Zuversicht. Und ihm tut eine gesichert=kleine, ‹häusliche›, Existenz mehr als not: der Künstler hat in geistigen Bereichen Qual, Sorge, aufreibendste Erlebnisse, übergenug: *sein äußeres Dasein kann da gar nicht geregelt genug ablaufen; sein Wohnort nicht entlegen genug sein!*

B.: Übergehen wir also getrost das zwar – als Warnung! – belehrende, im Grunde jedoch bedauerlich instinktlose, Geklage Herders über seine heilsame Isolation: es ist doch viel zur Produktion Unschätzbares beisammen: leidliche finanzielle Sicherung; die erotische Fülle erster Ehemonate; dazu die nie wiederkehrende Kraft der dreißiger Jahre – wie Manchem wurde sie durch Krieg & Gefangenschaft sinnlos weggefressen! –

A.: Aus der Fülle jener Bückeburger Schriften nur die wichtigsten: die kleinen Anwendungen seiner historisch=genetischen Methode auf sein ‹Fachgebiet›, die Theologie. Etwa der Nachweis, daß in den Kanon der Bibel massenhaft »Lokaldichtungen« geraten seien; balladeske Stoffe wie »Simson«; oder gar handfeste erotische Volksliedchen – das sogenannte »Hohe Lied Salomos«, an dem sich die ratlosen Exegetiker schier um Sinn und Verstand allegorisiert hatten.

B.: Nun ist ‹Exegetik› ein scharmantes Hexen=, Fexen= und Eidexen=Wort; bedeutet Auslegung dunkler und widerspruchsvoller Stellen; und es ist für die gerechte Würdigung des Herderschen *Mutes* unerläßlich – rührend außerdem – sich kurz zu vergegenwärtigen, wie sich jahrhundertelang Tausende der bravst=gelehrtesten Männer quälten, nur um in manch dubiose Passagen etwas wie Menschenverstand hineinzuerklären.

A.: Da war die schöne Geschichte von Jonas und seinem Wal; dem schnurrigen altsemitischen Jägerlatein hatte man die scharfsinnigsten Hypothesen gewidmet,

a) daß Jonas, anläßlich einer Seereise über Bord gefallen, von einem andern Schiff, genannt ‹Der Walfisch›, aufgenommen worden, und 3 Tage an Bord=dort verpflegt worden sei.

B.: b) Oder, noch grotesker, aber in *vollstem Ernst*, wies der Helmstedter Professor, Hermann von der Hardt, nach: Jonas habe 3 Tage lang in einem Wirtshaus, genannt ‹Zum Walfisch› geherbergt; und sei am dritten Tage dann ‹ausgeworfen› worden ...:

A. (geheimnisvoll=ironisch): »Im ‹Schwarzen Walfisch› zu Askalon / da schlug die Uhr halb Vier –: / Da warf der Hausknecht aus Nubierland / den Fremden vor die Tür!«: das ist *auch* noch nicht literarisches Allgemeingut, daß Scheffel diese schönste exegetische Blüte pflückte, und also unter dem vorsichtigen Tarntitel »Altassyrisch« einen kompletten ‹Kleinen Profeten› in unnachahmliche Studentenverse brachte.

B.: In Anbetracht solch trauri–komischer (*nicht* »traurig=...«: ich *weiß,* was ich *schreibe!*) – – Balanceakte ist *Herders* Vorgehen ebenso revolutionär wie genial! In seiner »Ältesten Urkunde des Menschengeschlechtes« widmet er dem einen 1. Kapitel des 1. Buchs Mose *vier* Bände.

A.: In herrlich=weitschweifigem Aufbau, besten Polyhistorismus' voll! Übermütig; im Bewußtsein des Besitzes eines »Schlüssels«, an den noch Niemand gedachte – so neckt er den

Leser 3 Bände lang aufs anregendste damit, was dieser »Schöpfungsbericht« *nicht* ist; nicht sein *kann.* Ein unseliges Vorurteil – das freilich noch heutzutage immer wieder aufzuwärmen versucht wird – »in diesem sogenannten ‹Mose› einen, ja den größten, Naturkundigen zu finden«; das können nur Kinder & Narren erhoffen, und nur Betrüger & Fanatiker beteuern! *Weg* mit aller ‹Exegese› – sie ist letzten Endes Taschenspielerei; und könnte noch dahin führen, daß man uns dereinst Napoleon und seine 12 Marschälle als Mythenzyklus von Sonne und den Tierkreiszeichen offeriert. Als »Schöpfungsbericht« gelesen? »ein Drache der aus 99 Rachen Unsinn bellt«: Widerspruch über Widerspruch! .....:

C. *(befremdet):*

»Licht –: 3 Tage *vor* der Sonne?
Himmel –: ein Dach zwischen *Wassern und Wassern?*
Blumen und Kräuter da: *alles noch ohne Sonne?!* ......
Ich mag nicht fortfahren, kein Wort des Klugen und Unklugen wiederholen!
Aber – *(triumfierend): – Ich* rette sie durch Einfältigung und Entkleidung! Rücke, mein Leser, die simplen nackten Bilder selbst, wie sie folgen, näher zusammen – –: *Was siehest Du??*«

A. *(halblaut):* Und mit hinreißendem Feingefühl, in madreporisch=angemessener Sprache, tut er uns dar, wie er nicht umsonst 2000 Bückeburgische Morgenröten erfuhr – einer der gewichtigsten und frappantesten Belege aller Zeiten: *wie unerläßlich dem Schreibenden das Wohnen in ‹seiner› Landschaft ist!: Nur so* gewinnt man solche Erkenntnisse; nur so singt man sie ...:

C. *(lockend):* »Komm hinaus, Jüngling! Aufs freie Feld. Und merke:
Himmel & Erde: Siehe, wie sie noch zusammenvermischt um uns liegen: »Und die Erde war wüst und leer; Finsternis auf der Tiefe ....«

Und nun fühle den wehenden, *durch*wehenden Nachtgeist; den Schauer der tiefsten Frühe vor Tagesanbruch, wie er Meer, Baum, und Alles durchnimmt –: »Wehender Geist Gottes aus der Tiefe ....«
Noch ruhen die Vögel, das Haupt unter die Flügel gesenkt. Die Stadtwelt, die vielleicht niemals Morgen gesehen, liegt begraben. Selbst die frühe Lerche steigt noch nicht ..... lebender Wind nur. Und da!: der erste Lichtstrahl: »Licht! – Und's ward Licht ....«
Siehe: es sondert und läutert sich nieden die Erde! Wie sie sich in lichte und dunkle Massen teilet! Wie ein großes Gebirge sich gleichsam erhebt!
Nun unter Thau und Morgenstrahl *beblümt* – die Rose *öffnet* ihren Busen. Und die Nachtviole *schließt* ihre duftenden Kelche; der frühe Zephyr webt um die jungen *Pflanzenbräute* umher; und der junge Baum schauert.
Wie da nun überall weit umher die Natur webet: den zarten Flor Luft und Himmels da so sichtbar spinnet: der Himmel hebt und höhet; die dunklen Wolken träufeln ab; nebeln – es ist, als ob da Licht und Wasser kämpfen. Und da oben: wie schon die Bläue hervorgehet! Die schwimmende Luftläuterung vom tiefsten Grau zur schönsten lachenden *Wasser*bläue: »und schied zwischen Wasser *drüber*, und Wasser *drunter* ... !« – Wie jener Silbersee dort mit Lebendigem aufwebt: Fische spielen am Strahl der Sonne: »Auch die Erde gebiert ihr Lebendes allerlei Art. Thiere, Gewürm und Wild ...«.
Und nun; als Letztes; gehet auch aus *der Mensch* an seine Arbeit, und an sein Ackerwerk bis an den Abend! –: Vollendet: auch dieses Morgengemälde vollendet! / Auch der Verfasser, der das schrieb, konnte sein ‹epoiese› sagen: ihm erschiens! Ihm wards offenbart!: lebt und webt jeden Morgen!«

B. Der Morgengesang eines Arabers!: Auf hoher Düne stehend, an seinem Stabe gebogen, überschaut er den Wüstenkreis und seine Oase darin –: *das war eine Lösung!* / Und die schönste Rechtfertigung der Bibel zugleich: *ihr* danken wir, daß wir nicht völlig vergriecht und verrömert sind; sondern Zugang haben zu den Denkweisen des Vorderen Orients – vorausgesetzt, daß wir unbefangen wollen!

A.: Aber vergeblich, daß sich der mit dem ihm angemessenen Ort Unzufriedene, vermittelst solcher ‹Matinata› und dem schönsten ‹Belcanto› eine Professur zu Göttingen zu erschreiben gehofft hatte – die theologische Fakultät ließ sich mit nichten von Herders Wortsamum rechtgläubigen Sand in die Augen streuen; entschied vielmehr also …

B. (sich zuvor gravitätisch räuspernd): »Ä = Hemm. – –: Die ‹Älteste Urkunde› beispielsweise *versteht* die Fakultät nicht.
Scheint es zwar bedenklich, daß die Schöpfungsgeschichte darin im sensu allegorico genommen werde, so möchte man doch nicht gewiß urteilen, ob die gewöhnliche Lehre von der Schöpfung dadurch geleugnet werden solle, oder nicht.«

A.: Nichts hilft es, daß er bestürzt einen Band orthodoxester, ausdrücklich ad hoc geschriebener ‹Provinzialbriefe› hinterdreinschickt; nichts, daß er sich nach Göttingen sogar »der Kunst ein Schalk sein zu können, der die Schwächen seiner Fakultät mit so ziemlicher Art verbürge« rühmt – die Absicht, sich von Bückeburg »wegzuarbeiten« ist fehlgeschlagen. –
Aber während er noch verstört in seine Briefe schreibt: »Von hier *muß* ich weg; das ist Ja & Amen!« – kommt wieder die nächste große Orts = und Schicksalsveränderung: *eine* Stimme nämlich hatte Herders Buch enthusiastisch »ein mystisch = weitstrahlsinniges Ganzes« genannt, eine »in der Fülle verschlungener Geäste lebende und rollende Welt!«
Und der das schrieb, *Goethe*, war unterdessen in Weimar *das* geworden, was Herder im weiten Russischen Reiche hatte werden *wollen*: vorsichtig = allmächtiger Premier. Und der

längst schon dort ansässige Wieland hatte suggeriert: wie wär's, wenn wir uns den ‹Dritten Mann holten›? –

Auf der Basis irgendeiner Predigerstellung – hierzu hätte aber eben die Unbedenklichkeitsbescheinigung einer theologischen Autorität viel geholfen; und folglich kritzelt Goethe es hastig auf das Papier:

B. (hastig): »Anworte mir schnell: wie stehst Du mit dem Abt Jerusalem? Ein guter Brief von ihm würde viel tun. – Lieber Bruder, wir habens von jeher mit den Scheißkerlen verdorben; und die Scheißkerle sitzen überall auf dem Fasse. Der Herzog will und wünscht Dich; aber Alles ist hier *gegen* Dich. – Ich laß nit los, wenns nit gar dumm geht!«

A.: Welche Instinktlosigkeit Goethes! – Oder, wenn man will: *welch schöner Irrtum*, wie sie den jüngeren Goethe manchmal so liebenswert auszeichnen: daß er sich ‹den Lehrer› nach Weimar holen will! Nichts gefährlicher als das, wenn man mit 28, und längst selbständig, selbst*schöpferisch* im höchsten Sinne geworden, einen früheren Mentor herbeiholt; – zudem einen, von dem man aufgrund früherer Auftritte weiß, *daß es nicht in dessen Natur liegt – nicht liegen kann! – zu irgend einem anderen Lebenden hinaufzusehen!*

B.: Da ist sie, zunächst, gewiß, lustig zu lesen, die Goethesche Epistel in Knittelversen: »Wollen Euch nun bewillkommnen bass, / bereiten Euern Haushalt trocken und nass. / . . . . . : Ihr, der Ihr seid in unserm Gart' / eben wie der Messias erwart'. / Ihr habt darum ein schwarzes Kleid; / einen langen Mantel von schwarzer Seid; / ein Kräglein wohl in Saum gelegt, / das nun Keiner läng=breiter trägt. / Dürft auch den Mantel wie vor Zeiten / in Sack 'nein stecken vor allen Leuten. / Werd Ihr vom Fürsten dann ernennt, / Hofpred'ger General Superndent . . . .«

A.: Jaja, eben: There's the rub! Denn Herder gedachte nun wenigstens in dem kleinen Herzogtum kultusministerlich zu schalten; Schulen und Kirchen zu modeln / – der erste Zusammenstoß kam sofort beim Eintreffen, über der Nebenfrage, wo die Ministerfamilien beichten sollten. Herder, entschlossen, gerade zu Beginn nicht im Geringsten nachzugeben, machte seine Anstellung von dieser Geringfügigkeit abhängig; worauf Goethe und der Herzog zwar nachgaben; jedoch, ein erstes Mal verdrießlich und befremdet, von »verfluchter Pfafferei« sprachen: sie hatten gemeint, mit dem Wortführer des ‹Sturm und Drang› sich einen unschätzbaren Kumpan zu holen! Der sich hätte *freuen* sollen, wenn andere Prediger ihm die zeitraubende Mühe des Beichthörens abnahmen; damit er selbst, in leidlicher Muße, die scharmantesten Bücher schreiben konnte!

B.: Vom ersten Augenblick an – mit kleinen Windstillen dazwischen – steht das Verhältnis auf *Sturm!*: »Liebster Freund« gibt Herder an Müller in Schaffhausen zu Protokoll: »die Unzufriedenheit, die jetzt hier herrscht, ist nicht zu beschreiben: die besten Leute aus den Kollegien suchen heimlich anderwärts Dienste. *Groß und Klein verachtet und verflucht den Goethe!*«

A.: Wieland über Herder – und es sind *die Zwei*, die sich noch immer relativ am besten verstanden: »Ich habe nun meine Liebe und Gutherzigkeit, die in den Augen seiner Eminenz Schwäche ist, ganz ruhig wieder eingepackt. *Der Mann ist wie eine elektrische Wolke*: von fern macht das Meteor einen ganz stattlichen Effect; aber der Henker habe solch einen Nachbar über seinem Haupte schweben! ..... Ich möchte gleich ein Dutzend Pyrenäen zwischen ihm und mir haben!«

B.: Und ein prachtvoll scharfsichtiges Wort entfällt demselben Wieland, das eine ganze große Seite von Herders Wesen aufschließt: »Mich dünkt: bei allem, was der wunderbare Mann liest, fällt ihm immer zuerst ein, daß er's anders und besser gemacht hätte – was denn auch *wahr* ist. *(Gleichmütig = halblaut):* – Und auch wieder *nicht* wahr ist; wie man's nimmt.«

A.: Aus jenen Weimarer Zuständen, wie sie sich in speziösesten Details aus den vielbändigen Briefsammlungen nicht nur der Häuptlinge, sondern auch ihrer Clans, ergeben, sollte jeder lebende Literat sich mühelos *die* Grundregel für sein äußeres Dasein abstrahieren: *die Dauergesellschaft von Kollegen zu fliehen, wie die Pest!*

B.: Denn es ist eine Binsenwahrheit, daß *alle* Dichter, im bürgerlichen Sinne, zur Freundschaft unfähige, dazu launenhafte, im Umgang unzuverlässige und affenhaft=bösartige Subjekte sind: *Jeder* muß irgendwie im Leben seinen Zoll an Absurdität entrichten; und wenn's die Meisten tun, sobald sie ins Außerordentliche geraten – so werden's die Außerordentlichen eben im normalen Leben tun!

A.: Und *ist* es denn nicht auch schlechthin grotesk, *wirft* es nicht ein grausames Licht auf das »verfluchte Metier«, wenn Herder von seinen dreimal gewonnenen goldenen Preismedaillen der Berliner Akademie an Heyne – mit Ypsilon – schreiben muß .....

C. (bedrückt): »Könnten *Sie* mir vielleicht eine hilfliche Gelegenheit zeigen, die Münzen zu ‹versilbern›? Sie liegen da, und helfen mir nichts; die Lorbeerkränze auf ihnen noch minder. Meine Jungen haben sich satt gesehen an ihnen – und ich möchte *Geld* statt ihrer.«

B.: Einzig gut nur, daß Frau Caroline – feurig trotz 7 Kindern, und eine prachtvolle Partnerin – ihn beschäftigt und besänftigt durch Mit=Leidenschaft. Schiller hat es mokant berichtet ....

C.: »Herder und seine Frau sind beide stolz, beide heftig; und so stößt diese Gottheit zuweilen unter sich selbst aneinander. Wenn sie also in Unfrieden geraten sind, so wohnen beide abgesondert in ihren Etagen, und Briefe laufen treppauf, treppnieder – bis sich endlich die Frau entschließt, in eigener Person in ihres Ehegemahls Zimmer zu treten; wo sie eine Stelle aus seinen Schriften recitiert, mit den Worten: ‹Wer *das* gemacht hat, muß ein *Gott* sein: und auf den *kann* Niemand zürnen!› – Dann fällt ihr der besiegte Herder um den Hals, und die Fehde hat ein Ende.«

A. *(lächelnd):* Ein schönes Rezept; das ältere Schriftstellerfrauen den jüngeren insgeheim weitergeben sollten – es ist probat. Aber, so niedlich die schnurrigen Interieurs sich anhören: auf Frau Caroline liegt die Last eines Großhaushalts. Und gleichzeitig muß sie ihrem Mann alles=in=allem sein: erste Hörerin und Leserin; Korrespondentin & Korrektorin; fantasievolle Geliebte zwischenein, das versteht sich von selbst. *Wie* wichtig sie ist, bezeugt Gleim: um Herder zur Herausgabe der »Stimmen der Völker« zu bewegen, mußte man Frau Caroline gewinnen, daß sie den Gatten »triezte«: *und das half!* – Auch *eine* wichtigste Aufgabe hat sie noch ....

B.: die möglichst *jede* Künstlersfrau ihrem Mann abnehmen sollte. / Ist nämlich einmal eine große Leistung fertig geworden; liegt das Manuskript vollendet da; dann heißt es vom Künstler um eine Spur zu viel fordern, wenn er, erschöpft und betäubt, nun auch noch um ‹das Geld› für sein Werk feilschen soll: das kann nur zähneknirschend und mit größter Selbstüberwindung geschehen! Denn für ein Buch, das vielleicht noch nach Jahrhunderten immer wieder gedruckt und gelesen werden wird, ist die üblich=dürftige Entlohnung derart unzureichend, daß man im *rechnenden* Verleger nur den *knickernden* sehen *kann.*

A.: Also nimmt Frau Caroline dem reizbaren Gatten die schwierigen Verhandlungen mit Hartknoch in Riga meist ab. Aber trotzdem wird mit dem Heranwachsen der Kinder der Geldmangel ständig fühlbarer. Wieder erfolgt ein Ruf nach Göttingen; diesmal, gemäß Herders mit den Jahren immer steigender Berühmtheit, durchaus ehrenvoll, als *erster* Ordinarius für Theologie.

B.: Da jedoch der eigentliche Umzugsgrund – Aufgabe der Weimarer Superintendentur wegen ungenügender Besoldung – für den Herzog doch etwas *zu* schimpflich gewesen wäre, schloß man, unter Vermittlung und Beratung Goethes, einen neuen schriftlichen Vertrag – in ihm verpflichtete sich der Herzog, Herders Schulden zu bezahlen; seine Besoldung zu erhöhen; seiner Witwe eine Pension zu bewilligen; vor allem aber die Erziehungskosten für die Kinder zu übernehmen, und nach abgeschlossener Ausbildung für ein angemessenes Unterkommen zu sorgen.

A.: Also bleibt Herder in Weimar – und erfährt umgehend die in ihrer Art einzige Erfüllung eines deutschen Fürstenwortes: Um, zum Beispiel, die bewilligte *Gehaltszulage* zu finanzieren, greift der, dank seiner kostspieligen Liebhabereien stets in Geldnot befindliche, Herzog zu einem bemerkenswerten Mittel: er entläßt schlichtweg einen anderen Mitarbeiter des Konsistoriums, dessen eingespartes Gehalt nun zwar Herder bekommt – *zugleich aber auch dessen Arbeitslast*: welch sonderbare Art der Besserstellung!

C. (erbittert): »Kund und zu wissen sei es zugleich hiermit, daß ich die Musen beinahe abgedankt habe. Seitdem ich *Oberconsistorialrathsvicepräsident* bin – gebe ich Bescheide, Resolutionenauflagenweisungen; mache unterthänigste Berichte, freundliche Communicate, vor allen Dingen aber stattliche Rescripte; halte Termine, trenne Eheverlöbnisse und Ehen; erkläre sie für Null & Nichtig; hebe sie quoad vinculum oder zu Tisch und Bett auf; mache Regulative undsoweiter ...«

B.: Kurz, er wurde bald der Überzeugung, daß ihm »ein schändlicher Betrug gespielt« worden, daß er »in die Hände der filous gefallen« sei.

Denn auch die versprochene Versorgung der Herder*kinder* geschah auf recht eigenartige Weise: da wird etwa der Sohn Adalbert auf eines der herzoglichen Güter, in eine ganz untergeordnete Verwalterstellung, abgeschoben – mit der verlokkenden Aussicht, es dort einmal bis zum *Pächter* bringen zu können – freilich noch mit *der* kleinen Auflage, *daß er zuvor die Witwe seines Vorgängers heirate!* – Welch schwefliges Licht wirft nicht dieser einzige Zug über die Verhältnisse am ‹Musenhof zu Weimar›, den Stolz aller wohlsituierten Deutschen!

A.: Und Goethes Verhalten wird je länger je dubioser: hatte sogar der Herzog beabsichtigt, Herder auf seine Italienreise eine Geldunterstützung nachzuschicken – so war es *Goethe*, der die, endlich einmal zum Geben geöffnete, Hand zurückhielt; mit der superklugen Begründung: Herder werde binnen kurzem die Summe *noch nötiger* brauchen!

B.: Natürlich hatte der Herr Geheimrat ‹recht›: Herder geriet unlängst in *noch* unangenehmere Verlegenheiten!
Aber wie *wäre* es denn gewesen, wenn Goethe, – im Interesse nicht nur der deutschen Literatur; nicht nur einer alten, freilich längst zergangenen, Freundschaft, nein: *simpel in menschlichem Interesse!* – ‹andersherum› räsonniert und empfohlen hätte: der Herzog wird *immer* wieder mal Geld haben: ‹Los! Schick' den Betrag nach Italien; in Zukunft wird wieder Rat werden!› –

A.: Es wurde *kein* Rat! In immer steigender Erbitterung – zu stolz, täglich zu antichambrieren und zu betteln: hatten sie es denn nicht schriftlich?! – warteten die Herders; *warteten* – Und es geschah?: – – –: nichts. Warteten; – bis endlich eine bescheidene Bitte Herders um ein »Darlehen« vom Herzog, und eiskalt, *abschlägig* beantwortet wird – da bricht der Sturm los!

B.: Frau Caroline leitet die Transaktionen, jenes alte schriftliche Versprechen zu realisieren: sie sendet das inhaltsschwere Blatt der Herzogin; sie, die sehr wohl weiß, daß ohne Goethe nichts durchgesetzt werden kann, setzt diesen in Kenntnis – und es beginnt eines der ekelhaftesten Schauspiele in der an solchen so reichen Alterskarriere Goethes.

A.: Caroline wird – und mit vollstem Recht, – durch fürstliche Witze, wie die mit der Heirat der Pächterswitwe, in die äußerste Aufregung versetzt! Die zärtlichst=leidenschaftliche Mutter und Gattin sieht die prekäre Lage ihrer Familie: sieben Kinder; dazu den fast=verbrauchten Mann – und sie überwindet sich; und schreibt an Den, der ihr seit Jahren am meisten zuwider geworden ist, *an Goethe*, einen – auch heute, nach 170 Jahren noch – nicht ohne peinliche Erschütterung zu lesenden Brief ...:

C. (leidenschaftlich=beschwörend): »Bitte!: Erinnern Sie sich doch mitfühlend, daß *Sie* das Instrument des Herzogs bei jener Unterhandlung gewesen sind! Dulden Sie nicht, daß der Herzog sein Versprechen so schnöde *brechen* will. Hier ist es Ihre *Pflicht*, des Herzogs Ehre und Moralität zu retten. Wo*durch* hat mein Mann diese Treulosigkeit verdient?! Lassen Sie uns nicht aufs *Äußerste* bringen, ich *bitte* Sie *dringend:* ich kann *beweisen*, daß mein Mann seine große Krankheit durch die anhaltende Arbeit im Consistorium bekommen hat: wer bezahlt uns *diesen Verlust?!* Ich bitte Sie um Gottes willen: *retten* Sie Ihre und des Herzogs Ehre! Ich habe lange *genug* geschwiegen. Wir brauchen: *Geld!!* und *müssen* es vom Herzog erhalten: *er ist es uns schuldig!!!*«

B. (in abfallend=nüchternem Tonfall): Und dagegen – auch heute, nach 170 Jahren noch, *peinlich* zu lesen – die pendelschlägige Geheimratsantwort, in *dreizehn Punkten* –: mit *weniger* war er doch nicht ausgekommen! –

A. (sachlich): Wie sehr man sich auf dieser Seite im Unrecht wußte, ergibt die einfache Tatsache, daß nun endlich der Herzog zu zahlen begann – aber erst mußte er eine solche Szene abwarten, ja?! / Schade, daß die Affäre nicht weitere Kreise zog – Herder wäre der Mann gewesen, die Fakten zu veröffentlichen .....

C. (fraulich erbittert): »Wenn Sie wüßten, welche *Nieder*trächtig-

keiten wir an unserm Teil erleben müssen – mein Mann weiß davon das wenigste; es ist nur mit *mir* verhandelt worden – Sie würden sich wundern! Oh, wie würden Sie sich über *Goethe* wundern! Ein jeder Tag zeugt *neue* Niederträchtigkeiten; und die Stirnen werden immer *frecher!* –
Der hat Vieles auf seiner Seele; aber *ihn* kümmert nichts!«

B.: Was Wunder, wenn Herder im Unmut ganz Weimar eine »gespenstervolle Einöde« nennt. Und was *er* denkt, lesen wir, hohlspiegelartig vergrößert, unüberhörbarer, in den beigelegten Zeilen der *Frau*: »*Mehr* als Gespenster: *boshafte Tiere sind um uns!*«: *unschätzbar eine solche Frau!*

A.: In erbitterte Isolation gedrängt, von amtlichen Routinearbeiten überfordert, ermöglicht es seine – dem Normalmenschen unvorstellbare – Arbeitsfähigkeit, daß er trotzdem Buch auf Buch vorlegt. Freilich lebt er in einer fortwährenden Verschwendung seiner Nerven= und Geisteskraft, wie wir sie ähnlich auch bei Lessing sehen – Politiker freilich werden 80 und mehr; ein Vergleich, der seltsame Rückschlüsse auf dergleichen Berufe zuläßt.

B.: *Eines* allerdings: der Akzent liegt dabei *nicht* auf jenen 10 Bänden, wo er, in gekonntester Kanzelberedsamkeit, also anhebt:

C. (warm; aber immer mit der Distanz des Hirten zu seiner Herde):
»Eine schöne Menschenseele finden, / ist Gewinn.
Ein schönerer Gewinn ist, / sie erhalten.
Und der schönst' und schwerste, sie, die schon verloren war, zu retten:
Sankt Johannes, aus dem öden Pathmos / wiederkehrend,
war, was er gewesen, seiner Herde Hirt.
Er ordnet ihnen / Wächter auf ihr Innerstes aufmerksam.

In der Menge sah er einen schönen / Jüngling;
fröhliche Gesundheit glänzte / vom Gesicht ihm,

und aus seinen Augen / sprach die liebevollste Feuerseele:
»Diesen Jüngling,« sprach er zu dem Bischof, »Nimm in
Deine Hut.
Mit Deiner Treue / stehst Du mir für ihn! – Hierüber
zeuge Mir und Dir vor Christo die Gemeine.«

Und der Bischof nahm den Jüngling zu sich; /
unterwies ihn, sah die schönsten Früchte / in ihm blühn,
und weil er ihm vertraute, –
ließ er nach von seiner strengen Aufsicht.

Und die Freiheit war ein Netz des Jünglings.
Angelockt von süßen Schmeicheleien / ward er müßig;
kostete die Wollust;
dann den Reiz des fröhlichen Betruges;
dann der Herrschaft Reiz' – er sammelt um sich
seine Spielgesellen, und mit ihnen / zog er in den Wald –
ein Haupt der Räuber! – –

Als Johannes in die Gegend wieder / kam;
die erste Frage an ihren Bischof / war:
»Wo ist mein Sohn?« –
»Er ist gestorben«, sprach der Greis und schlug die Augen
nieder.

»Wann und wie?!« –
»Er ist Gott abgestorben. Ist mit Thränen sag ich es – ein
Räuber.«
: »Dieses Jünglings Seele«, sprach Johannes, »fordr' ich einst
von Dir! –
Jedoch: Wo ist er?«
»Auf dem Berge dort.« –: »Ich muß ihn sehen!«
Und Johannes, kaum dem Walde nahend, ward ergriffen:
eben dieses wollt' er.

»Führet«, sprach er, »mich zu Euerm Führer.«
Vor ihn trat er! – – Und der schöne Jüngling / wandte sich;
er konnte diesen Anblick / nicht ertragen! –

: »Fliehe nicht, o Jüngling. / Nicht, o Sohn, den waffenlosen Vater, einen Greis. Ich habe Dich gelobet / meinem Herrn, und muß für Dich antworten. Gerne geb ich, willst Du es, mein Leben / für Dich hin. Nur fortan Dich verlassen / kann ich nicht: ich habe Dir vertrauet. Dich mit meiner Seele Gott verpfändet.«

Weinend schlang der Jüngling seine Arme / um den Greis; bedeckete sein Antlitz / stumm und starr; dann stürzte statt der Antwort aus den Augen ihm ein Strom von Thränen.

Auf die Kniee sank Johannes nieder;
küßte seine Hand und seine Wange;
nahm ihn neugeschenket vom Gebirge;
läuterte sein Herz mit süßer Flamme:
Jahre lebten sie jetzt unzertrennet / mit einander;
in den schönen Jüngling / goß sich ganz Johannes schöne Seele. – –

: Eine schöne Menschenseele finden, / ist Gewinn.
Ein schönerer Gewinn ist, / sie erhalten.
Und der schönst' und schwerste, sie, die schon verloren war, zu retten!

A. *(nicht ungerührt; aber unbestechlich):* Also *dergleichen* ist bei Herder *nicht* das Entscheidende: das mag stärkend und kompaßhaft=rechtweisend für die Gemeinde sein; *wir, allein in tiefer Nacht*, haben der Wirkung auf die steppenwölfisch=*Einzelnen* nachzugehen!

B.: Und auch auf seinen Übersetzungen – er hat viel »in sein geliebtes Deutsch *geraubt*« – liegt kein Akzent. So wortreich auch die Anhänger seinerzeit den ‹Cid› begrüßen mochten, die Palme in solcher Richtung gebührte weit eher der ‹Terpsichore›: denn die Geisteshaltung des Dreißigjährigen Krieges ist – oder sollte es doch sein – die unsrige!

A. (einschränkend): Obwohl es sehr bezeichnend, und dem Fachmann ein ganz eigenes Studium, ist: Herder in der *Mitte* zu sehen, zwischen den rasselnden Zyklopenübersetzungen, den exakt auf dem Amboß geschmiedeten, des Johann Heinrich Voss – und den überglatt geleckten der Pseudoromantiker à la Schlegel.

B.: Viel wichtiger für uns sind Herders *positive* Leistungen – etwa wenn er, adlersicheren Blicks, unwankend im gräzisierenden Getue der Dioskuren, für die Literatur *die Forderung der Wirklichkeitsnähe* verfocht! – Was denn freilich den Bruch mit Goethe=Schiller arg beschleunigte und erleichterte: die ‹Braut von Messina›?: Man kichere!

A. (hitzig): Hermann & Dorothea – *das eine Flüchtlingsgeschichte?* Wer könnte darüber besser urteilen, denn *wir, die ‹Umsiedler›?* Ich weiß kein Beispiel auseinanderklaffenderer Divergenz zwischen erschütterndem Thema und enttäuschend=gartenlaubiger Versifizierung: In *Hexametern*, in großonklig=schmerbäuchigen Daktylen! In dieser behäbigen, undulatorischen Manier Szenen nicht=besungen, wo, wir Heutigen wissen es genau, Herz & Körper alle 100 Meter stehen bleiben!

B.: 20 Jahre *früher* hatte er sich selbst noch über die gemästete Zuschauer=Attitüde lustig gemacht: »Nichts Bessres weiß ich mir an Sonn= und Feiertagen .....«: im Alter *verriet* Goethe Menschheit & Realität!

A.: Und – 60 Bände Herder!: wir nähern uns dem innersten Geheimnis – seine »Ideen zur Filosofie der Geschichte der

Menschheit« regten seinerzeit gefährlichste Bedenken an. Denn schon die *Überschriften* der einzelnen Kapitel projizieren je 1 Programm:

C. *(dekretierend):* »Unsere Erde ist 1 Stern unter Sternen. Unsere Erde ist einer der mittleren Planeten.
Unsere Erde ist eine Kugel, die sich um sich selbst, und in schiefer Richtung gegen die Sonne bewegt.
: Sie ist mit einem Dunstkreis umhüllt; und *im Konflikt* – ‹Gravitation› gleich Konflikt! – mehrerer himmlischer Körper.
(Darwinistisch herausfordernd): Der Mensch?: ist ein Mittelgeschöpf unter den Thieren der Erde!
Was ist ‹Klima›? – Und welche Wirkung hat's auf die Bildung des Menschen an Körper und Seele?«

B. *(gleichschenklig=kühler):* Nicht, daß Herder als *Erster* dergleichen Gesamtschau unternommen hätte: *vor* ihn ist noch der, von ihm sehr wohl gekannte, Happel mit seinem ‹Mundus mirabilis tripartitus› zu schalten. Aber danach, kommt Humboldts ‹Kosmos› von Herder her; und Ritter; oder Konrad Mannert, mit seiner 14=bändigen ‹Geografie der Griechen und Römer›.

A.: Äußerst wichtig – obwohl nicht folgenreich: das gibt es; leider – Herders Streitschriften gegen Immanuel *Kant*: gegen den sich bei den bedeutendsten Mitlebenden sofort, wie instinktiv, die schärfste Opposition erhob. Klopstock und Wieland aufschrien öffentlich gegen die »neukappadozische Sprache; diesen Stein= und Gewürmregen«!

B.: Und hatten Jene schon ewiges Recht; so war Herders Angriff noch weit tiefsinniger. Obgleich es sich um den geliebten Lehrer seiner Jugend handelte ....

C. *(erregt):* ».... Mein Erdenblick ward hoch: ER gab mir *Kant*!
.... und weiß beglänzet sah
ich Tempes Musentänze; schwang den neuen

den güldnen Hut – und hörte *Kant* ! Und wagte
mit halber Zunge ein neues Lied ....«

A.: Wenn sich der geliebte Lehrer im Alter *verirrte?* Dann greift Herder ein: er verteidigt das Recht der Erfahrung gegen einen Diktator, der

»von dem unzulänglichen Material, das die dürftigen Sinnesorgane des Lebewesens eines Kleinplaneten liefern, behaupten will, es handle sich um die Baugesetze des Weltalls!«

Welche Ergebnisse wären möglich geworden, wenn Herder besessen und zu benützen verstanden hätte: 1 Logarithmentafel; 1 kleines Spiegelfernrohr; 1 Mikroskop!

B.: Und auch *so* schon: was für Finessen sind nicht ebensowohl in die ‹Metakritik› wie in die Unzahl seiner kleineren Abhandlungen eingeflossen! Etwa wenn er die Grenzen der menschlichen Erkenntnis auch durch die Grenzen der sprachlichen Möglichkeiten zu messen dringend empfiehlt – eine Stelle, auf der 100 Jahre später Nietzsche aufbaute, in ‹Über Wahrheit und Lüge im außermoralischen Sinne›; Beide echte Vorläufer Wittgensteins.

A.: Wie erstaunlich, wenn Herder, auf Grund ärmlichster Daten noch, in der bedeutendsten Stelle der ‹Kalligone› die ganze Theorie des »An sich Schönen in der Natur« entwickelt – eine Lehre, die dann erst Haeckel durch seine ‹Kunstformen der Natur› ausführlich dargestellt, und uns zum Nachdenken hinterlassen hat: eigentlich hätte doch nichts als das, technisch relativ einfach zu lösende, Problem des Schwebens im Salzwasser vorgelegen; und wie damit die geheimnisvoll=überwältigende Fülle der Radiolariengestalten zu vereinbaren sei: ob da nicht ein noch ganz undurchschautes ‹Formprinzip› in der Natur vorliege?

B.: Und dennoch: *es wird einem nie wohl bei der Lektüre Herders!* – Während bei Lessing keinerlei Zweifel aufkommen: ein Mann wie ein Fels! – beschleicht prompt noch heute jeden unbefangenen Leser bei Herder ein zwiespältiges Gefühl: *man kann jederzeit Herder durch Herder widerlegen!*

A.: Einerseits bittet er Lessing, doch ja *alle* ‹Wolfenbütteler Fragmente› zu edieren – was ihn dann später, als Lessings nachgelassener Briefwechsel herauskommt, »möglicher Mißverständnisse willen« maaßlos ängstigt: Wir erleben bei Herder das unselige Beispiel ‹doppelter Buchführung›.

B.: Und ich meine damit eben nicht Dinge wie – daß er einerseits sich in den ‹Stimmen der Völker›, diesem Luftgeistertanz um den Turm zu Babel, zum Dolmetsch und Anwalt aller Rassen macht; und gleich darauf zu schreiben über sich gewinnt .....:

C. (bedrückt=unwohl): »Der *verstümmelte* Lappländer; der *affenmäßige* Neger; das *Nachtgespenst* von Albino; und die *Sandauster* von Neuholländer. / ... *Zigeuner und Türken?:* sind zu nutzbringender Arbeit anzuhalten; *oder sie müssen das Land räumen!*«

A.: Dann muß man natürlich die Stirn falten – aber dergleichen ist letzten Endes um des lieben Effektes willen geschrieben; etwa wenn er die Schönheit einer Venusstatue durch Konfrontierung mit einem Hottentottenweib überdeutlich machen will. / Weit unangenehmer aber – weil decouvrierend, und das noch gewichtigere Folgende instruktiv vorbereitend – berührt Herders Verhalten in der berühmten ‹Ossian=Affäre›.

B.: Die Hälfte seiner ästhetischen Theorien, seiner Beispiele und glänzenden Analysen, war auf die *Echtheit* Ossians gebaut. Er konfrontierte und parallelisierte ihn mit Homer; dem »Röslein auf der Haiden«; dem Wesen der Dichtung schlechthin; zog historische Vergleiche; gab ethnologische Charakterbilder: alles vermittels Ossian.

A.: Freilich setzt er auch sonst einmal neben alte wendische Hochzeitslieder Claudius' »Der Mond ist aufgegangen« – und tat recht!: *aber:* er hätte schon daran erkennen sollen, daß der *neue* Schlüssel ebensogut das Wesen der Poesie aufschloß, wie der *alte.*

B.: Das Bedenkliche ist, daß er 30 Jahre lang weiter mit der Echtheit Ossians arbeitete – höchstens einmal sich flüchtig=täuschender Wendungen bediente, »mögen diese Lieder nun alt oder neuer sein«, ausdrücklich zum *Darüberhinweglesen* eingeflochten – obwohl er seit 1775, durch den englischen Major Harold, *wußte,* daß es sich bei Ossian, mit 90 %iger Gewißheit um eine Fälschung handele! Mit allem Aufwand an psychologischem Geschick ist es nicht möglich, ihn vom Vorwurf – gelinde gesagt – der *Doppelzüngigkeit* freizusprechen: er ertrug, er vermochte in sich auszutragen, viele Legierungen von Lüge & Wahrheit.

A.: Und alles beginnt auf einmal, sich wie verzerrende Spiegel gegeneinander zu stellen: berichtet nicht gedrückt Jean Paul, der uns überhaupt die signifikantesten Konfessionen Herders erhalten hat:

C. (kummervoll): »Von seinen eigenen Werken sprach er mit einer solchen Geringschätzung, die einem das Herz durchschnitt, daß man kaum den Mut hat, sie zu loben: er will nicht einmal die ‹Ideen› fortsetzen. *‹Das Beste ist, was ich ausstreiche›, sagte er: weil er nämlich nicht frei schreiben darf!* – Abends aß er, wie wir Alle.«

B. (mit schwerem Nachdruck): Der »*Erzbischof von Weimar*«, wie man ihn in Rom präsentierte. – Aber man stelle sich solch ein furchtbares Bändchen »Herausgestrichenes« intensiv vor: was für Delikatessen mögen uns da schon verloren gegangen sein! *Nicht* nur bei Herder: bei *Allen*; setzen Sie getrost den Namen Ihres Lieblingsschriftstellers ein! –
Welcher Art speziell das *Herder*sche »Herausgestrichene« gewesen wäre, ergibt sich aus der düsteren Äußerung, die er am 8. Januar 1797 gegen Böttiger tat ....:

C. (finster): »Jeder Mensch sollte bei seinem Tode geschrieben hinterlassen, was er eigentlich immer für Possen oder Puppenspiel hielt; aber aus Furcht vor Verhältnissen nie laut dafür erklären durfte: wir Alle haben solche Lügen des Lebens um und an uns; und es müßte wohl tun, sie wenigstens dann auszuziehen, wenn wir den Todtenkittel anziehen.«

B.: Worauf der Magister Ubique gefällig erwiderte: Jaja; der englische Bischof Hunt habe sich *auch* durch ein posthumes Schriftchen *als vollkommenen Skeptiker* bekannt! – *(Betroffen):* Sollte es *das* gewesen sein, worüber Herder in der einleitend angeführten Stelle von ‹Tithon und Aurora› als *»Über den Selbstmord des Feinsten«* klagte? –

A.: Denn es bleibt uns zu untersuchen: die Stellung des Herrn Generalsuperintendenten zum Christentum! –
Trotz aller Gegenversicherungen seines Biographen Haym, dem schlechthin *Alles* vereinbar scheint, befremdet den vorurteilslosen Leser eine Fülle merkwürdigster, immer wieder hochkommender, Geständnisse. Schon 1772 schreibt er an seine Braut: »er habe weiter nichts Pastorales, als vorne einen Kragen und hinten ein Mäntelchen.«

B.: Oder er rühmt ihr ‹Minna von Barnhelm› und die »Mannheit« Tellheims, »die freilich unsere *gemeinen christlichen, feigen, heuchlerischen Seelen nicht* haben.«

A.: Wie befremdlich, wenn Herder zu Weihnachten 1784 an Frau von Stein Spinozas ‹Ethik› sendet; mit Begleitversen, die besagen, *daß dies die eigentliche Bibel, und Spinoza der Heilige Christ sei.* Wie denn Herders Spinozismus am unverhülltesten aus dem Briefwechsel mit Jacobi hervorgeht, in Formulierungen, die eigentlich kein Deuteln gestatten .....:

C.: »Ich ergreife endlich eine Stunde, Ihnen nichts als ‹en kai pan› zu schreiben, das ich schon von Lessings Hand in Gleims Gartenhause selbst las, aber noch nicht zu erklären wußte: *siebenmal* würde ich sonst mein ‹en kai pan› daruntergeschrieben haben!« –

B.: »Einen extramundanen Gott kenne ich nicht!« heißt es weiter; und noch klarer ist Herder, für Jeden, der zu lesen versteht, mit seinem Credo in den ‹Gesprächen über Spinoza› herausgegangen, aus denen zu entnehmen ist, daß er – zumindest im Juni 1800 – die Persönlichkeit und Außerweltlichkeit Gottes verneinte; ebenso den Freien Willen; und nicht minder die persönliche Fortdauer nach dem Tode. »Es gibt keine andere Unsterblichkeit als Palingenesie!«

A.: Eine andere Gruppe von Äußerungen sei mit einem der unschätzbaren Aufhebsel eingeleitet, die Frau Caroline uns in ihrer Unschuld hinterlassen hat:

C. (unbefangen): »Wenn in Gesellschaft manchmal von der Gefangenschaft auf einer Festung die Rede war, sagte er scherz= und ernsthaft: ‹Ich preise den Gefangenen glücklich, wenn er ein gutes Gewissen hat, und sich zu beschäftigen weiß: *mir* könnte man keinen größeren Dienst erweisen, als mich einige Jahre auf eine Festung zu setzen, mit der Erlaubnis arbeiten zu dürfen, und die notwendigen Bücher zu haben – ach, ich bin des Treibens unter den Menschen so satt!: Wenn ich mein eigener Herr wäre, ich würde mich wo einschließen, und eine zeitlang *ausschließlich mit Naturwissenschaften* beschäftigen.›«

B.: Jeder Psychologe wird solche Sehnsucht nach der ‹Freiheit der Zelle› unschwer zu deuten wissen. Bezeichnender aber noch das Bekenntnis zu den Naturwissenschaften: schon früh hatte er einem Freunde, dem kleinen Astronomen Graf Hahn gegenüber, bedauert, wie er so gar keine Kenntnisse der Höheren Mathematik besitze. Immer wieder stößt man auf Notate, wie: »Könnten nicht Gedanken aus Bewegung der Materie entstehen?«

A.: Kein Zweifel; Schiller mochte, zumal im Jahre 1787, so unrecht nicht haben, wenn er an Körner schrieb: »Herder neige sich äußerst zum Materialismus; ja, hänge eigentlich von ganzem Herzen an diesem.«

B.: Seine ‹Ideen› setzen – worüber die eine Gruppe seiner »Freunde« sogleich weh aufschrie! – gar nicht mit Gott und der Schöpfung ein; *sondern mit der Beschreibung des Planetensystems,* und fysikalisch=geografischen Angaben. Und Goethe schreibt ihm sogleich diesen Dankbrief....:

C. (kalt; sachlich): »Das Christentum hast Du nach Würden behandelt: ich danke Dir für mein Teil. Ich habe nun Gelegenheit, es von der *Kunstseite* näher anzusehen: *und da wirds auch recht erbärmlich. Es bleibt wahr: das Märchen von Christus ist Ursache, daß die Welt noch zehntausend Jahre stehen kann, und Niemand recht zu Verstand kommt.*«

A.: Ganz abgesehen davon, ob Goethe Recht mit solcher Behauptung hatte – *zumindest* ergibt sich daraus, daß man *auch diesen Sinn* in Herders Buch finden, und ihm, darüber hinaus, das auch ungescheut schreiben durfte!

B.: Denn *das* hätte seinem getreuen Schildknappen, Haym, doch schwer zu denken geben sollen, daß trotz der – meist wacker orthodoxen, zum Teil sogar fanatischen – 18=bändigen Abteilung »Religion & Theologie« in Herders Werken, bereits sämtliche Zeitgenossen seiner Art zu denken und zu schreiben *instinktiv mißtrauten.* Es war nicht von ungefähr, daß die Konsistorien von Göttingen und Weimar immer wieder Examina und Probepredigten verlangten: man erkannte in kirchlichen Kreisen sehr wohl, daß man mit den schönsten Herder=Stellen ebensogut zu einem persönlichen Christengott, wie zum gnostischen Pantheismus, oder gar zum nackten Materialismus gelangen konnte – ihnen war, und mußte er sein: ein poetisch=fantastischer Ketzer, mit dem man unermüdlich die diskretesten Engelsrippenstöße zu tauschen hatte.

A.: Nicolai hatte gar nicht Unrecht, wenn er spöttisch an Merck schrieb: »Also Herder will in Göttingen Orthodoxie vortragen?: Das ist Geld wert!! / Wenn ich mir vorstelle, wie er mit Walch über Theologie redet – so müssen sie Beide, als 2 Auguren, übereinander lachen.« Sehr wahr: der schwankende Dämmerungston, die kühnen täuschend=umhüllenden Sprachkünste konnten – und können – einen einfältigen ehrlichen Kerl schon zur Verzweiflung treiben: man kann Herder nie als Eideshelfer für eine Meinung zitieren: *sein Zeugnis ist völlig irrelevant!*

B.: Und war er den Alten zu freigeisterisch, so den Jungen nicht freisinnig genug: »Daß doch Herder nicht deutlich, nicht simpel schreiben kann!« grollte Goethe: »Wenn er so ganz offen und ungekünstelt schriebe, er wäre ein trefflicher Mann.«

A.: An Hamann ging der Brief, der unwiderleglich dartut, wie Herder – *zumindest zuzeiten!* – über seine Amtstätigkeit dachte .....:

C. (in schwerem Mißmut): »Eingeklemmt in das einsame Wirrwarr und geistige Sisyfus=Handwerk, in dem ich hier lebe, ermattet man an allem, und nimmt zuletzt an sich selber nicht mehr Teil. Die Kirchmauer, die gerade vor mir steht, *scheint mir unaufhörlich die wahre Bastille*; und ich habe von jeher mein Haus – groß, verschnitzelt, unbewohnbar; und, wo es bewohnt wird, eingeklemmt und drückend – als das wahre Symbol meines Amtes angesehen: es ist und bleibt doch immer ein elend Leben, sich früh auf die hölzerne Folterbank zu spannen, und unter dem alten sächsischen Dreck zu wühlen.«

B.: Das ist wahrlich kein beneidenswertes Los, wenn man – zumindest *zuweilen* überzeugter Spinozist – den Bonzen spielen muß; den Lama, den Muezzin, den Medizinmann – oder gar, wenn man eben seinen materialistischen Tag hat!

A.: Und nichts verständnisloser bei solcher Situation, als das Haym'sche ‹Gegenargument›, das er womöglich tatsächlich als ‹Beweis› angesehen hat:

C. (überlegen=selbstzufrieden, eunuchoid): »*Was in aller Welt*, – wenn Herder sich eines Abfalls von der Kirche, des Widerstreits gegen den in dieser enthaltenen Schatz religiöser Wahrheit bewußt gewesen wäre –: *was hätte ihn wohl gezwungen*, sein Glaubensbekenntnis so offen und breit zur Ausstellung zu bringen?!«

B.: Woran sich dann, in amüsantester ‹Logik›, die Folgerung knüpft, à la: ‹Er hat aber sein Amt *nicht* niedergelegt; *also* . . . . .›! – das heißt, einer Absurdität die zweite nachschicken. Wahrlich, die Weltfremdheit – um keinen härteren Ausdruck zu gebrauchen – mit der zuweilen von Professoren Literaturpsychologie getrieben wird, ist wahrhaft putzig. *(kopfschüttelnd wiederholend):* »Was in aller Welt hätte ihn wohl gezwungen??« – *(eindringlichst=beschwörend): Sieben Kinder: bitt' Euch!!!*

A.: Dazu 1 kranke *Schwester*, die 4 lange Jahre hindurch kostspielig zu Tode gepflegt werden mußte. Ein bescheidener *Aufwand* war auch noch zu treiben, von Amts nicht minder als von Rufs wegen: Einen solchen acte gratuit, wie etwa pathetisch=öffentliche Amtsniederlegung, auch nur zu *denken* – dergleichen Forderung schreibt sich freilich 100 Jahre später leicht am literarischen Kontorschemel nieder! *Doppelt* absurd, sie von einem verbrauchten, zuschanden geschriebenen, Fünfundfünfzigjährigen zu erheischen; einem Alter, in dem man längst Diät ißt und spricht.

B.: Aber nicht minder falsch, als solch Haym'scher ‹Beweis der Rechtgläubigkeit› ist die diametral entgegengesetzte Hypothese Hettners: Herder sei sein ganzes Leben lang, pausenlos, religiöser Heuchler & Gleisner gewesen; und an der Tragik, seine Überzeugung um's liebe Brot verleugnen zu müssen, langsam zugrunde gegangen: denn, immerhin, 21663 Tage hielt die Körpermaschine aus – solch verfeinerte Angabe ist vorzuziehen dem groben ‹59 Jahre›. Der anstrengendste Todeskampf stand ihm bevor: 2 Monate lang verdrehte er sich in der Matratzengruft; 2 Monate lang erbat er vom Arzt=Sohn sein lebenslängliches Opiat: »1 großen Gedanken: bitte!« –

Am Sonntag = Morgen, den 18. Dezember 1803, setzten Hirn & Herz aus. –

A.: Die »Wahrheit« – in Anführungsstrichen: das heißt, soweit sie ein selbst praktisch Schreibender zu erspüren vermag; ein solcher ist in Fällen, wie der vorliegende, am zuständigsten! – die Wahrheit liegt nicht einmal in der Mitte. – Denn es war *nicht* der ständige Widerspruch von äußerstem Amt und innerster Überzeugung; und *nicht* schuld waren – *(sorgfältig banal):* »Die Hämorrhoiden, an denen er vorzüglich litt« – obwohl das einen Menschen durchaus verrückt machen kann! – also das ist es *nicht* gewesen, was Herders Gedankengänge so quellend = ungreifbar, viskosig = vielfädig, seine Ausdrucksweise dunkel, gedrängt, verschlüsselt, immer = mehrdeutig macht: *nicht* die eiskalte Technik des Berufsheuchlers war es, die ihm Sprache & Sinn verstellte.

B.: Goethe hat bereits – unnötig verwundert – das Faktum erstaunt festgehalten: »Herder konnte einen bitter auslachen, wenn man etwas mit Überzeugung wiederholte, *welches er kurz vorher als seine eigene Meinung gelehrt und mitgeteilt hatte.*«

A.: Das Geheimnis ist: *Herder war Beides!* – Oder vielmehr *Fünferlei*: und Alles mit der gleichen, sich selbst und Andere mitreißenden Überzeugung!

Gebetssüchtig heute: und morgen ein Freigeist, der »durch Buchstabenumstellung aus Katechismus ‹Atheismus›« machte. Einen Monat lang sieghaft durchdenkend, durchträumend, die labyrinthischen Seelenwanderungshypothesen: und 1 Lunation später leidenschaftlicher Kämpfer für Zarathustras »Zend Avesta« und Spezialist für Manichäismus.

B.: Es war – und der Satz ist in gefährlich vielen Fällen gültig! – die übliche Korruptibilität *irrational* angelegter Hochintellektueller. Oder, schonender ausgedrückt: die zwar peinliche, aber vorwurfsfreie, Unzuverlässigkeit des emotionell Orientierten.

A.: Hinzu kam ein verhängnisvoll=fruchtbarer Überschuß an analysierender Fantasie: ein Mangel an Erfindungskraft im Großen, gepaart mit der unseligsten Feinheit in Kleinigkeiten. Verbunden in diesem speziellen Fall mit der Unfähigkeit, länger als 8 Tage bei einem Thema denkend & schreibend zu verweilen; und also nicht imstande, ein erlösend=selbstständiges Großkunstwerk zu emanieren.

B.: Hand in Hand damit gingen: Herders krankhaftes Bedürfnis nach Beifall, und Effekten im Stil der Großen Oper. Seine Widerstandslosigkeit gegen rednerische Selbstberauschung; gefördert noch durch die seltenste, aber wirre, Sprach= und Metafernkraft.

A.: Schiller waren seine Werke nur »genialisch flach und oratorisch geschmeidig« – was Herder, allzeit ein guter Hasser, nur mit einer verächtlichen Achselbemerkung über ‹dramatisierte Kriminalreißer› vergalt.

B.: »Laßt mir den Cid nur von Herder, den Oberon laßt mir von Wieland. / *Wenige* leben von uns über die Beiden hinaus!«: Rückert; gut gemeint, aber völlig schief geurteilt; da spürte schon der fünfzehnjährige Gerhart Hauptmann mehr, wenn er sich über die »Kritischen Wälder« bückte. Heines Pseudobekenntnis zu Herder?: auch wieder nur *eine* der, gefährlich vielen, Facetten. Weit klüger Tieck: »ich habe den ‹Geist der Ebräischen Poesie› immer vorgezogen.«

A.: Hochbezeichnend *ein* Faktum:

Nie, in geschlossenen eigenen Kunstwerken, hat er die Dich*tung* bereichert – wohl aber die Dich*ter*! Das galt damals, wie heute, und wird noch auf lange Sicht gelten. Obwohl nach seinen Rezepten nur *einer* unserer Großen zu schreiben gewagt hat, einer von den Zwanzig, für die ich mich mit der ganzen Welt prügeln würde: *Jean Paul!* Ebenso unnachahmlich, ebenso kostbar verwildert; und der einzige vorhandene Beleg, daß man auf den Herder'schen Wegen auch praktisch

Kunstwerke liefern könne – eine Sonderstudie und weit aus dem heutigen Rahmen hinausweisend.

B.: So würde *ich*, nach *meiner* Ansicht des Gesamtfänomens ‹HERDER› gefragt, antworten: Sein Leben?: das eindringlichste Spiegelbild zur Warnung; nur einmal, und noch grell=bedeutender, bei Swift zu erblicken; ein ‹Primzahl=Mensch›, 2 hoch 2281 minus 1; nur durch Eins=und=sich=selbst teilbar: Cave !

A.: Sein Werk?: Tragödie und Triumph der Polyhistorie: ein Großmeister unüberblickbarer Reihen von Mikro=, Nano=, Pico=Kunstwerken. Ermutigend für den Fachmann, das Sprachgefühl hochpeitschend, seine wilden Wort=Neubildungen. Gedanken weniger vermittelnd, als wachrufend, seine Technik des »unendlichen Aforismus« – Nietzsche hat nur den »endlichen«, den eine Stufe tieferen: Herder ist der unerschöpfliche ‹Tschernosjom›, die klaftertiefe ‹Schwarze Erde›, die noch jahrhundertelang satte Ernten verbürgt – eine Metafer, wie er sie wohl selbst gebilligt hätte.

B. (geheimnisvoll=abschließend): Herder?: Ein Riesengestirn; die planetengroßen Ebenen seiner Kontinente dicht besetzt mit Kräutern, gesellig schwebenden Halbgräsern, abgerundeten Haiderasen, unter einer brennenden Sonne, oder gegossenen Gewitterwolken: Gewürz geht um, über allen grauen Nicht=Hainen.

A.: Wo, wie auf dem offenbaren Meer, der Horizont von einer reinen Kreislinie umschlossen wird; das Auge einschränkend, die Seele zugleich seltsam mit der Gewalt des Schrankenlosen ergreifend: ein Prärie=Schauspiel, in der Literatur aller Völker ohne seinesgleichen!

BELPHEGOR

oder

Wie ich Euch hasse.

Sprecher:

B (= B<u>e</u>lphegor)	:temperamentvoll	Männerstimmen
F (= From<u>a</u>l)	:kalt, fatalistisch	
M (= Med<u>a</u>rdus)	:gutmütig, gedankenlos	
A (= Ak<u>a</u>nte)	:flüchtig, verbuhlt	Frauenstimme

(Anmerkung: Der in den obigen Namen unterstrichene Vokal gibt die Betonung an.)

B. (eindringlich empört): – Raben: kennen keine größeren Leckerbissen, als *die Augen von lebenden Junghasen!*

A. (soubrettenhaft kokett): Sphaerularia Bombi Dufour – *(neckisch die niedliche Übersetzung):* das ‹Hummelälchen›: ‹bewohnt› die Leibeshöhle von Hummeln. Zur Zeit seiner Geschlechtsreife erfährt das mikroskopische Lebewesen – *(das Wort in hinreißend jungfräulicher Verwirrung aussprechend)* – Scheidenvorfall; worauf das umgestülpte Organ zu wuchern beginnt, bis es den eigentlichen Tierkörper *um das Zwanzigtausendfache an Größe übertrifft!*

F. (kalt referierend): An den Küsten Norwegens kann man, Victor Groß berichtet es, Walfische beobachten, die wie toll aus dem Wasser emporschnellen: an ihren Brüsten hängen dann Haie, die paarweise schwimmen, und denen Walfischbrüste die höchste Delikatesse bedeuten. Sie beißen sich fest; und lassen nicht ab, bis das ganze weiche Organ aus seinem tiefsten Sitz herausgenagt ist – das kann Tage & Nächte dauern; so lange springt eben das gepeinigte Riesentier aus der Flut: *bis=der=Tod=es=erlöst! – (Eisig):* Und siehe: es war Alles gut .....

(Gong)

B.: Übergehen wir jenes *ruchlose* Wort – seine weitere Diskussion könnte zu, der Democrazia Cristiana und ihrer sogenannten ‹weltanschaulichen Grundlage› wenig günstigen, Überlegungen Anlaß geben: um mit einer ‹Welt=Anschauung› renommieren zu können, muß man, der Name sagt es, *sich die Welt angeschaut haben* !

F.: Und selbst das ist wertlos, wenn es geschah, mit Scheuklappen um das Haupt, und durch eine rosa Brille mit Goldrand: die edle Schönheit & Ordnung in den Werken Gottes hat nur zu oft ihren Grund in der edlen Kurzsichtigkeit Dessen, der sie bestaunt.

B.: Halten *wir* – angesichts eines Universums, *das zumindest zur Hälfte Affenhaus ist und Folterkammer!* – halten wir, unbekümmert um christoid=hilflose Erklärungsversuche, und ob auch Reader's Digest andächtelt: ‹We can but bow› – halten wir das Eine fest:

es stimmt hier etwas nicht!

F.: Für Hörer, die Alte Autoritäten brauchen: Lichtenberg! – *(Murmelnd, wie Einer, der beim Schreiben in ein geheimstes Tagebuch mitspricht):* ‹Zu untersuchen und zu lehren: inwieweit Gott aus der Welt erkannt werden kann. – *Sehr* wenig: *es könnte ein Stümper sein!*›

M. (gutmütig widersprechend): Aber es gibt doch so viel Schönes: der gestirnte Himmel über mir .....

B.: *Da rülpsen Feuerdrachen!* – Was meinen Sie, wenn man Sie einmal der lieben Sonne ‹näherte›?: Hei, würden Sie Augen machen, bei Flammenförtzen dreißigmal so lang wie ‹Mutter Erde›!

M.: Oder das Grün einer weiten Wiese?: Nebel entsteigt dem Bach: Das Silberhorn eines Mondes .....

F.: Auf der Wiese?: stehen Millionen winzig=grüner Ringer im Clinch auf Sein=oder=Nichtsein. / Zum Weißen=Nebel=Wunderbar muß sich Wasser wandeln: haben Sie einmal daran gedacht, daß auch ‹Aggregatzustände› schmerzen könnten? / Und der Mond?: ‹Siehstu das kalte Nachtgesicht dort hoch am Himmel hangen?›, die Züge mit einer halbmeterdicken Staubschicht zerschminkt: meinen Sie tatsächlich, daß angesichts einer Nova noch Ihr devot=gestirnter ‹Himmel=über=Mir› am Platze wäre?!

B.: Und wenn's vielleicht auch nicht die *ganze* Wahrheit ist, so ist es doch bestimmt *mehr als die halbe*: Wir, mit unzulänglichen Organen unschuldig Gehandicapte, ob in Bikini oder Zwangsjacke, wir werden, in ehrlichen Augenblicken, schwanken müssen; zwischen periodischem Kopfschütteln ob ‹des Allmächtjen Güte›, und systematisch=finsterem Pan=Diabolismus: lebenslängliche Optimisten sind nur Narren oder Feiglinge, und wer's nicht glaubt, ist selbst einer. – *(Kühl):* Freilich gehört ein gewisser Mut dazu .....

F. (einfallend): Ein Mut, den im Großen bisher nur jenes 18. Jahrhundert aufbrachte, das die Erleuchteten unserer Tage, gern und hochmütig, die ‹Aufklärung› nennen; oder gar – ‹Auch=wir=Christen=sind=witzig› – ‹das Aufkläricht›. Was freilich Leuten, deren Wohlbefinden mit dem Grade der Dusternis wächst – Hauptsache, sie können sich am Rosenkranz aus Atombomben halten – besonders wohl zu Gesicht steht. Nennen *wir* jenes 18. Jahrhundert: das des *Lichtes*; der *Männer*; und, eben, des *Mutes*! *(Spöttisch):* Wobei mit ‹Mut› nicht jene Sorte Angst gemeint ist, die die Interessierten gern mit Wendungen tarnen, wie ‹*Wagnis* des Gebets› oder ‹*Mut* zum Glauben› – Formulierungen, die aufs Unschätzbarste *Eines* verraten: die Einsicht der Feigen, sich wenigstens *Vokabeln der Kühnheit* einspritzen zu müssen. –

B.: *Dreimal* ist in jenem Jahrhundert Kants und Lessings, Goethes und Herders, dem Pan=Diabolismus gültiger Ausdruck verliehen worden.

Das erste Mal, im Jahre 1726, von einem englisch schreibenden Iren; Jonathan Swift; in seinem Buche: ‹Travels into several remote Nations of the World; by Lemuel *Gulliver*; first a Surgeon, and then a Captain, of several Ships.›

F.: Wobei nicht ohne Absicht ein *Chirurg* zum Helden gewählt wurde: also ein Mann mit geschulter Optik; etwa wie August Bier seinen Schülern zu empfehlen pflegte, alle Vorkommnisse von 3 Seiten her zu betrachten: einer juristischen, einer weltanschaulichen, und einer vernünftigen. – Folglich betrachtet sich Gulliver diese ‹Beste der Welten› näher – sogar *ganz* nahe – sachlich, unvoreingenommen, eben: *vernünftig* !

B.: Und erblickt im ersten Buch von vieren: das Genie, von den Termiten gequält! Die ihn wanzenhaft um= und überwimmeln: zwischen seinen gutmütig gespreizten Beinen können sie ihre Aufmärsche veranstalten; und schauen nach oben, und feixen über seinen zerrissenen Hosenboden. Dabei: wenn *der ihre* halbe Stadt brennt, kann *er* sie noch mühelos aus*pissen*! Aber fesseln möchten sie ihn, gelt ja?; blenden, und dann verhungern lassen!

M. *(verwundert):* So empfand sich Swift in – *(scherzend):* ‹Klein=Britannien›? – *(Gutmütig):* Nu; bald ist die Umstellung ja endgültig erfolgt auf ‹Rule Yankee› und ‹Doodle Britannia›.

F.: Zweites Buch: da erlebt er, im Riesenlande, das Grauen vorm Organischen, den Wahnsinn der Biologie: groß sind die Hautporen wie Tassenköpfe; rittlings=angeklammert sitzt er auf der eichenborkigen Brustknospe lästrygonischer Gönnerinnen – der Geruch bringt ihn fast um! Und die kälbergroßen Hautflügler summen motoren um sein dünn=verzweifeltes Degengefuchtel.

B.: Drittens in Laputa und Balnibarbi: ‹unten› front und plappert gedankenlos das Volk; während darüber die ‹Oberschicht› schwebt. Wenn man unten nicht aufs Wort folgt, wird oben die fliegende Insel dergestalt dirigiert, daß die Sonne nicht mehr herabscheint. In ‹schwereren Fällen› droht man wohl auch: sich, alles=zerschmetternd, sinken zu lassen: Klammer auf, denn das ist ja die stilisierte Hohlhand, hinter der man Vertrauliches flüstert – (dabei ginge das gar nicht! La-

puta ginge *selbst* dabei kaputa – aber das braucht das dumme Volk ja nicht zu ahnen.) –
Die Wissenschaftler werden mit dem bißchen Gesicht auf alle möglichen Weltfremdheiten zugekehrt; dürfen an Wortmaschinen syntaktische Kunststücke herausdrehen, oder auch Scheiße destillieren. Selbst die ‹Großen Männer› trösten nicht; wenn man sie persönlich kennen lernt, sind's egoistische Bastarde, Tyrannen und Komödianten, meist Beides zugleich.

F.: Letztes Buch: der finale Ekel vor aller Menschengestalt, inklusive Swift: jeder ehrliche *Gaul* ist anständiger!

B.: Abgesehen davon, daß das große Buch das Dokument ist, eines an seinem negativen Befund schwer Leidenden –: es faßte zum erst=bedeutenden Male eine Anzahl Argumente zu einer *Anklageschrift* zusammen; zu einem Groß=Mißtrauens=Votum gegen einen Demiurgen, dessen Eigenlob durch alle Himmel stank. –

F.: Während bei Swift ein erhabener Grimm, ernst, versteinert, schleppend, sprach; war es, rund 30 Jahre später, ein Franzose. Völlig anders geartet, souverän, elegant, aber nicht minder ein Mutiger, der sich nicht scheute, ‹Dem Betreffenden›, und gaffe sein Steinmaul über noch so viel Magellansche Wolken hinweg, mit glitzerndem Hohn zu begegnen: *Voltaire* gab, im Jahre 1758, *sein* Credo zu Protokoll. Kurz & wegwerfend; denn: »Das Alte und das Neue Testament enthalten so viele Albernheiten, daß ich nicht nötig habe, noch die meinigen hinzuzufügen.«: *‹Candide›* wird durch die Alte wie die Neue Welt geschubbst; er, den doch sein geliebter Lehrer, Magister Pangloß, die ‹Theodizee› lehrte. – *(Scharf):* Und Voltaire hat, in dieser Gestalt, *Leibniz* verhohnepiepelt! Jenen Leibniz, von dem Schopenhauer – *auch* ein großer Mann! – urteilte: daß sein bedeutendstes Verdienst gewesen sei, Anlaß zu eben diesem ‹Candide› hier geliefert zu haben – unsere ‹Großen

Deutschen› sind meist nicht halb so groß, wie sie das gewisse vierbändige Werk herausstreicht.

B.: Ein Spielball von Schiffbrüchen, Erdbeben, Syphilis und anderen Naturschauspielen, von Pfaffen= und Tyrannenwillkür, gefoppt, betrogen, gespießrutet, ja gehängt – wenn auch ‹unvollkommen›; sonst wär's Buch ja zu Ende – landet Candide endlich in einem mitleidig=kleinen Gemüsegärtchen; und erkennt, wundgeprügelten Hinterns: daß ‹leben› ein Oszillieren ist, zwischen Schmerz und Langerweile; le jeu ne vaut pas la chandelle. Am besten arbeiten, ‹il faut cultiver notre jardin›; und im übrigen, mit verächtlichem Achselzucken, den Tod abwarten: »Ich habe andere Majestäten gesehen!« –

F. (bedeutsam): Das *dritte* dieser alten Bücher des ehrwürdigsten Gott=, Welt= und Menschenhasses ist ein *deutsches:* 1776 erscheint, von Johann Karl Wezel, merkwürdigsten Angedenkens, der

(kleine Pause; dann, mit Nachdruck, er soll sich einprägen, der donnernde Name):

BELPHEGOR!

(Gong)

A.: »‹Geh zum Fegfeuer mit Deinen Predigten, Wahnwitziger!› rief die schöne Akante mit dem jachzornigsten Tone, und warf den erstaunten und halb sinnlosen Belphegor nach zween wohlabgezielten Stößen mit dem rechten Fuße zur Thür hinaus!«

F.: So – mit einem Tritt vor den Hintern – beginnt das Buch von den Erleidnissen und Fata vierer Menschen; richtiger: des ‹Jedermann› in vierfacher Spiegelung: Akante, die wohlgebaute Edelnutte, verabschiedet ihren nicht mehr solventen Liebhaber Belphegor, nachdem sie sich eines Ersatzes versichert hat.

B.: »Der arme Vertriebene schleppte sich mit stummer Betrübnis bis zu einem nahen Hügel an der Landstraße, wo er sich niedersetzte; das Gesicht nach dem Hause zugekehrt, aus welchem er eben itzt so empfindlich relegirt worden war. Die Schmerzen seines linken Hüftbeins ließen ihn nicht einen Augenblick an der Gewißheit des Unfalls zweifeln; ob ihn gleich seine Verweisung so unvermuthet überrascht hatte, daß ihm die Begebenheit wie im Traum vorgegangen zu seyn schien. Aus Liebe zu der grausamen Akante hätte er gern die Wahrhaftigkeit geläugnet, wenn nicht der Schmerz jede Minute sie unwiderlegbar gemacht hätte. Mit einem tiefen Seufzer gab er sie also zu; ließ eine Thräne fallen, und machte seiner Beklemmung durch eine wohlgesezte Klage Luft.«

F.: Dieses einzige Beiwort, ‹wohlgesezt›, zeigt dem Kenner zur Genüge an, daß Wezel auch seinem Haupt= und Lieblingshelden gegenüber hinreichend ironischen Abstand zu wahren wissen wird. – Aber da hockt nun Belphegor, jammernd, am Grunde des Luftozeans .....

B. *(weinerlich=ungehalten):* »Mitten in dem Selbstgespräche näherte sich ihm ein Mann auf einem Grauschimmel – zwo Gestalten, *die er schon von weitem hasste: weil* der Reuter eine so fröliche Miene in seinem Gesichte trug, als wenn die Glücksgöttin seine leibliche Schwester wäre; und das Pferd in einem so leichten sorglosen Trabe dahertanzte, daß es mit seinem Herrn von einem frohen Muthe belebt zu seyn schien.«

M. *(gutmütig=erfreut):* Es ist sein Freund Fromal! Der Belphegor aufmuntert; ihn mahnt, seine verliebten Klagen um die unwürdige Akante einzustellen; der sein letztes Geld mit ihm teilt, ihm rät, in die weite Welt zu wandern; und dann von hinnen reitet. – *(Befremdet):* Scheint es nicht .....: *auf Akantes Haus zu?!*

B.: »Belphegor saß unbeweglich, wie in den Boden gepflanzt. Seufzte; weinte mitunter 1 Tröpfchen; exclamirte; winselte; schalt; lobte seinen weggegangenen Freund; zählte dessen

Geschenk; warf es von sich; las es wieder zusammen. Und, endlich, nach zwo Stunden solcher Grimassen, da die Dämmerung einbrach, fieng er an zu überlegen, was bey so gestalten Sachen zu thun sey. Die Dämmerung wurde zu pechschwarzer Nacht, und seine Überlegung war dem Entschlusse keinen Strohhalm breit näher. Er sank vor Mattigkeit nieder, schlief ein – und fand bey dem Erwachen für seine Beratschlagung so freyes Feld, als Tags vorher. Die Ruhe hatte indessen seine Lähmung und seinen Schmerz verschlungen: er konnte wieder gehen. Der Ärger half ihm auf die Beine; er gieng, und übergab allen 32 Winden des Himmels ein dreymahliges ‹Akante›, in ebensoviele vernehmliche Seufzer eingepackt.«

F.: Und hatte Belphegor bisher in einer idealischen, jünglingshaften Traumwelt gelebt – *nun* trifft ihn ‹die Wirklichkeit› knüppeldick: »Kaum hatte er eine kleine Strecke zurückgelegt, als vor seinem Gesicht ein Habicht auf eine Taube herniederschoß und die flatternde Hülflose würgte. Die Szene versetzte ihn in eine so tiefe Wehmuth, daß er sich auf einen Rasenrand niedersezte.« – *(Bedeutsam = gewichtig):* Belphegor hat nämlich, unter zahllosen anderen Lektionen, auch *die* zu lernen: daß er in einer Welt angelangt ist, deren lebende Wesen dadurch existieren, daß Eines das Andere *auffrißt.* Und Wezel, der unerschütterliche Herr, als sein ‹Held› das nächste Haus erreicht, fährt in unerbittlicher Parallele fort:

B.: »Der Herr des Hauses würgte *zwo* Tauben – Belphegor bedauerte bey sich die armen Creaturen – *und verzehrte sie beyde*, vom Halse bis zu den Beinen, ohne das mindeste Mitleiden, als sie gebraten auf dem Tische erschienen: *da er satt war, reisete er fort.*«

F. (verbindlich): »Die Nacht nöthigte ihn bald zu einer neuen Einkehr. Kaum hatte er sie erreicht, als ein hagerer Kerl, der müßig an einem Baume lehnte, ihn auf die Seite zog, und warnte, in diesem Loche *nicht* zu übernachten: ‹Es ist das ärgste Diebsnest, das der Mond bescheint!›«

B. *(unschlüssig):* »Wo soll ich aber bleiben?«

F. *(geheimnisvoll):* »‹Lieber unter freyem Himmel! – Ä = wenn Sie *wollten*, so könnte ich Sie wohl an einen guten Ort bringen?› / Belphegor merkte, worauf es ankam, um dahin gebracht zu werden –; er gab ihm von dem Wenigen, was sein Freund ihm zurückgelassen hatte, ein kleines Geschenk, und folgte ihm nach.« – *(Sachlich):* »Der Wegweiser führte ihn in einen dicken Wald; faßte ihn in der Mitte desselben bey der Gurgel, und schwur, ihn auf der Stelle umzubringen, wenn er nicht seine ganzen Habseligkeiten an ihn auslieferte.«

B. *(ganz Klage und Entrüstung):* »Aber welches *Recht* habt Ihr Bösewicht dazu?!«

F. *(ungerührt):* »Der Räuber wies ihm statt der Antwort ein langes Messer; nahm ihm sein Vermögen aus der Tasche; warf ihn zu Boden, kniete ihm auf die Brust, und durchsuchte alle Behältnisse an seinem ganzen Leibe. Gab ihm auch einen derben Fluch zum Abschiede, als er nichts Erhebliches fand, und begab sich auf den Rückweg.« – *(Bedrückt amüsiert):* »Die ganze Nacht hindurch blieb Belphegor in diesem Zustande liegen, ohne 1 Fuß von der Stelle zu wagen.«

M. *(mitfühlend):* Nun ist er also auch noch das *letzte* bißchen Eigentum losgeworden; und ergo in der Urverfassung des ‹Flüchtlings›, wie auch wir ihn aus 12 = Millionen = facher Erfahrung kennen: wie auch wir es bald wieder zu sein, uns, zumindest mentaliter, vorbereiten sollten. / Belphegor ‹wandert› – ein Wort, das ich nur in Anführungsstrichen zu gebrauchen mich gewöhnen will; ‹warum?› führt im Augenblick, im Ohrenhör, zu weit – Belphegor also ‹wandert› weiter.

F.: »Eines Tages kam er auf eine Haide, wo etliche Freybeuter einen Mann so unbarmherzig behandelten, als wenn sie willens wären, ihn in Stücke zu zerlegen. Belphegor glühete, sobald er den Auftritt erblickte; gieng hinzu, und erkundigte sich nach der Ursache einer solchen Barbarey. – Man würdigte ihn keiner Antwort; doch erfuhr er bey Gelegenheit, daß man ihn strafe, *‹weil der Hund nichts herausgeben wolle›* !«

B. *(entgeistert):* »Aber welches *Recht* habt Ihr denn, etwas von ihm zu fordern ?«

F. *(kalt):* »Sie schlugen an ihre Degen; und Einer darunter gab ihm obendrein einen wohlgemeynten Hieb, der ihm das rechte Schulterblatt in zwey gleiche Stücken zerspaltete.«

B. *(erstickt):* »Aber; Ihr Barbaren ! : welches *Recht* ..... ?«

F. *(sachlich berichterstattend):* »Ein zweyter Hieb über den Mund hemmte seine Frage mitten im Lauf. – ‹Alles grausam, wie Akante›, dachte er; und stopfte sich mit dem Reste seiner Kleidung seine Wunden zu. Er bekam eine Stelle in einem Krankenhaus, und wurde sehr bald geheilt. Ein Elender, der neben ihm lag, und schon 1 ganzes Jahr lang sein Bette nicht verlassen hatte, war während der Kur sein vertrauter Freund geworden. Doch itzt wurde er *über die schnelle Genesung seines Freundes neidisch*, und biß ihn des nachts in den kaum geheilten Arm – die Wunde wurde so gefährlich, daß der Arm beynahe abgelöst werden mußte !«

M. : Der Bedauernswerte pilgert weiter; und gerät – er *hat* nun einmal Unglück .....

F. *(berichtigend eingreifend):* Nicht doch : das *allgemeine Menschenlos* hat er.

B. : »Er litt viele Tage Hunger; weil auf dem ganzen Landstriche, wo er gieng, alle Dörfer verbrannt, die Einwohner niedergesäbelt, oder betteln gegangen waren : der Nachbar des betreffenden Landesherrn hatte einen Einfall in dasselbe gethan, und 4000 Stück Schafe, die es *mehr* ernährte als das seinige, aufspeisen lassen. Bey der Gelegenheit hatte man – anstatt des Freudenfeuers über den erlangten Sieg – ein Dutzend Dörfer angezündet.«

F. (fortfahrend): »Belphegor fand einen von den Kriegsmännern, die bey diesem Treffen sich Heldenlorbeern erfochten hatten, an einem kleinen Bache; und machte ihm ein sehr rednerisches Bild von der Verwüstung und dem Elende, das er unterwegs angetroffen hatte – was der Andere mit einem stolzen Lächeln anhörte: ‹*Ja*=a; heute sind wir brav gewesen!› sprach er, und strich sich den Bart.«

B. (empört): »Aber, ums Himmels willen –: Wer gab Euch denn das *Recht*, so viele Leute unglücklich zu machen?!«

F. (brutal): »‹Der Krieg!› brüllte der Soldat.«

B. (fassungslos): »‹Und also, Ihr Barbaren, ist Eure *Übermacht* das Recht, Eurem Neid so viele Unschuldige aufzuopfern?: Ist *das* Euer Recht?!›«

F. (im Unteroffizierston): »‹Kerl! – Du bist nicht richtig im Kopfe! Du phantasirst, so ungereimtes Zeug schwazest Du – am besten, mit Dir ins Tollhaus!›. Und so ergriff ihn der Kriegsmann, band ihn mit einem Riemen an sein Pferd, und ließ ihn neben sich her außer Athem laufen, wenn er nicht von dem Pferde geschleift seyn wollte, das in einem frischen Trabe fortschritt. Zwo Stunden nach ihrer Ankunft in der nächsten Stadt, war Belphegor zwar in keinem *Toll*hause, aber doch im *Zucht*hause einquartiert .....

B. (melancholisch übernehmend): »..... wo er an einen Pfahl gebunden, und mit 30 munteren Peitschenhieben bewillkommt wurde. Darauf schloß man ihn ein, und befahl ihm, jeden Tag 20 Pfund Wolle zu verspinnen; und, da er menschlicherweise diese Zahl niemals vollmachte, so bekam er, zur Ersparung der Kasse, selten etwas zu essen, und alle Abende für jedes fehlende Pfund 6 Hiebe.«

M. (mitleidig): »Seine Gesellen wurden binnen kurzem seine Freunde: ein gemeinschaftliches, gleich trauriges Los machte sie dazu. – Nach langem Bitten erbarmte man sich endlich über den armen Belphegor, und erließ ihm täglich 2 Pfund von der vorgeschriebenen Quantität Wolle – er bekam nichtsdestoweniger alle Tage Prügel, weil er auch 18 Pfund ebensowenig bestreiten konnte.«

F. (bedeutsam): »Nur eben jeden Tag 12 Schläge weniger, als die Übrigen –: *von Stund an haßten ihn alle seine Kameraden wegen dieses vorzüglichen Glückes*; und beschlossen, ihn des Nachts im Bette zu verbrennen. Sie führten ihren Anschlag aus; legten brennenden Zunder in das Bettstroh; die Flammen nahmen überhand; Belphegor und die übrigen Züchtlinge entwischten – und das Haus lag, nebst einer benachbarten Gasse, innerhalb etlicher Stunden im Aschenhaufen da.«

M.: Verständlicherweise läuft er, was er kann; und ruht erst in einem schönen, lichtgrünen Birkengebüsche aus. – Aber schon hört er neuerliches Geschrei; sieht Bauerngestalten durchs Dickicht heranbrechen. Man redet von ‹einem warmen Tage›; bringt auch 1 Fäßchen herbeigerollt, und trinkt ‹auf die Freyheit!›

B. (aufmerksam): »‹Die Freyheit?: Was müssen das für Leute seyn?!› – Er horchte, und konnte nichts Zusammenhängendes erschnappen, als, daß eben hierzulande *Bauernkrieg* war. Bis endlich Einer in gewissen Angelegenheiten seitwärts schlich, und auf seinem Wege Belphegorn im Gesträuch erblickte, den er sogleich hervorzog und seinen Mitbrüdern vorstellte. Man untersuchte ihn genau, ob er vielleicht zu der feindlichen Parthey gehöre? Und nachdem man ihm, in Ermanglung einer gesetzmäßigeren Tortur, 100 Prügel auf die Fußsohlen gegeben hatte, ohne 1 ‹Ja› aus ihm herauszwingen zu können –: so wurde er feyerlich für unschuldig erklärt, und zum Glase zugelassen.«

F. (kühl): »Was ihm aber wenig schmeckte, denn seine Fußsohlen brannten wie Feuer. – ‹Willstu mit für die Freyheit fechten?› fragten ihn Einige.«

B. (bittend): »Gebt mir nur die *meinige*!«

F. *(entrüstet):* »‹Was?!: Für die Freyheit willstu *nicht* fechten?: Du bist ein Spion! Ein Feind!› Und sogleich sezte man sich in Positur, ihn mit einem Strohseile an eine schöne schattichte Eiche aufzuhängen.«

B. *(flehend):* »‹Sagt mir nur erst, wer die Freyheit gekränkt hat? Sagt es mir, und gern, *gern* will ich für sie fechten!›«

F. *(sachlich; also boshaft):* »‹Siehstu›, nahm sein Nachbar das Wort: ‹der liebe GOtt hat uns nur 2 Hände und 2 Füße gegeben; und doch sollen wir den Leuten, die uns regiren, so viel arbeiten, als wenn wir ihrer ein paar Dutzend hätten. Sie wollen uns weis machen, wir hätten keinen Magen; wir sollten nur hungern: *sie* wollten schon für uns essen. Und ob uns ein paar Lumpen auf dem Leibe hiengen, oder ob wir nackt giengen, wäre gleich viel: Adam sey ja in GOttes Paradies *auch* nackt gegangen, und ein braver Mann, ja, der erste Erzvater geworden. Was wäre denn nun vollends solchen nackten Lumpenkerlen *Geld* nöthig? meinten sie! wir hätten ja ohnehin keine ganzen Taschen; also wär's doch tausendmahl besser, daß wir's *ihnen* gäben, als daß wir's verlören; *das* wäre doch jammerschade: sie wollten uns auch dafür recht hübsch geputzte Kerle, Laufer, Heyducken, Lackeyen, schöne Pferde, allerliebste Hunde, hübsche Kutschen, zu sehen geben ...«

B. *(grimmig hineinmurmelnd):* Ministerfräcke; alte amerikanische Panzer; Wahlplakate und ‹Abschußbasen› .....

F.: »‹Und alle Sonntage sollten wir ihnen ‹Vivat› rufen, ihnen ‹Langes Leben› und ‹Wohlergehn› wünschen. Und wenn wir *doch* etwas in der Tasche, aus Versehen, zurückbehalten hätten, es auf *ihre* Gesundheit, in dem von *ihnen* gebrauten Biere vertrinken. Die Woche über sollten wir nur hübsch fleißig seyn; hübsch viele und gesunde Kinder liefern, die *auch* bald arbeiten und geben könnten; und dabey GOtt mit frölichem und zufriedenem Herzen dancken, daß er uns so gnädige Herren bescheert hat, die uns ...« *(die Stimme des Redenden schwillt an, in erhabener Wut):* »... nicht bey lebendigem Leibe die Haut abziehen: weil wir ja sonst nicht arbeiten könnten!: *Des Lebens wurden wir satt!!!*›«

M.: Solch Aufstand wider die von Gott gesetzte Obrigkeit, die Gewalt über uns hat, *kann* natürlich nicht gut ausgehen: Belphegor wird, mitsamt allen anderen Bauern, gefangen genommen; gehängt – aber durch ein zufälliges Gewitter, dem Blitz und Großbrand folgen, (und er ist auch nur schlecht, flüchtig, aufgeknüpft gewesen), befreit.

B. (hastig): »Die ganze Nacht hindurch lief er, ohne ein einziges Mal auszuruhen; und kam in der Morgendämmerung, mit der Angst eines Gehängten, der nicht gern eine zweyte Erfahrung machen möchte, wie es sich zwischen Himmel und Erde wohnt, an eine Pfarrerswohnung, wo er mit ebensogroßer Verwunderung als Bereitwilligkeit aufgenommen wurde.«

F. (bedächtig): Da ist Belphegor nun angelangt beim Pfarrer und Magister Medardus: ein gutmütiges Männchen; ehemaliger Katholik, aber, ob der Erlebnisse seiner Kindheits= und Jünglingsjahre im Jesuitenkolleg, zum Protestantismus konvertirt. Er hat die Unvorsichtigkeit gehabt, ein wenig *für* die streikenden Bauern zu sprechen .....

M. (beteuernd): ... »‹Nicht viel: *gar* nicht viel! Darüber sind sie böse geworden; und weil sie denken, sie können's, so plagen sie mich so lange, bis ich fortgehe. Meine Kinder sind versorgt. Mein Apfelwein ist diesen Abend alle. Und morgen geht die Reise fort: die Vorsehung ist überall. Meine Frau ist vor Kummer gestorben ...›. Hier hielt er schluchzend inne. Sogleich heiterte sich sein Gesicht wieder auf: ‹Aber die Vorsehung lebt noch›, sezte er ruhig hinzu. ‹Es war eine herzensgute Frau!› – er weinte; ‹Gar ein *goldenes* Weibchen!› – er weinte noch mehr. – ‹Da, Brüderchen›, fuhr er auf einmal auf, indem die Thränen noch über sein erheitertes Gesicht herabliefen: ‹Da, Brüderchen: ihr Andenken!›; und brachte ihm den Krug mit Apfelwein zu.«

F.: Diese Medardische Filosofie ist also letzten Endes nichts, als gedankenlose, leichtfertige, Halbgutmütigkeit. Während Belphegor sich über das – unleugbar massenhaft vorhandene! – Leiden in der Welt, die ‹Quall im Universo› (wie Raabe falsch zitiert), entrüstet; sitzt; an den Fingern nagt; von Gedankenflöhen gepeinigt – da tröstet Medardus sich auf die bequemste, genauer: *faulste*, Weise – ‹faul› in jedem beliebigen Sinne des Wortes – indem *er* sich beruhigt: ‹Wer weiß, wozu es gut ist?›

A.: Und *Medardus* ist der Name des Evangelimannes?? – *(Mit heiserer hoher Hexenstimme stammelnd):* ‹Me=dar=dus: =Brüderchen!: Me=dar=dus: Brüderchänn!› .....: sollte man nicht auf den Verdacht geraten, *ETA=Hoffmann* habe Wezel gelesen; und die unvergleichlich stammelbaren Silben dann begierig=berechtigt in seinen ‹Elixieren des Teufels› angebracht?: Das wäre zu untersuchen.

B.: Jedenfalls ‹wandern› Medardus und Belphegor zusammen weiter. Werden durch einen Tornado – welch heroisches Mittel! – gar in die Türkei verschlagen; natürlich versklavt. Und *Wer* ist, wie sie während einer der inneren Wirren, der ‹Palastrevolutionen›, entdecken müssen, ihr Herr?

M.: Es ist Fromal! – Man flüchtet erst auf allen Straßen durcheinander; trifft sich am Wegrand; setzt sich ‹gemütlich› selbander auf einen Leichenhaufen; und berichtet sich die Erlebnisse der Zwischenzeit:

F.: Ja – gesteht Fromal –: *Ja*; er war es, der Belphegor und Akante trennen wollte. *Aber* : zu Belphegors eigenem Besten! Er konnte nicht mehr mit ansehen, wie sein Freund von dem listigen Weibsbild ruiniert wurde. Übrigens wäre auch *sein* Geld sehr rasch zu Ende gegangen, und er sofort wieder von einem neuen, reicheren, Nebenbuhler verdrängt worden.

Ehe er Pascha und Sklavenbesitzer im Vordersten Orient wurde, hat er sich längere Zeit in Frankreich aufgehalten – dessen Beziehungen zum Orient weit organischer sind, als ‹Moltke› dachte: man vergleiche ‹Tausendundeinenacht›! – und weiß die putzige Geschichte vom greis=berühmten Pariser Dichter Nikanor zu erzählen; und den Methoden, wie Dieser sich zum Lieblingsschriftsteller der Nation machte: kein unfeines Pröbchen, wie es in der ‹Gelehrtenrepublik› her & zu geht .....

M.: »Nikanor war ein geborener Eroberer; er strebte nach der Universalmonarchie im Reiche des Beifalls so stark, wie Alexander in der politischen.«

A. (übernimmt): »Alle *Mädchen*, mit welchen ein anderer Dichter nur zu thun hatte, und wäre er gleich von der untersten Klasse gewesen, mußte er zu seinen Freundinnen machen. Und jeden Poeten, jeden, von dem er erfuhr, daß er in seinem Leben auch nur 2 Zeilen zusammengereimt habe, betrachtete und behandelte er als seinen Nebenbuhler: deren Mädchen also, Freundinnen und Gönnerinnen, waren seine Spione. Sie mußten ihm von jedem verfertigten Vers ihrer Liebhaber Nachricht geben, das neue Produkt in Abschrift ausliefern, und ihre skandalose Geschichte zu wissen thun. Aus diesen drey Materialien machte er sein Pulver, und sein Witz diente ihm zur Kanone.«

B.: »Wenn er die Überlegenheit eines Mannes fühlte, so ließ er ihm sein Manuskript *wegstehlen und verbrennen* ! Oder Stellen heimlich einschieben, die es zum Beyfalle schlechterdings unfähig machten: die Buchdrucker führte er deswegen insgesamt an seinem Seile.«

M.: »Sobald er die *Geringfügigkeit*, das Mittelmäßige eines neuen Werkes merkte, so arbeitete er, durch versteckte Wege die Bekanntmachung desselben zu *beschleunigen* – und gleich darauf erfolgte ein gantzes Packet Schmähschriften, Parodien, die es so lächerlich machten, daß es Niemandem nicht einmahl mehr mittelmäßig schien: alle waren *seine* Arbeit, und seine Creaturen mußten sie ausstreuen und verteilen.«

F.: »Oft ließ er im Manuskripte Satiren umlaufen, auf Werke, die noch unter der Presse brüteten. / Wenn ein neues *gutes* Werk, *ohne* sein Vorwissen – oder ohne daß er es hindern konnte – an das Licht gelangte, so war er der Erste, der es *unter dem Pseudonym eines schlechten Mannes von üblem Kredit so ausgelassen lobte*, daß es einem großen Theil des Publicums schon dadurch verdächtig, und allemahl der Eindruck desselben geschwächt wurde. / Auch bestach er die *Setzer*, daß sie in Anderer Werken, wo etwa seiner gedacht wurde, seinen Namen jederzeit mit großen hervorleuchtenden Lettern drucken mußten.« –

B.: Aber so schnurrig das Alles auch ist: zunächst einmal irren unsere Flüchtlinge am Meeresstrande umher, auf der Suche nach einem Stück Kahn. Man findet auch einen, der aber für den gleichfalls fluchtbedachten Großwesir bestimmt und bewacht ist – nur durch Begehung einiger kleiner Totschläge vermögen die Verzweifelnden sich in seinen Besitz zu bringen. Belphegor ist darob erschüttert; und folglich hält ihm Fromal wiederum einen seiner kleinen kalten Vorträge über die merkwürdigen Einrichtungen dieser schönen Welt .....:

F.: »‹Kann *ich* dafür, daß die Natur die Erhaltung des einen Wesens auf die Zerstörung des andern gebaut hat? Daß sie uns auf dieses Erdenrund sezte, mit einander um Leben, Vortheil, Geld, Länder, zu fechten? *Warum* entzündete sie diesen allgemeinen Krieg, und drückte mir ein Gefühl ein, das mich treibt, mich allen Andern vorzuziehen: und mich dann quält, wenn ich es gethan habe? *Warum* stellte sie mich an den engen Isthmus, entweder *mir* schaden zu lassen – oder *Andern* zu schaden? – Kopf hoch, Belphegor: wie leichte Spähne schwimmen wir auf dem Strohme der Nothwendigkeit und des Zufalls fort; sinken wir unter: Gute Nacht! Wir *haben* geschwommen!›«

M.: Während Belphegor noch ungetröstet verharrt, das Gesicht in beide Hände gewühlt, erscheint bereits ein Schiff um das nächste Felskap herum; nimmt die Drei an Bord, und befindet sie tauglich, ihr bisheriges Sklavendasein in Algier fortzusetzen: dort im barbarischen Bagno verbringen die – ja, darf man ‹Freunde› sagen? – zwei trüb=volle Jahre.

F.: Dann gelingt es dem unverzagt=findigen, immer kalt=rüstigen Fromal, einen allgemeinen ‹Aufstand des Spartakus› zu entfesseln. Er befreit vor allem seine Freunde; man eilt heftig davon; und gelangt nach ermüdender Wanderung an die Grenze von Biledulgerid, wie man zu Wezels Zeiten schrieb .....

B.: Also, wie Jedermann aus seinem Karl May wissen könnte, ‹Be*la*d=al=Dsche*rid*›, das ‹Land des Wurfspeers›, den Süden von Tunis. / Man lagert sich unter einer Palme an einem Fluß; macht sich »die Kehle mit Datteln geschmeydig«, und beginnt, nach Europäerart, sogleich wieder mit tiefsinnigen Diskursen über GOtt und die Welt, wobei schöne Kapitel zur Sprache kommen, etwa vom Verhältnis des ‹Führers› zu ‹seinen› Soldaten ......:

F. (bedächtig; die Gedankengänge während des Redens entwickelnd): »Wenn Alexander der Große sich und seinem Heer die reine Wahrheit sagen wollte – dann müßte er ungefähr *so* sprechen: ‹Liebe Kinder. Ich will schlechterdings, daß die Leute auf der Erde, so weit sich's nur thun läßt, meinen Namen wissen. Wenn ich ihnen die größten Wohlthaten erzeigte, so danken sie mir's – vielleicht; und in 1 Jahr wäre ich, samt meinen Wohlthaten, wieder vergessen; und das müßte auch schon etwas *sehr* Großes seyn, wenn's so lange dauern sollte. / Drum ist es viel besser, ich quäle würge morde verheere so lange, daß die Leute es so bald nicht wieder verschmerzen können:

so denken sie doch gewiß allemahl an mich, wenn es ihnen übel geht. Die Spuren meiner Verwüstung werden wenigstens auch 1 Jahrhundert und länger übrig bleiben: man denkt allemahl an mich, wenn man sie sieht.›«

B.: »‹Kommt! Wir wollen die Perser, Asien und Europa, so lange herumprügeln, bis mich jeder kleine Junge für einen großen Mann erkennt. (Außerdem gibt's in Asien Gold & Silber die Menge, und bey mir zu Hause ist mehr Sand als Gold: davon möcht' ich *auch* etwas, und, wo es möglich wär', *alles* !). Ich kann es ohnehin nicht verdauen, daß der König von Persien sich den ‹Großen König› nennt, so viele Länder und Leute hat, und ich hier in dem engen Macedonien so eynsam sizen soll. Die griechischen Republiken thun auch so groß auf ihre ‹Freyheit›, und brüsten sich, daß man in Persien ihren Namen weiß: *sie müssen unter mich !*›«

M.: »‹Alles das kann ich mir und Euch anderen Leuten aber nicht so geradezu sagen – wir müssen also das Ding ein wenig übertünchen. / Zu mir will ich sagen: das allgemeine Vorurtheil hat es zu dem wahrsten Grundsaze gemacht, daß nichts so groß, so edel ist, so sehr Ruhm erwirbt, als Tapferkeit und Muth: der Soldatenstand ist die Laufbahn großer Seelen! Ich will sie betreten und Lorbeern ernten, mein Haus und mein Vaterland bis zum Ende der Welt verherrlichen. Ich habe die gerechteste Gelegenheit dazu: muß ich nicht die Sache Griechenlands wider die Perser vertheidigen? Das Blut unserer Vorväter an diesen stoltzen Tirannen rächen?!›«

B.: »‹Ihr, tapfere Gefährten, Ihr sollt für Eure Begleitung Reichthum und Ehre gewinnen – die Ehre, tausende von Euren Nebenmenschen umgebracht zu haben. / (Im Grunde sind wir freylich nichts, als eine Bande Räuber, die sich mit einer anderen, ähnlichen Bande, herumschmeißen, und ich der eine Anführer – aber im menschlichen Leben kömmt alles aufs *Wort* an, auf die Vorstellungsart. Im Grunde ist unsere

Größe wohl auf den Untergang Anderer gebaut. Und *Ihr* habt im Grunde nichts davon, als Gefahren, Schmertz, Strapatzen Hunger Wunden Tod; Ihr könntet zuhause sehr wohl essen, trinken und ruhig schlafen, könntet Euch mit Eurer Arbeit ernähren und nüzlich werden; Euer Vaterland anbaun, glücklich seyn und glücklich machen – –: *Ihr seyd im Grunde recht herzliche Narren, wenn Ihr um meinetwillen auch nur einen gefährlichen Schritt thut; denn Ihr? : habt wenig oder gar nichts davon !*›«

F.: »‹Aber wer wird sich das Alles sagen? Ich will Euch und mir schon ein Blendwerck von Worten, eine Verbrämung, vormachen, daß Ihr Eure Köpfe nicht zu lieb haben sollt. Man muß überhaupt nicht zuviel von der Sache sprechen; sonst möchte das bißchen natürliche Mitleyd aufwachen, und so wäre es um die gantze Heldengröße gethan).›« – *(Wie erwachend):* »‹Ä = wohlan denn: Schlagt zu! Ersiegt die Lorbeern der Unsterblichkeit!!›«

B.: Lange, wie gesagt, bespricht man dergleichen ergiebige Stoffe; dann werden schöne Exempel aus der Kirchen = und Ketzerhistorie beigebracht; auch der Zoologie – – und, wie sich das Alles schickt & findet: plötzlich brüllt Medardus auf:

M. (entsetzt): Öööhhh!!

F.: Ein Löwe ist aus dem Gebüsch gesprungen, hat dem Medardus die Vordertatzen auf die Pfarrersschultern gepackt, und den Kopf mit trefflich aufgesperrtem Rachen dicht an den seinigen gepreßt. – Gottlob stellt sich heraus, daß das arme Tier sich lediglich einen langen Dorn eingetreten hat; der wird entfernt; und der gelb = gezähmte Räuber geleitet sie zum Dank unaufgefordert zum nächsten Negerdorf, wo der ‹Nazib› seine Untertanen auf gut Prokosch'isch, à la ‹Sturm & Echo›, regiert.

M.: Sie müssen dem cäsarenwahnsinnigen Neger eine ‹Gesandtschaft aus Norden› vorspielen. Müssen Zeugen werden, wie der launenhafte Halbaffe die weibliche Blüte seines Landes serienweise entjungfert; Untertanen als Gladiatoren gegeneinander hetzt: einen Minister benützt er als Stuhl, zwei weitere als ‹Armstützen›.

B.: Belphegor – seinem Namensvetter, dem Hauptgott der Kanaaniter, dem rasenden Sonnenherrn sehr ähnlich – entbrennt Nova=gleich: nicht länger mehr will er die Luft hier atmen, »sie möchte in der Lunge der Bestie gewesen seyn!«. Schon greift er nach seinem Säbel, schon will er dem fett=schwarzen Untier den Schädel spalten – als Fromal ihn mit solchen Worten zur Besinnung bringt:

F. (eindringlich, scharf=halblaut): »‹Unempfindlichkeit! Kälte: eiskalter Frost wie in Spitzbergen! – / Und nun zugesehen. – / : Du hast doch *so* keinen Flecken am Leibe mehr, den Du Dir noch entzweyschlagen lassen könntest. Schlaf gesund in Deiner Haut; und wenn Du erwachst, schau dem Theater zu. Die Menschen sind gar wunderliche Spitzköpfe: hättest Du dem Nazib .....›«

M. (hineinmurmelnd): ... seltsamer Name das: klingt es nicht wie ‹Nazi›? ...

F. (ungerührt fortfahrend): »‹... hättest du dem Nazi seinen aufgedunsenen Schädel gespalten für seine Grausamkeyt: so hätten Dir Alle, die Du von seinem Unsinne befreyen wolltest, ein Gleiches gethan! Selbst die Toten, wenn sie wieder lebendig hätten werden können: sie würden Dich niedergehauen haben; weil Du ihrer Nachkommenschaft die Ehre benahmst, wie sie, für die Größe und zum Zeitvertreib eines Nazi sich todt zu prügeln!›«

B.: Kein Wunder, daß die Dreie, bei solchen Grundsätzen, nur zu bald – diesmal allerdings einzeln und getrennt – weiter gegeben werden. / »Belphegor wurde einem von der erleuchteten englischen Nazion zum Verkauf vorgestellt; allein, aus Menschenliebe, machte Jener sich – zumal als er Belphegors krüplichten, nicht sonderlich viel Leistung mehr versprechenden Körper erblickte – ein Gewissen daraus, wider alle Christenpflicht einen *weißen* Nebenmenschen in den Handel zu bringen: ‹God damn me›, sprach er, ‹wenn ich jemals den angebornen Edelmuth meiner Nazion so sehr verläugne, daß ich mit *weißen* Christen handle!›«

M.: »‹Aber›, fiel Belphegor ihm ins Wort: ‹sind *schwarze* Heiden nicht *auch* Menschen?!› / ‹The Ordures: das Auskehricht der Menschheit!› schriee Jener. / ‹Aber ...› wollte Belphegor ihm antworten; doch der Mann schien kein Liebhaber vom Disputiren zu seyn, sondern kehrte sich hastig um, ein paar schwarze Mütter zu bezahlen, die aus Dürftigkeit ihrer mütterlichen Empfindung auf einige Zeit den Abschied gaben, und ihre Kinder dem großdenkenden Engländer überließen, bis sie geschickt wären, in Amerika, unter Hunger, Elend, Blöße und Peitschenhieben den Europäern den Kaffee süß zu machen.«

F. (hart): »‹Ein Theil der Menschheit wird zu Tode *gequält*, damit der andere sich zu Tode *frißt*! / Ist von jeher die Bequemlichkeit und das Wohlseyn eines wenigen Theils der Menschheit auf das Elend des größeren gegründet gewesen; hat *immer* Jeder, in sich selbst concentrirt, den Schwächeren unterdrückt – *was soll man alsdann denken*?›«

M.: »‹Entweder: daß die Unterdrückung *mit in dem Plane der Natur* war? Daß sie den Menschen so *anlegte*, daß Einer mit dem Andern um Freyheit, Macht und Reichthum kämpfen mußte? / Oder aber: daß der Mensch – falls sie ihn *nicht* hierzu bestimmte – das einzige Geschöpf ist, das seit der Schöpfung beständig *wider* die Absicht der Natur gelebt hat? / Oder: daß die Natur mit ungemeiner Fruchtbarkeyt Kinder gebar, und sie mit stiefmütterlicher Sorgfalt nährte?›«

B. (in edlem Zorn): »‹*Ich hätte Lust, ein Rebell wider Natur und Schicksal zu werden*! – Unmöglich kann der Mensch das erhabne Ding seyn, wofür ich ihn sonst ansah: er ist entweder eine Karrikatur, oder ein Ungeheuer! Um glücklich unter der Sonne zu seyn, muß man Ignoranz im Kopf oder kaltes Blut in den Adern haben!›«

M.: Die Karawane, neben der Belphegor herlaufen muß, gelangt endlich in das Land des auch heute wieder beliebten großen ‹Negus›. Rein äußerlich unterscheiden sich dessen Untertanen scheinbar nicht von anderen Menschen; obwohl einiges natürlich merkwürdig wirkt: so, zum Beispiel, ertönt plötzlich ein Signal; die Leute horchen auf – und unversehens hebt Jedermann die Halbfäuste an, und niest!

F. (ironisch): »‹Oh, es giebt noch weit mehr Sonderbarkeyten in diesem Lande: haben Sie noch keine bemerkt?›«

B. (zögernd): »‹Daß hier so viele Leute *hinken*?›«

F.: »‹Ja; und wissen Sie, warum? – Als der gegenwärtige Negus den Thron bestieg, verbreitete sich das Gerücht, *daß er hinke*: sogleich hinkte ein Jeder seiner Unterthanen! Wer nicht theatralische Geschicklichkeit genug in den Beinen besaß, einen hinkenden Gang natürlich nachzuahmen, der verrenkte sich den Fuß, schlug sich einen Knochen daran entzwei, zerschnitt eine Sehne, eine Ader, oder gebrauchte ein ander Mittel, sich zu lähmen. Als sich das gantze Land auf diese Art gebrechlich – und also dem großen Negus gleich – gemacht hatte, so kam man erst auf die Frage, mit *welchem* Fuß der mächtige Kaiser eigentlich hinke? Weil man in der ersten schönen Hitze an diese wichtige Bedenklichkeyt nicht gedacht hatte, so hinkte Dieser auf die rechte, Jener auf die linke Seite: das gantze Land zerfiel sogleich in zwo Partheyen.›«

M. (gutmütig): Da sieht man aber doch, wie Ihr angeblich so großes Buch übertreibt: so etwas gibt es doch gar nicht!

F.: Das gäbe es nicht?: daß doch so viele Menschen in einen Spiegel schauen können, ohne sich zu erkennen! Erinnern Sie sich nicht noch an die Barttracht Kaiser Wilhelms des Zweiten, ‹Es ist erreicht›? Oder das ‹Schuhbürstchen› eines sicheren Adolf Hitler?: Wieviele Zeitgenossen sah man nicht postwendend mit dem albernen Zirkumflex unter der Nase herumlaufen, und sich eine *noch* größere Ähnlichkeit mit jenem Halbmenschen erträumen! – Warten Sie nur; es geht weiter ...:

B.: »‹Endlich erfuhr man, daß der Kaiser gar nicht *hinke*, sondern auf einem Auge blind sey! – Wirklich hatte sich auch das gantze Hoflager, von dem Nächsten nach dem Kaiser an, bis auf den untersten Stallknecht, aus Ergebenheit gegen ihren Herrn das linke Auge ausstechen lassen. Und nur aus Neid, Mißgunst und Unterscheidungssucht war von den Höflingen zuerst das Gerücht von dem Hinken des Kaisers ausgesprengt worden: damit der Hof allein mit dem Vorzuge einer wahren Ähnlichkeyt mit dem Negus prange. Aus alberner Begierde vergaß das tumme Volk, sich zu erkundigen, *welches* Auge ihrem Monarchen fehle; sondern sie liefen haufenweise, wie in einer Trunckenheyt, zurück; und Jeder stach oder stieß sich ein Auge aus.›«

F. (halblaut): Wer will, nehme das alles symbolisch für die grauenhafte hinkende ‹Einseitigkeit› oder ‹Selbstverblendung› unter Hitler – und *nicht nur* unter ihm!

B.: »Wer sich *nicht* blendete, mußte, als Bastard des Reiches, zu seiner Kränkung zeitlebens in ewiger Unähnlichkeit mit dem Negus bleiben, und wie ein Verworfener von den Übrigen verachtet werden. / Der große Negus selbst ehrte und erhub natürlich Diejenigen am Vorzüglichsten, *die gerade so blind waren wie er!*«

F. (fragt messerscharf): Genügt's *jetzt* ?!

M.: Übersprungen sei der Exkurs: wie Medardus für kurze Zeit in einem Nachbarländchen zur Regierung gelangt, und dem Glanze des gelben Goldes erliegt, wie nur einer. Wie er endlich mit der geliebtesten seiner vollschlanken Schwarzen, Zaninny, fliehen muß. In eine Amazonenrepublik gerät, wo die

Weiber den Männern Katzen vorziehen. / Unser Belphegor jedenfalls entkommt über's Rote Meer; und reist mit einer Karawane frommer mohammedanischer Sektierer in Richtung Persien.

F.: Da ergibt sich organisch Gelegenheit für unser großes – wenn auch nicht blühendes, so doch immer noch vorhandenes – Buch, über die Stellung der Religionen zu einander zu ruminieren .....:

B. *(nachdenklich und betroffen):* »Warum nennt man diese Leute Ungläubige? Sie, die mit den feurigsten Regungen GOtt verehren, deren ein Christ nicht fähiger seyn kann. Mag er doch den Mahomed, den Ali oder Abu = Beckr für große Menschen halten; *mag* er sich doch ein Stückchen von seinem Fleisch verschneiden lassen; *mag* er doch nach Mekka oder nach Bagdad sein Gesicht bey dem Gebete kehren: wenn sein Herz nur zu Gott gekehrt ist, gilt jenes nicht Alles gleich?!«

F. *(kühl):* »Gerade war Belphegor im Begriff, Jenem seine Freude über seine Andacht auszudrücken, als eine Stimme aus dem Gesträuche hervorbrüllte: ‹Du Verworfener! Der Du die heilige Sunna verachtest, und den triegerischen Ali über den erhabenen Abubecker sezest: stirb von meinen Händen, Ungläubiger!› – Sogleich durchrannte ein hervorstürzender Mann, schäumend, mit einem Spieße den betäubten Erschrockenen, daß er leblos auf dem Fleck niedersank, den kurz zuvor sein Knie in dem Feuer seines Gebetes gedrückt hatte. ‹Blut›, sezte der Mörder hinzu; ‹gottloses Blut fließe zur Ehre des großen Propheten und seines rechtmäßigen Nachfolgers.›«

B. *(düster):* Daß die Toleranz dem lieben Gott ein Greuel ist, ist freilich bekannt genug; aber wenn ER den Frieden nicht will?: *Ich will ihn!!!*

F. *(ironisch entschuldigend):* Irren ist göttlich. – / Jedenfalls wird Belphegor ebenfalls verwundet – mehr gebührt ihm ja auch nicht: er wird allmählich zu einer Art lebenden Kerbholzes: bei jeder Narbe kann er sich eines typischen Problemkreises und dessen ‹Behandlung› durch die Menschen erinnern. / Ein vorbeireisender arabischer Räuber findet und pflegt ihn – die übliche launenhafte Mischung aus Rohheit und Gutmütigkeit, Wahnsinn und Vernunft, wie sie auch ein munteres Kennzeichen der formica sapiens ist. Jedoch ein Nebenräuber fällt binnen kurzem Belphegors Erretter an; besiegt ihn; und Beide müssen weiter ins Elend ‹wandern›: sogleich werden sie von einem Reitertrupp des Großherrn angehalten, ganz ‹giölgeda padishanün› .....:

B.: »Schon wurden sie, mit dem Schwerte in der Hand, auf ihr Gewissen befragt, ob sie sich zu Dubors oder Misnars, zu Abimals oder Abubals, oder aber des Sultan Amurats Parthey hielten? – ‹Zu derjenigen, die das meiste Recht hat›, antwortete Belphegor. – Da ein Türke keine andere als lakonisch positive Antwort annimmt, so wurde die Frage noch einmahl, und zwar peremptorisch gethan; und um ihn zu einer präzisen Antwort desto schneller anzutreiben, schwangen die Examinanten die Säbel über ihren Köpfen, und hielten sich zum Hiebe bereit. Jede entscheidende Antwort konnte ihnen den Tod bringen, und jede Verzögerung brachte ihn gewiß –: sie wählten blindlings eine Parthey, und trafen glücklicherweise diejenige, zu welcher die Fragenden sich bekannten. Um sich aber solcher Gefahr nicht länger auszusetzen, beschlossen sie, ein Land mit dem ehesten zu verlassen, wo die Neutralität schlechterdings unerlaubt war.«

F. (bedeutsam wiederholend): ‹Neutralität unerlaubt›? Trägt nicht *auch uns* dergleichen täglich der Westwind zu?: *‹Quousquetandem, Struthio?!›*

M.: Sie betreten nunmehr das Reich des Silbernen Löwen – und stoßen unverzüglich auf neue Leichenhügel und Blutbächlein: ein dreifach Heil unseren Verkleinerungssilben. Eine

Spezialkarawane des Schah=in=Schah, dessen ‹Stimme erschallt vom Mond bis zu den Fischen›, geleitet eine berühmte Schönheit in dessen Harem, und metzelt ‹unterwegs› Alle nieder, die sie eventuell hätten sehen können. Belphegor macht, in seinem gewohnten edel=entrüsteten Ton, Anmerkungen über die entsetzliche Willkür, worauf die Einwohner ihn schon für einen Weisen halten – dabei ist es lediglich ein halbbefangener Ausländer: aber der erscheint eben einem *ganzbefangenen Inländer* oft schon als ‹Weiser›. Man empfiehlt ihm, die Bekanntschaft eines gewissen Derwisch zu machen .....

B. *(übernimmt):* »... der in einer völligen Eynsamkeit lebte, und ihnen unter dem Nahmen des ‹Derwisches in den Bergen› bekannt sey. Sie sezten hinzu: Jedermann, der ihn gesprochen habe, sey voller Bewunderung und Ehrfurcht zurückgekommen, und habe versichert, daß sein Mund von einem unerschöpflichen Strohme von Weisheit und heilsamen Lehren überfließe.«

F. *(kühl):* »Eine solche Nachricht war für Belphegors Begierde ein Sporn. Kaum konnte er die Landleute endigen lassen, als er auch schon um einen Wegweiser bat, der ihn zu dem glücklichen Orte führen sollte, wo er einen *Menschen* zu finden hoffte. – Sein arabischer Räubergefährte, dessen Durst nach Weisheit nicht halb so heftig brannte, warnte ihn sehr eifrig, sein Leben und das wenige gerettete Geld nicht der Treulosigkeit dieser Bösewichter anzuvertrauen, die ihn in unwegsame Gebürge führen und in den ersten=‹besten› Abgrund stürzen würden. So sehr er aber Belphegorn mit seiner arabischen Beredsamkeyt zusezte, und so stark er seine Warnung mit Gründen unterstützte, so blieb doch Dieser in seinem Vorsaze unbeweglich – ebenso unbeweglich blieb auch der Araber in dem seinen, und trennte sich von seinem Gefährten, um wieder in sein Vaterland zurückzukehren, wo man nach seiner Meynung viel edelmüthiger stahl und raubte, als irgendwo.«

M.: Belphegor klettert also hinter seinem Wegweiser her, durch Dorn und durch Gedränge, über Felsen und Vergletschertes; kommt aber doch endlich richtig an; und hier die Probe einer Wezel'schen Naturbeschreibung, etwa im Stile Karl Mays, an dessen ‹Tal der Dschamikun› die ganze Situation überhaupt stark erinnert .....:

A.: »Die gantze Fläche des beynahe eyförmigen Thales war ringsum von Bergen umschlossen, die sich amphitheatermäßig in mannichfaltigen Absäzen erhuben: hier stellte sich eine schneeweiße Felsenspitze wie ein Thurm in die Höhe; hinter ihr dehnte ein brauner Berg den langen Rücken weg; und, höher als Beyde, verlor sich eine Menge zackichter gräulicher Gebürge mit ungleichen Höhen am Horizonte. Dort hiengen Felsenstücken in der Luft, die nur einen Stoß zu brauchen schienen, um herab zu stürzen; neben ihnen bedeckte ein düstres Strauchwerck den phantastisch gekrümmten Berg, der sich mit einer Menge kahler Beugungen und Höhlungen endigte, und die breitesten weitschimmernden Häupter entfernter Gebürge darüber emporsteigen ließ. Bald stürzte sich ein kleiner Bach, beynahe hängend, an einer Felsenwand herab, verschwand, brach eine weite Strecke davon wie ein brausender schäumender Bach aus dem Felsen hervor, flog über ausgehöhlte schwebende Steine hinweg – und wurde von einem Schlunde gierig verschlungen, um nie in dieser Gegend wieder zu erscheinen. Bald stieg eine allmähliche schiefgedehnte berasete Anwand bequem in die Höhe, hier nackt, dort in einem Mantel von gelbgrünem Gesträuche. Die Seite, von welcher sie in die Ebne hinabstiegen, war ein hoher platter Berg, der die Aussicht beschloß, mit einem Cedernwalde bedeckt, durch welchen sie hindurchwandern mußten; und kaum waren sie heraus – siehe! so stund, wie hinter einem eröffneten Vorhange, das gantze schöne Thal vor ihnen. In seine vielfältigen Wälle von Gebürgen eingezäunt, mit etlichen kleinen schmalen Wasserkanälen durchzogen, mit Bucketten von Obstbäumen, lichten und dunkelgrünen Büschchen, beynahe regelmäßigen Pflantzungen, frischgearbeitetem Acker, blühenden kriechenden und aufgestengelten Gewächsen, Gruppen von Citronenbäumen mit goldenen blinkenden Früchten und einzelnen kleinen Hüttchen gleichsahm bestreuet.«

F.: Als Besitzer all dieser Friedlichkeiten entpuppt sich der Bruder einer – früher einmal kurz aufgetretenen – Marquise. Er war im Mutterlande, anläßlich der Hugenottenverfolgungen durch Ludwig den 14., ins Gefängnis geworfen, und vor die Wahl gestellt worden: entweder mit Frau und Kindern hingerichtet zu werden – oder aber, zum Schein bekehrt, einmal die Messe zu besuchen, und im übrigen die Konsequenzen für sich zu ziehen. Etwa in solchen Gedankengängen .....:

B.: »Ich überlegte und überlegte. Kämpfte und stritt mit mir selbst. – ‹Gütiger Gott!›, rief ich endlich und sank auf meine Kniee: ‹Konntest DU den Menschen so schaffen, daß nothwendig Einer mit dem Andern nicht gleichförmig denken kann, und doch gleichwohl Jeder sich für den eintzigen Besizer der Wahrheit hält. Konntest DU zulassen, daß Einer den Andern zu seiner Meynung zwingen darf: warum solltest DU es mir als ein Verbrechen anrechnen, wenn ich den Gesezen DEiner Einrichtung folge; wenn ich, der Schwächere, dem Stärkeren mich unterwerfe und in die Anordnung füge, die von Ewigkeit her in DEiner Welt geherrscht hat –: daß der Schwächere Unrecht behält, thun und sogar *glauben* muß, was der Stärkere zu glauben gebiethet? *Glauben kann ich nicht*! Aber um drey Menschen aus einem martervollen Leben zu erlösen; um sie nicht ewig in Banden seufzen zu lassen; um sie der Glückseligkeit fähiger zu machen, wozu DU doch wohl jedes Geschöpf auf diese Erde gesezt haben willst – kann ich nicht, um solcher edlen Endzwecke willen, die DEin eigener Wille seyn und Deine Billigung haben müssen – den Stärkeren ohne Sünde betriegen? Thun, als wenn ich das Joch seiner Meynung annähme, und bleiben, was ich meiner Eynsicht nach seyn muß? / DU hast uns einmahl so angelegt, daß unser Glaube von erlernten Vorurtheilen, Leidenschaften und Trieben, wie eine Marionette, regiert werden sol: was kann *ich* dafür, daß meine Gegner die *Stärke* haben, mich nach ihrer Richtung hinzureißen, oder zu würgen? – Ich schwöre: wer von uns Beyden Recht hat, weißt *DU* nur, DU Richter der Welt!: DU *willst* es nicht unmittelbar entscheiden: ich bleibe also bey *der* Wahrheit, die mir die Nothwendigkeit des Schicksals als Wahrheit aufgedrungen hat; und entsage ihr *mit dem Munde*, weil eben dieselbe = DEine Nothwendigkeit mich dazu zwingen läßt. Wohlan: mein Meyneyd muß das edelste Werck seyn, denn er rettet drey Geschöpfe vom Elende!›«

F. (ruhig): »Und Du schwurst?«

B.: »Ja. Ich that es. Und mein Gewissen hat mir noch nie einen Vorwurf darüber gemacht: ich glaube, ich that die nüzlichste, die beste That!«

M.: Nach diversen Emigrationen gelangte der Derwisch samt Familie dann endlich in dieses Halb = Elysium, und praktiziert nach Kräften seiner Weisheit letzt = trüben Schluß .....:

B.: »Um in dieser Welt sich zu freuen, daß man ein Mensch ist, um sich und seinem Geschlecht Würde zu geben und auf seine Natur stoltz zu seyn, *muß man sich illudiren*! Muß die Augen verschließen; keinen Blick außer sich thun; und dann in süßen Schwärmereyen dahinträumen.«

F. (kalt): Denn: so *ganz* ohne dubiose Hintertürchen ist auch dieses Paradies nicht. Als der derwischisierende Gallier mit seiner mühsam geretteten Gattin an einem Hange ruht – bei abgehellter Luft, wenn schon des Thaus Tröstung, undsoweiter – da gerät diese an einen verlockend sich wiegenden Beerenstrauch, apartrauschender Blätter übervoll, die Früchtchen süßschmeckend und ausgesprochen eldoradisch: den stillen Pflanzen ist Wezel ohnehin sehr zugetan, und weiß sie, ob ein= oder zweihäusig, liebevoll abzuschildern. Aber auf einmal beginnt die Frau große atropinische Augen zu bekommen: ah!: keine Luft! Greift mit Händen rundum – und stirbt: vergiftet von Paradiesischem.

M. *(trübe):* Diese Zwischenanekdote bildet gewissermaßen ein schon=vorbereitendes entremets; denn .....:

B. *(aufgeregt):* »Mitten in der Nacht, als die ganze kleine Kolonie in dem tiefsten sorglosesten Schlafe lag – denn vor welchem Eigennuze sollte sie in der abgesondertsten Eynsamkeit sich fürchten? – weckte Belphegorn plötzlich ein Getöse, das immer mehr sich verstärkte und näher rückte. Er hob sich empor, und wurde von einem Widerscheine erhellet, der die schrecklichste Feuersbrunst ankündigte. Er sprang auf, schaute herum, und erblickte Wohnungen und Bäume vom Feuer ergriffen; und zahlreiche Truppe mit lodernden Hartzfackeln über die Ebnen hinstreichen, um die Verwüstung noch weiter auszubreiten. Er erschrak; wollte seinen neuen Freund retten; wurde inne, daß seine Hütte beynahe schon niedergebrannt war; vermuthete, daß er das Opfer der Flammen geworden sey; dachte an sich – und floh.«

F. *(erläuternd):* »Der Überfall geschah von einem Trupp Leute, die jenseits der Berge wohnten: die Ruchlosen hatten vermuthet, daß Niemand einen so beschwerlichen Weg wie Belphegor unternehmen würde, wenn ihn nicht wichtige Reichthümer lockten! Da ihnen der Mann etwas ausländisch vorkam, so war der nächste Eynfall, ihn für einen Zauberer zu erklären, der, durch geheime Wissenschaften, in den Bergen verschloßne Schätze aus der Ferne gespürt habe, und itzt gekommen sey, sie abzuholen. Aus dieser Ursache versammelten sie sich sogleich, als der vermeynte Schatzgräber seinen Weg in das Gebürge antrat; folgten ihm heimlich nach; und beschlossen, seine Rückkunft mit den Schätzen zu erwarten. Da ihnen aber einfiel, daß der Mann, als ein Zauberer, wohl seine Rückreise auf geflügelten Drachen, oder mit einer anderen Art von Hexentransport veranstalten könnte, so änderten sie weislich den Plan, und faßten den Entschluß : ihn noch die nämliche Nacht mit Feuer, als den sichern Waffen wider alle Zauberey, anzugreifen; wiewohl sie auch noch die menschenfreundliche Nebenabsicht hatten, ihn vermittelst desselben aus seiner Wohnung hervorzuscheuchen, sich die Schätze zeigen zu lassen, und ihm alsdann zur Belohnung die verdammten Zauberergebeine zu Asche zu verbrennen. Sie wurden noch mehr in ihrer Meynung bestärkt, da der zurückkommende Wegweiser ihnen das empfangene Geld zeigte; und, um seine Erzählung interessanter zu machen, hinzusezte : daß ihm dieses der Mann, durch einen Schlag mit dem Stabe, aus der Erde habe hervorspringen lassen.«

M. *(mitleidig kopfschüttelnd):* »Sie warteten in einem Hinterhalte, bis der Zauberer schlafen würde – wo seine Kräfte nicht würcken könnten – und führten ihr schreckliches Stratagem aus : sie zündeten die Hütten des Derwisches an, der wegen langer Sicherheit ungewohnt worden war, Feindseligkeiten von Menschen zu besorgen – und mit seinen Töchtern verbrannte, ehe sie noch ihr trauriges Schicksal wahrnahmen. Belphegor erwachte, ehe das Feuer seine Wohnung verheerte, und entrann in den nahen Wald; indessen daß die Feinde an der brennenden Hütte des Derwisches lauerten, um den herauskommenden Zauberer zu erhaschen : sie lauerten, bis Alles niedergebrannt war; sie lauerten bis zum Morgen .....? :

F. *(in seiner gewohnten ernüchternden Art):* »Der Zauberer erschien nicht. – Weswegen sie vermutheten, daß er durch die Lüfte entwischt sey; und, da sie sich nicht getrauten, ihm auf diesem

Wege nachzusezen, so verfluchten sie ihn; giengen unwillig fort; machten eine Eintheylung von den Schäzen, die sie hätten *bekommen können*, und prügelten sich tapffer herum, wenn Einer *zu* habsüchtige Ansprüche machte: so nahm die Komödie doch ein würdiges Ende!« – Belphegor ist, wie immer, aufrichtig betrübt und zernichtet .....:

B.: »‹So sind meine schönen Hoffnungen abermahls zerstäubt?› rief er, als er sich ein wenig gesammelt hatte: ‹Ich wollte erst anfangen zu träumen, und habe schon ausgeträumt?! Daß doch jede Glückseligkeit auf diesem elenden Planeten vorüberfliegender Traum ist, und nur die Leiden nicht! – So will ich wenigstens die Umstände brauchen, wie sie sind: kann ich in diesem Winkel nicht *mit* meinem ehrwürdigen Freund glücklich leben, so will ichs *ohne* ihn thun! Hier, in diesen Bergen, will ich wohnen, die Früchte der verscheuchten und getödteten Bewohner genießen, und dann, Tod!, in *Deiner* Umarmung glücklich werden!›«

F. (eisig): »Mit dieser schönen Entschließung sezte er sich unter einen Baum, und begann voller Verlangen auf den Tod zu warten. Da hörte er das Geräusch eines Fußtrittes, hielt es für einen Feind, und, weil er schlechterdings nicht von Menschenhänden, sondern nur ‹vom Tod› umgebracht seyn wollte, so sprang er auf und floh. Der Andre sezte ihm nach, und erhaschte ihn – in der ersten Hize, ehe sie einander erkannten, thaten sie sich ein paar Feindseligkeiten an; und wurden endlich zu ihrem Leidwesen gewahr, daß sie sich unnöthig Wunden gemacht hatten: es war Einer von der Colonie des Derwisches, der Belphegorn bey diesem gesehen hatte, und also wohl schließen konnte, daß sie von *einer* Ursache in die Flucht getrieben worden seyen. Sie verständigten sich hierüber; und Belphegors erste Frage war alsdann: wo der Derwisch hingekommen sey?«

M.: »Er ist, nebst seinen beyden Töchtern zu Pulver verbrannt.«

B. *(erregt):* »So verscharre mich neben ihm! Denn ich will sterben: hier auf diesem Flecke sterben!«

F. *(nüchtern):* »Der Andre that etliche Vorschläge, wie sie wohl mit Ehren Beyde noch länger leben könnten; und ermahnte Belphegorn in dieser Rücksicht, mit ihm sich durch das Gebürge durchzuarbeiten; frantzösische Kaufleute aufzusuchen; und dann nach Frankreich zurückzukehren. – Er sezte ihm mit seiner gantzen Beredsamkeyt zu – weil ihm daran lag, einen Gefährten zu seiner Reise zu haben – und brachte es auch endlich so weit, daß Belphegor seine Vorschläge in Erwägung zog.«

M. *(bedenklich):* Aber wovon *leben*?: es ist ein weiter Weg von Ispahan nach Paris und seinem Venusberg! – Sie beschließen endlich, sich als Gaukler und Marktschreier ihr Geld zu verdienen, und malen zu diesem Behuf den ‹Tod des Großen Alexander› an eine, auf Stäbe aufrollbare Leinwand. Aber unterwegs *kennt* Den kein Mensch – wenn sie ihn wenigstens noch ‹Iskandér› genannt hätten! –; Manche nehmen sogar an, die beiden Stromer wollten sich über Mohammed lustig machen, und steinigen sie laufend; einmal fast zu Tode. Es bleibt nur Betteln! – Belphegor, der zuerst nicht viel verdient, macht endlich ein System daraus, den Frauen, zumal den alt=häßlichen, faustdicke Schmeicheleien zu sagen, und lebt seitdem ohne Mangel.

F.: Prompt wird sein Gefährte neidisch, verprügelt ihn, nimmt ihm sein bißchen Gewinnst, und läßt ihn blutend liegen: Belphegor hinkt ächzend auf und weiter: am Wegrand sitzt ein verschleiertes Frauenzimmer, und bietet sich ihm an – er ist jedoch viel zu niedergeschlagen im Augenblick, für dergleichen Leibesübung; dennoch folgt sie ihm unermüdlich; bis er schließlich, um sie nur loszuwerden, bittet: ihm den Weg in die nächste Großstadt zu zeigen.: Aber gern: da will sie ohnedies, der besseren ‹Verdienstmöglichkeit› wegen, auch hin! Und wer ist es schließlich? .....:

M.: Wer sonst, als Akante?!: Sie wurde in Türkeien aller Art von Harem zu Harem vertauscht; gegen 1 Pferd etwa, oder ein schön geschnitztes Schachspiel. Endlich gelangte sie ins Haus eines persischen Großen .....

A. (entrüstet): »... und ich wurde unter die Zahl seiner Beyschläferinnen aufgenommen. Ob er gleich, aus besonderen Absichten, nur zwey Weiber hatte, so war doch sein Haus ein beständiger Schauplatz des Zanks und Tumultes: es theilte sich in zwo Factionen, die einander tödlich haßten, und mit aller Erfindungskraft auf Mittel sannen, ihren Haß zur Thätlichkeit werden zu lassen: Sklaven, Sklavinnen, Alles, hatte den Groll der betreffenden Gebieterin angenommen, und verfolgte sich, als wenn es seine eigne Angelegenheit wäre. Vorzüglich äußerte sich diese Feindschaft bey der Geburt eines Kindes: die eine von den beyden Weibern war gantz unfruchtbahr, die andre hingegen hatte ihrem Herrn schon drey Kinder gebohren! Ein solcher Vorzug war des bittersten Neides werth: als diese Glückliche zum vierthemahl niederkam, so biß sich ihre Neiderin vor Zorn und Unwillen bey der ersten Nachricht davon *so heftig in die Unterlippe*, daß man sie ablösen mußte, um eine Entzündung des gantzen Gesichts zu verhindern. Kaum hatte sie den Schmertz ausgestanden, als ihr die Rachsucht den grausamen Entschluß eingab, die Wöchnerinn nebst ihrer Frucht im Bette zu verbrennen: sie gab ihrer Parthey Befehl dazu, die mit der größesten Bereitwilligkeit eilete, ihn zu vollstrecken: im Augenblick loderten die Flammen in ihrem Zimmer und allen Ecken hervor; ergriffen die nächst daranstoßenden; verbreiteten sich weiter; und in wenig Minuten war der gantze Pallast in Rauch und Flammen gehüllt. Man rettete sich wie man konnte; und mit dem größten Theile der Sklavinnen entlief auch ich, um ein leichter Joch zu finden.«

F. (vertraulich): Das Unheimlichste bei dieser Episode – wie schon früher; und dann auch später immer wieder – ist *die* Tatsache: wie unsere 4 Helden soweit ramponiert sind, daß sie sich schon rein äußerlich für *Fremde* halten, wenn sie sich begegnen; und sich immer erst, meist unter Widerstreben, und Mentalreservationen gehemmtester Sorte, ‹zu erkennen geben› müssen.

M.: Belphegor wird derartig beeindruckt von Akantens neuer Beredsamkeit – sie hatte zuvor ein Maulvoll Opium zu sich genommen – daß er sich ihrem rauschrasch ersonnenen Großprojekt zur Emanzipation des Frauengeschlechtes begeistert anschließt; zumal, nachdem er ebenfalls ein Restchen jenes ‹laudanum› gekostet hat:

B.: »Sie fingen den Zug gleich an, und ihre 4 Arme dünkten ihnen in ihrer stolzen Berauschung so stark als 100 000 zu seyn; weswegen sie nicht die mindeste Bedenklichkeyt hatten, ohne Hülfstruppen mit dem ganzen Oriente allein fertig zu werden. Sie rückten an den nächsten Ort an, drangen mit Geschrey in ein Haus, und verlangten von dem Manne die Befreyung seines Weibes und seiner Töchter aus der häuslichen Sclaverey. Der Mann, der weder ihre Anrede noch ihre Forderung verstand, aber doch aus ihrem Betragen schließen konnte, daß sie nichts weniger als in friedlichen Absichten zu ihm kamen, hielt es für rathsam, allen Gewaltthätigkeiten vorzubeugen, solange es noch in seiner Macht stünde; sezte sich zur Gegenwehr, und seine Weiber, zu deren Erlösung unsre Helden ausgereist waren, gesellten sich zu ihm *wider* ihre Befreyer, die sie mit Faustschlägen, Nägelkratzen und anderen Waffen zum Hause hinauskomplimentierten, vor der Thüre ließen, und in Friede und siegreich wieder in ihre 4 Mauern zurückkehrten.«

F.: »Theils von ihren ritterlichen Thaten und den empfangenen Schlägen, theils von der Überspannung des Opiums ermüdet, blieben sie beyde auf dem nämlichen Flecke liegen, wohin sie der lezte feindliche Stoß versezt hatte; und in kurzem waren sie in dem tiefsten Schlaf, worinne sie unter den schwärmerischsten Träumen und Entzückungen bis zum Morgen verblieben. Als sie erwachten, sahen sie sich voller Verwunderung an einem Orte, den sie *vor* ihrem Schlaf niemals gekannt hatten! Entdeckten voller Verwunderung Beulen und geronnenes Blut Eins in des Andern Gesichte; erblickten mit Erstaunen Spuren eines Scharmützels, dessen Folgen sie deutlich fühlten, ohne daß sie nach ihrem lebhaftesten Bewußtseyn dabey gewesen waren ..... sie sannen; aber ihr eigener Zustand blieb ihnen ein unauflösliches Räthsel, weswegen sie ohne ferneres Kopfbrechen sich endlich von der Erde erhuben, und bedächtlich ihren Weg antraten.«

M.: Man bettelt sich, unter beständigen, gewissermaßen organisch anfallenden Prügeln bis tief in die ‹Sinesische Tartarey› hinein – keine Spur von ‹Lenkung› oder ‹Führung› oder ‹Vorsehung›, die überhaupt alle besonders schlecht im Buche wegkommen: das ist Alles so fade und höllisch lächerlich; eine träge Revue aus Blut & Langerweile, abgespielt vor einem leeren Parkett – denn auf Gott, sei es als Regisseur, sei es als Zuschauer, hat man ja dankend verzichtet.

B.: Von entzückend vorangaukelnder Musik durch endlose Dornenwälder nachgelockt, erleben Belphegor und Akante allegorische Bereiche, wo zwergisch=Unbelehrbare zeitlebens hinter Goldfasanen hersetzen, ‹Weißen Hirschen› und rotschimmernden Fischen. Während ein abgeklärter Alter der sich in jüngeren Jahren freilich genau so gebärdet hat, und also die Chose kennt – während der ihnen noch symbolisch=schwermütige Erklärungen gibt, zahnlos=unerfreuliche, die vielen Konsonanten rischeln wie Winterschilf, während sie noch schlaff=betrübt von Weisheit klatschen – dies der exakt=verzweifelte Ausdruck: mehr *ist* dem Menschen nun einmal nicht vergönnt! .....

F.: Während dessen also erfolgt ein kleineres tektonisches Erdbeben; Schollen reißen sich los; im allgemeinen Tohu=wa= Bohu schwemmt es Belphegor & Akante – oder, wenn man mit Gewalt höflich sein will: Akante & Belphegorn – davon.

M.: An der Californischen Küste werden sie angetrieben – natürlich ausgerechnet an dem allerödesten Landstrich, wo sie vergeblich in Triebsanden nach, und sei es den dünnst=bitteren, Wurzeln wühlen. In diesem neu= alten Dilemma – dem Zug nach probat=glücklicher Einsamkeit, und dem nach unterhaltsam=ernährender Menschengesellschaft – schlagen wieder einmal mehr über Beiden die Gedanken zusammen .....:

A. (in, sich immer steigernder, Betrübnis): »Sie dachte an alle Örter der Freude zurück, wo sie jemals in Lust und Entzücken geschwommen hatte: ‹O, wie schön,› dachte sie, ‹war es im Serail des großen Fali! Wie schön beym Markgrafen von Saloica, ob ich gleich alle meine Reitze dort einbüßte! Wie schön bey Papst Alexander, dem 6.! Wie schön überhaupt in Europa, in den Armen meiner Geliebten, ob Christen, Juden, Heiden, der starken Jünglinge – ach, die glückliche Zeit ist vorüber; und hier soll ich nun auf dieser dürren Insel, ohne Gesang und Klang, nicht einmahl *begraben* werden, sondern *vermodern*, und von den Vögeln des Himmels zerstückt werden?! Kein Jüngling soll 1 einzige Strophe auf meinen Hintern singen? Kein Liebhaber 1 Thräne auf meine erblaßten Wangen tröpfeln, und sie wieder aufküssen?›« – *(Wimmernd):* »‹Nichts; nichts: Alles nichts!›«

F. (amüsiert): Während unterdessen Belphegor in *seinem* Sandloch buddelt, und düster in dasselbe also hineinredet:

B. (grollendes Gemurmel): »‹Wenn mich das Schicksal auf der einen Seite zu den Menschen hin stößt – und auf der andern sie wieder von mir entfernt?: O Labyrinth, o Räthsel! Der Tod schneidet den Knoten am besten entzwey. / Wohlan: *zeugt* die Natur Geschöpfe, um sie in Qual zu versenken; *macht* sie so herrliche Anstalten, um sie untereinander zusammenzuknüpfen, daß sie erst hungern = frieren = schmachten, die äußerste Erschöpfung der Kräfte durch Schmertz und Gefahren erdulden, sich kränken = verfolgen = martern = erwürgen müssen; *durchwebte* sie dieses Leben mit Dornen, um uns die einzeln blühenden Bäumchen desto wohlthuender, einnehmender zu machen; *gab* sie ihren Geschöpfen eine so traurige Fruchtbarkeyt, daß sie mehr ihresgleichen hervorbringen, als nach der Veranstaltung des Schicksals ernährt und erhalten werden können – –: *Mag sie es verantworten!* Ich kann nicht mit ihr rechten; denn – unglücklich genug! – wir haben keinen Richterstuhl, der über uns erkennt! Der Mensch, die Creatur, müssen leiden, weil sie die *Schwächeren*, weil sie *nichts* sind. / Komm, Akante; laß das verächtliche Geschlecht, das zum Quälen allezeit, zur Hülfe nie, bey der Hand ist: laß es! Wir wollen ihm fluchen – und sterben!›«

F.: Da aber sogar der Herr Tod saumselig sein kann, und nicht immer auf der Stelle herbeigeschlendert kommt, wenn man ihn gerade brauchen könnte, so erscheint fürs erste sein Bruder, der Schlaf – aus dem Belphegor freilich bald durch ein Rütteln geweckt wird. Eine mächtig = bunte Hand sieht er auf seiner Bettlerschulter liegen? –: *Wilde* haben sie gerettet; und speisen und tränken sie im Überfluß.

M.: Was sogleich zu schönen Deklamationen im Sinne Rousseau's Anlaß beut; freudigen Einfällen von ‹Unverdorbener Natur›, Gesichten von einer ‹Welt unschuldiger Menschen›, und wie die liebenswürdigen Witze weiter heißen, die eben zu Wezels Zeiten von wohlkostümierten Hirten vor sich hin gelispelt wurden.

F. (berichtigend): Leider müssen unsere Helden die Entdeckung machen, daß sie lediglich erst gemästet, und dann *gefressen* werden sollen! – Glücklicherweise entsteht gleich in der, dieser Erkenntnis folgenden, Nacht ein Getümmel im Dorf: der Nachbarstamm hat die Bösewichter überfallen – gibt es etwa *doch* etwas wie eine ‹ausgleichende Gerechtigkeit›? Aber, oh weh; die Angreifer waren nichts als ‹weltanschaulich empfindlich›; nämlich entrüstet *darüber:* daß ihre gottlosen Nachbarn die beiden weißen Mondmenschen nicht *erst* den Göttern opfern, und *dann* fressen wollten: Quelle nuance!

B.: In dem allgemeinen Catch=as=catch=can können die Beiden aber doch entrinnen. Mühen sich wiederum durch kalte und lauwarme Wildnisse. Eines schönen Morgens – das heißt, so schön ist er gar nicht: die verfluchten Moskitos! – vernehmen sie Stimmen:?: es sind, wie die internationale Akante erkennt, die auch einmal einen Hidalgo zu ihren Buhlen zählte, Spanier. Die willigen ein, unsere Leutchen in die Wonnen der Zivilisation zurückzuführen; um 1 Haar geht aber erst noch ihr Ruderboot verloren: Belphegor stürzt sich, todverachtend, in die reißende Strömung; und birgt es glücklich wieder, sowie den einzigen, hilflos händeringenden Insassen. – – *(Befremdet):* Der faßt ihn ins Auge? *Noch* schärfer?.....:

M.: »‹Brüderchen!› schrye er: ‹Bist Du es? Gewiß?! – Sagt' ich's doch: die Vorsehung lebt noch! Wir dachten einander nimmer wieder zu finden; aber siehe: hier sind wir schon beysammen! Und auch Du, Akantchen? Wohl uns: wenn wir erst wieder in Cartagena sind, *dann* soll's Euch gehen!: *so* gut, als Ihr's itzt schlecht gehabt habt!› – Und so trank Medardus munter sein Glas aus.«

B. (finster): »‹Aber, Medardus – wenn ‹die Vorsehung noch lebt›, wie Du immer noch fest glaubst – warum ließ sie mich erst so lange Zeit zweifeln, ob überhaupt eine existire? *Warum* mußte ich geschunden, zerschnitten, gesengt, und beynahe gefressen seyn, um davon überzeugt zu werden? Und *noch* kann unser Wiedersehen ebensosehr die Wirkung eines Ohngefehrs, eines zufälligen Schicksals, als einer ‹Vorsehung› seyn. Meine Leiden machen meinen Glauben an sie kein Haarbreit stärker; ja so gar: sie schwächen ihn!›«

F.: Man gelangt aber diesmal ohne Anstoß nach Cartagena; und Medardus verschafft dem Freunde – der nun endlich offiziell seine, wenn auch schon mehr nur aus Gravitation noch geliebte, Akante heiraten kann – eine anständige Versorgung als Buchhalter bei einem Plantagenbesitzer. Da jedoch, wo er täglich die grausamste Sklavenwirtschaft vor Augen sieht, gerät Belphegor sogleich mit seinem Brotherrn aneinander; stellt jenem in feurigen Worten sein Unrecht vor Augen; und wird, wie ihm gebührt, ‹fristlos entlassen› – *(spöttisch):* »aber ein kleiner Rest von Stolz, der ihn überredete, für die Wahrheit eine Aufopferung gethan zu haben, stärkte ihn hinlänglich, daß er so aufgerichtet und frölich wie ein Märtyrer über die Schwelle schreiten konnte.«

A. (immer munter): »Er nahm seine Zuflucht zu Akanten, die noch – so sehr sich ihre eigenen Reitze auch vermindert hatten – aus dem nämlichen Grunde gern mit der Liebe spielte, aus welchem ein alter Fuhrmann gern klatschen hört, wenn schon sein Arm zu steif ist, die Peitsche selbst zu regiren. Sie war – wenn man ihre Verrichtung bey dem eigentlichen Namen nennen darf – eine Kupplerinn; und genoß die Freuden ihrer Jugend wenigstens in der Eynbildung, wenn sie den fremden Genuß derselben vor sich sahe.« – *(Listig):* »Ihr Mann, der mit seinem Kopfe immer auf irrendritterliche Fahrten ausgieng, konnte, über dem Eifer die gantze Welt zu bessern, nicht daran denken, sein Haus zu bessern, das durch die Geschäftigkeit seiner Frau einem Bordelle nicht unähnlich geworden war: *er* ließ sich von ihr ernähren, schwärmte mit seinen Gedanken in der Welt umher, suchte Materialien zum Ärger auf, und zürnte, daß die Natur nicht *ihn* um Rath gefragt hatte, als sie eine Welt schaffen wollte.« – *(Sie lacht hell & perlend auf).*

F.: Einer der Kunden erzählt ihm in der Dämmerung von den Neu = England = Staaten, oben im US = amerikanischen Norden, wo ihm viel Unrecht zugefügt wurde: ein mächtiger und – was damit identisch ist: *denn sonst wär'er nicht mächtig*! – ein skrupelloser Nachbar, bekam Appetit auf sein hübsches Gärtchen, das an Dessen Latifundien grenzte, und piesackte ihn, nach Schema Ahab = Naboth, so lange, bis er es ihm schließlich schenkte: ja, ihn sogar noch dringend *bitten* mußte, es nur anzunehmen! – Auf die erregte Frage nach dem Namen jenes hartherzigen Schurken hört Belphegor das vertraute ‹Fromal›; und beschließt sogleich, nutzlos = edel entflammt wie stets, Jenen aufzusuchen, und ihm ins Gewissen zu reden.

M.: Gouverneur einer Provinz ist Fromal geworden; und so gut kennt er Belphegor noch, daß er ihm beständig ausweicht – um den Tugendpredigten zu entgehen. Aber Belphegor greift zur Feder, und weiß ihm seinen ergreifenden Brief doch in die Hände zu spielen, daß Fromal in sich geht – ein wenig. Ihn vor sich läßt; ihn auch bittet, wieder, wie vormals, sein Freund zu sein – was gewissermaßen eine andere Formulierung für den Wunsch darstellt: inskünftige mit solchen moralischen Behelligungen verschont zu werden.

B.: So legt es, hellhörig, auch Belphegor aus; und spricht daher mit dem ganzen schönen Ernst eines Heidenbekehrers: »‹Nicht 1 Minute kann ich Dein Freund seyn, solange Deine Reue nicht wirksamer ist: nicht bloß *vergessen*, sondern *wiedergutmachen* mußt Du Deine Ungerechtigkeyten!›« / Fromal wiederholt höflich die Versicherung seiner Reue über den bewußten Gartenraub, und glaubt damit weg zu kommen; aber Belphegor läßt nichts von seinen Forderungen ab; ja, er geht im Feuer der Unternehmung sogar so weit: daß er von Fromal verlangt, seinen Gouverneursposten aufzugeben, um sich vor neuen Mißbräuchen desto sicherer zu hüten.

F. *(kühl und reserviert):* »Diese Anforderung war übertrieben, und verdarb darum die Hälfte der schon gemachten guten Würkung. Fromals Eigenliebe fühlte etwas zu Widriges dabey, um ihm nicht ein Vorurtheil wider den Mann einzuflößen, der sie thun konnte. Aus dieser Ursache brach er kurz darauf abermahls das Gespräche ab, ohne einen weiteren Anspruch auf Belphegors Freundschaft zu machen. / Indes blieb ihm doch ein Stachel zurück, der ihn von Zeit zu Zeit an jene Vorhaltungen erinnerte: er liebte Belphegorn wegen seines Eifers für seine Besserung, er wollte ihn gern oft sehen – und gleichwohl fürchtete er eben diesen Eifer zu sehr, um ihn oft sehen zu wollen. Um sich diese beschwerlichen Anforderungen zu ersparen, bot er Belphegorn das bewußte Stück Land zum Geschenke an, das er jenem Fremden abgenommen hatte. / Belphegor weigerte sich natürlich, und seine Gerechtigkeitsliebe stellte ihm den Besiz solchen Geschenkes als einen Diebstahl vor! Doch Fromal, der die Menschen kannte, machte ihn durch häufige Zunöthigungen, durch die damit verbundenen Vortheile und Annehmlichkeiten, mit der Idee davon so vertraut, daß Belphegor wirklich – nach langem edlem Weigern – das Geschenk annahm, ohne es weiter für einen Diebstahl zu halten.«

M.: Auch Medardus, ‹im Bunde der Dritte›, wird mit herzugezogen – er bringt die Nachricht von Akantens Tod aus Dixieland mit: anläßlich einer allzu riskanten Kuppelei erhielt sie, von dem Ehemann der betreffenden verheirateten Frau, eins über den Kopf. Medardus tröstet Belphegor mit dem Aperçu, daß es besser für sie Alle und die Welt gewesen wäre, wenn Akante solchen k. o. sofort nach der Geburt versetzt bekommen hätte.

F.: »Der Genuß mannichfaltiger Vergnügungen bey dieser Besizung, und die Erkenntlichkeyt dafür, milderten allmählich Belphegors Unwillen wider Fromals begangene Ungerechtigkeyt; und bald wurde nur noch davon gesprochen, um darüber zu speculiren. – So war nach vielfältigen, zum Theil selbsterregten Leiden, Belphegor in Ruhe. Besaß ein kleines Landgütchen, mit einer für ihn bequemen Wohnung; mit schattichten Bäumen, um darunter philosophisch zu träumen; mit einem Felde, um seinen Unterhalt darauf von etlichen Negern erbauen zu lassen, die ihm Fromal dazu geschenkt hatte : itzt, da er selbst die Nüzlichkeyt dieser Schwarzen genoß, verschwand das Düstere in der Vorstellung von ihrem Zustande ganz ! Ob er sie gleich als Menschenfreund beklagte, so schienen sie ihm doch nicht mehr halb so unglücklich, wie ehemahls.«

M. : Lange Unterredungen halten die emeritierten 3 Freunde – denn Fromal hat nun doch abgedankt; was ihm umso leichter wurde, als er demnächst doch bald gestürzt worden wäre – lange Unterredungen also, über Vorsehung, Schicksal, und ähnliche gleich unerschöpflich=zeitvertreibende Materien : Jeder bleibt letztlich auf seinem Standpunkt ! / Medardus ? : noch als er im Sterben liegt, sind seine ‹letzten Worte› sein ewig=hoffnungsvoller Refrain : »Wer weiß, wozu es gut ist ?«

F. : Fromal ? : verharrt als Anhänger des Fatalismus; unzergrübelt, verächtlich; zu den Disputen der Freunde ist sein Beitrag : »Fromal nickte, und schwieg.« – Unbelehrbar=rebellisch bleibt allein Belphegor :

B. : »‹Was findest Du nun in meinem ganzen Lebenslauf ? : blindes Schicksal ? Oder überlegte Vorsehung ?

Ich solte durch eine Reihe von Beschwerlichkeyten dahin, die meistens Neid und Bosheit über mich ausgossen : keine hing mit der andern zu einem gewissen Zwecke zusammen; sondern ich wurde gequält, weil die Menschen nun einmahl so gemacht sind, daß sie nach ihren Gesinnungen und Leiden-

schaften – *die auch nicht ihr Werck sind!* – nicht anders *konnten*, als mich quälen mußten.›«
(In erhabener Entrüstung): »‹Welch ein *Plan* ist es aber: Wesen so anzulegen, daß aus ihrem ersten Triebe der Selbsterhaltung, Leidenschaften aufwachsen *müssen*, die solche barbarischen Grundsäze erzeugen? Was sind all diese Quälereyen in jenem vorgeblichen ‹Plane›? Zweck? Oder Mittel?!›«
(Grüblerisch=zerquält): »‹*Zweck*: *können* sie nicht seyn: *denn welche Idee wäre, wessen würdig, Creaturen zu schaffen, damit sie einander fressen!* / *Mittel*?: ebensowenig; denn wozu führen solche Unthaten, einzeln oder im Ganzen? –›«
(Finster flüsternd; es handelt sich schließlich um die Erkenntnis=Summe eines ganzen bedeutenden Lebens): »‹*Entweder* müßte also hier, im Plane der Begebenheyten, ein *ruchloser Zweck*, oder ein *thörichtes Mittel*, angenommen werden.›«
(Noch leiser; noch eindringlicher; im sogenannten ‹Bühnenflüstern›, das man mühelos 30 Meter weit verstehen kann): »‹Oder aber .....?: *Oder aber* .....?!: *Die gantze Sache muß ein zufälliger, nicht intendirter Umstand seyn!* –
Und ....
Und??? .....:
Und vielleicht war die gantze Reihe Meines=Deines Lebens: *die Begebenheyten der gantzen Erde!*: Nichts, als Dieses .....›«

(Gong)

Arno Schmidt

Die Schreckensmänner

Funk=Essays 2

Band 14213

(erscheint im März '99)

Eigentlich waren es nur Porträts meist unbekannter Dichter, die Schmidt in seinen Funk-Essays zu fortgerückter Stunde über den Äther schickte. Doch was er den Deutschen der Adenauerzeit ins Nachtgebet flüsterte, war aufgrund des ständig zu vernehmenden antichristlichen Generalbasses geradezu spektakulär. Die vorgestellten Schriftsteller, allesamt Opponenten gegen den Zeitgeist, kauzige und gar wahnsinnige Selbstdenker und Eigenbrötler, erschienen regelrecht als Schreckensmänner. Ihre Namen: Moritz, Meyern, Tieck, Schefer, Stifter und Gutzkow. Arno Schmidt führte einer verschlafenen Nation vor, was es heißt, originell zu denken und der selbstgewissen Vernunft allseits zu mißtrauen. Im Schulterschluß mit den stolz präsentierten Querdenkern wird Arno Schmidt selbst zu einem jener sonderbaren Aufrührer, der dem katholisch-verstaubten Deutschland das Fürchten lehrte.